Sur le vif

Sur le vif

FIFTH EDITION

Hannelore Jarausch
University of North Carolina, Chapel Hill

Clare Tufts
Duke University

HEINLE
CENGAGE Learning™

Australia • Brazil • Japan • Korea • Mexico • Singapore • Spain • United Kingdom • United States

HEINLE
CENGAGE Learning

Sur le vif: Fifth Edition
Hannelore Jarausch, Clare Tufts

Publisher: Beth Kramer

Acquisitions Editor: Nicole Morinon

Associate Development Editor:
Catharine Thomson

Assistant Editor: Kimberly Meurillon

Editorial Assistant: Catherine Mooney

Media Editor: Morgen Murphy

Marketing Manager: Mary Jo Prinaris

Marketing Coordinator: Janine Enos

Marketing Communications Manager:
Stacey Purviance

Content Project Manager: Tiffany Kayes

Senior Art Director: Linda Jurras

Print Buyer: Susan Carroll

Permissions Editor:
Mardell Glinski-Schultz

Production Service/Compositor:
Pre-Press PMG

Text Designer: Alisa Aronson

Photo Manager: Deanna Ettinger

Photo Researcher: Pre-Press PMG

Cover Designer: Alisa Aronson

Cover Image: Bruno Ottenheimer

For product information and technology assistance, contact us at
Cengage Learning Academic Resource Center, 1-800-354-9706
For permission to use material from this text or product,
submit all requests online at **www.cengage.com/permissions**
Further permissions questions can be e-mailed to
permissionrequest@cengage.com

Library of Congress Control Number: 2009934330

ISBN-13: 978-0-495-79785-2

ISBN-10: 0-495-79785-5

Heinle
20 Channel Center Street
Boston, MA 02210-1202
USA

Cengage Learning products are represented in Canada by Nelson Education, Ltd.

For your course and learning solutions, visit **www.cengage.com**

Purchase any of our products at your local college store or at our preferred online store **www.ichapters.com**

Printed in the United States of America
1 2 3 4 5 6 7 13 12 11 10 09

Table des matières

	VOCABULAIRE	LECTURES	STRUCTURES
POSTLUDE Les Cajuns p. 140		**Bruce Daigrepont:** «Disco et fais-do-do» p. 142	

Student Preface

Welcome to *Sur le vif*, Fifth Edition. The title of this one-semester intermediate textbook means "from (real) life"—as in **faire un reportage sur le vif** *(to do a live or on-the-spot broadcast)*. With its current and often provocative topics for reading and discussion, this text will further develop your skills in French, while deepening your knowledge of the complexity of France and the francophone world. Now that you have completed the introductory sequence, you are ready to move beyond grocery shopping, weather forecasts, and describing your room, to comparing systems of education, expressing your opinions about youth culture, debating issues of immigration, explaining your attitudes towards the media, and thinking about youth culture and changing family structures. You will also talk about the pros and cons of the automobile, consider your attitudes toward environmental change, think about folk traditions, and speculate about a world without borders. You will learn about how these topics are seen in the French and francophone world, and make comparisons with the North-American perspective.

To improve your control of French grammar so that you will be able to speak, read, and write about the above issues with greater confidence, *Sur le vif* provides a systematic review of the fundamental structures of the language, giving you many opportunities to practice through form-focused oral activities, reading, and more open discussions in class. Similarly, the listening and the writing exercises in the Student Activities Manual (SAM), which you can use either in print form or, for the first time with this edition, on line through **Quia,** will improve your command of the language and build your vocabulary.

LEARNING WITH *SUR LE VIF*

FORMAT

Understanding how *Sur le vif* is organized will help you make the best use of the program, since it may be somewhat different from the textbook(s) you are familiar with. The first part of the book (and the longest) contains nine chapters plus four shorter "interludes," with readings and activities for classroom use. Parts of these may, of course, be assigned for homework, but most will be done under the guidance of your instructor. Grammar is not explained in this section, but marginal notes, labeled **Préparation grammaticale,** refer you to the grammar structures to review for each part of a chapter. The **Rappel** boxes, in English, give a brief statement of the rule that applies to activities you are about to do. Both of these point you to the grammar explanations in the second part of the book.

The second section of *Sur le vif*, called **Structures,** is the grammar review; its nine chapters correspond to those of the first section of the book. This part is meant for outside-of-class preparation and is grouped together for ease of study. Here you will find explanations in English of the structures you are learning and reviewing. Examples that illustrate the grammar rules are based on the readings of the corresponding chapters in the first section to give you more exposure to the chapter theme and vocabulary. After a structure has been explained, you are referred to exercises in the SAM so that you can practice the forms and check your own answers to verify that you have learned how to apply the rule.

The final section of the book, the **Appendices,** contains a brief presentation of preposition usage and present participles followed by verb conjugation charts. At the very end of *Sur le vif* is a French-English glossary, with words defined as they are used in the context of the book. This will help you with readings and activities, but you should be aware that a glossary will not substitute for a good dictionary.

THE STUDENT'S ROLE

By the end of the elementary sequence, you will have studied most of the fundamental structures of French, but you may not be able to use all of them accurately all the time. You may be stronger in reading than in speaking or understand more than you can write. This is perfectly normal, but it makes the intermediate course more complex. Each student will have slightly different needs due to different levels of proficiency. You are in the best position to know what your strengths and weaknesses are. Therefore, you must assume an active role in your learning. By studying the grammar outside of class you can concentrate on points that are more difficult or new to you and move more quickly when you are reasonably confident of your understanding. The self-check exercises in the SAM (on-line through **Quia** or in hard copy) will show you if you can use the structures correctly and allow you to focus on those that still pose problems. You will also find additional grammar and vocabulary practice on the website for the book, at www.cengage.com/login.

In class, your instructor will ask you to apply the vocabulary and structures you have studied to activities relating to chapter themes and discussion of readings. When you have prepared the grammar, you will be ready to practice the forms, demonstrate your understanding of the readings, talk about your personal reactions to the topics, and participate in role-plays and debates. Oral work is central to *Sur le vif* and you will be expected to produce more than single-sentence responses. Being able to elaborate on your answers or paraphrase as needed will make you a more sophisticated speaker of French.

You, your instructor, and *Sur le vif* are partners in this course. You study grammar outside of class so that you are ready to use the structures to communicate. Your instructor creates opportunities for speaking in class that check your preparation and understanding and help you build your skills. The textbook provides French and francophone cultural information, reading selections, and activities to encourage development of your listening, speaking, reading, and writing proficiency. Exercises in the SAM help you first to practice the forms, then to use them to communicate your own ideas, and finally, to write compositions in which you apply the grammar and vocabulary you have reviewed in more extended essays related to the theme of the chapter.

ADDITIONAL STUDENT COMPONENTS
Student Activities Manual (SAM)

The SAM (either in hard copy or on-line through **Quia**) is divided into two sections: The *Cahier d'exercices* écrits is for written work, to practice the grammar rules reviewed in the **Structures** section of the textbook. The *Exercices de laboratoire* are to be used for pronunciation and listening practice in tandem with the audio program.

Each chapter of the *Cahier d'exercices écrits* portion of the Student Activities Manual (SAM) has three sections. The first focuses on vocabulary exercises to help you learn the new words in each chapter, understand words families, and use the expressions in context. The second section has both self-check and open-ended grammar exercises for each of the structures presented in the text. By completing the self-check exercises (**Entraînement**), you will see immediately if you have understood the grammar explanations and can apply them. The **Développement** activities continue your practice of the rules but do not have one correct answer. You will be using the structures you are studying to express your personal opinions or reactions; therefore, you should write more than a one-sentence answer whenever possible. The final section of the grammar part of the workbook, **Expression,** contains a choice of topics for longer (one to three paragraphs) compositions and generally provides pre-writing instruction to help you prepare your text.

The *Exercices de laboratoire* portion of the SAM is used with the audio materials on the website or through **Quia**. Each chapter takes about thirty minutes to complete and includes pronunciation practice followed by a passage for listening comprehension and a short dictation. Actually pronouncing the expressions or sentences according to the prompts will help you improve not only your pronunciation but also your comprehension of spoken French.

On the Premium website for *Sur le vif* (www.cengage.com/login), you will find various types of activities. The vocabulary for each chapter is listed so you can click on the word and hear how it is pronounced. The self-check grammar and vocabulary exercises can be used as a diagnostic tool to find out if you need to spend more time studying certain structures, or as additional practice of the forms you worked on in the textbook and workbook. The culture activities presented provide links to websites that relate to the themes of the textbook chapters. They guide you in an exploration of the site and topic in order to prepare you for in class discussion or for out-of-class writing assignments.

Acknowledgments

We would like to express our gratitude to the colleagues who participated in reviewing the materials for the Fifth Edition:

Nicole Aas-Rouxparis, *Lewis and Clark College*; Ali Alalou, *University of Delaware*; Myriam Alami, *Rutgers University*; Deborah Anderson, *East Carolina University*; Silvia Baage, *University of Maryland*; Gary Behrns, *Canisuis College*; Anne Sophie Blank, *University of Missouri—St Louis*; Christopher Callahan, *Illinois Wesleyan University*; Anne Carlson, *Southern Illinois University—Carbondale*; Donna Coulet du Gard, *University of Delaware*; Michèle Darrah, *North Carolina State University*; Rudy de Mattos, *Louisiana Tech University*; Dominick DeFilippis, *Wheeling Jesuit University*; Laura Dennis-Bay, *University of the Cumberlands*; Mariah Devereux Herbeck, *Boise State University*; Virginia Donovan, *Southern Illinois University—Carbondale*; Stayc DuBravac, *University of Kentucky*; Line Feldman, *Stony Brook University*; Julia Flanagan-Schmidt, *Diablo Valley College*; Jennifer Gardner, *Bay Path College*; Peter Golato, *University of Illinois, Urbana-Champaign*; Marie Guillet, *Molloy College*; Jeanne Hageman, *North Dakota State University*; Alexander Hertich, *Bradley University*; Ruth Hottel, *University of Toledo*; Pascale Hubert-Leibler, *Columbia University*; Laurence Lambert, *Sierra College*; Mikle D. Ledgerwood, *Stony Brook University*; Frederic Leveziel, *Southern Illinois University—Edwardsville*; Lara Lomicka Anderson, *University of South Carolina*; James Matthews, *Illinois Wesleyan University*; Heather McCoy, *Pennsylvania State University*; Lydie Meunier, *University of Tulsa*; Laurent P. Monye, *Clark Atlanta University*; Aparna Nayak-Guercio, *California State University—Long Beach*; Sarah Nelson, *University of Idaho*; Renée Norrel, *Birmingham Southern College*; Lynn Palermo, *Susquehanna University*; E. Scooter Pegram, *Indiana University—Northwest*; Marina Peters-Newell, *University of New Mexico*; Anna Marie Pietrolonardo, *Illinois Valley*

Community College; Jo Ann M. Recker, *Xavier University*; Mary Rice-De Fosse, *Bates College*; Peggy Rocha, *San Joaquin Delta College*; Mercedes Rooney, *State University of New York—New Paltz*; Jeanne-Hélène Roy, *University of Akron*; Kindra Santamaria, *Texas Christian University*; Sandhya Shanker, *Michigan State University*; Patricia Siegel, *State University of New York—Brockport*; Mary Simone, *University of Massachusetts—Boston*; Christa E. Smith, *Wayland Baptist University*; Janet Starmer, *Guilford College*; Carmen Swoffer-Penna, *State University of New York—Binghamton*; Ellen Thorington, *Ball State University*; Cristina Toharia, *University of Illinois, Urbana-Champaign*; Timothy J. Tomasik, *Valparaiso University*; Sheila Turek, *University of Wisconsin—Whitewater*; Jolene Vos-Camy, *Calvin College*; Anna Weaver, *Mercer University*; Valerie Wust, *North Carolina State University*.

Their suggestions and criticisms guided our revisions and provided us with invaluable perspective.

Our thanks also go to those who supported us through this process of revision, most particularly all those instructors and graduate teaching fellows whose comments and suggestions as they taught the Fourth Edition provided ideas for improvements. French exchange students in our two universities provided invaluable assistance. Of course all those third semester French students at Duke University and the University of North Carolina at Chapel Hill need mention, since their responses to the previous editions have guided our revisions. Our respective study abroad programs in Montpellier and Paris allowed us time in France, where we could gather material and stay **"sur le vif"**. We are also grateful to Françoise and Alain Planchot, who graciously responded to linguistic and cultural queries, involving their friends and families in debates on their own language. It is with deep gratitude that we acknowledge the generosity of the artist Bruno Ottenheimer whose painting graces our cover, and that of Regine Raspiengeas and Alain Levy, the fortunate owners of this art work.

At Cengage Learning, we would like to express our appreciation first to Nicole Morinon, Acquisitions Editor, who never lost faith in us, even when we sorely tried her patience. We thank her especially for making this the most colorful edition of *Sur le vif*. The constructive and painstaking editing of Cat Thomson, Development Editor, kept us moving along and caught painful slips in attention. Nicole Dicop-Hineline provided tactful native reader commentary, not to mention astute questions to confirm our information. Kelly Franz searched photo databases for just the right illustration. Jenna Gray, our project manager, skillfully oversaw all of those endless, final details of the production process. Her oversight, attention to detail, and focused consistency are impressive. The Cengage team's eye for linguistic accuracy and pedagogical insights significantly improved *Sur le vif*. We also extend our thanks to Tiffany Kayes, Mary Jo Prinaris, Kimberly Meurillon, Linda Jurras, Cat Mooney and Denise St. Jean for their work on this edition.

And finally, we thank each other for laughter, support and encouragement. We are grateful to Konrad for his tolerance of our ups and downs. This edition is dedicated to the memory of Rut Tufts, who accompanied us on the adventures of our earlier editions and whom we sorely miss.

H.J.
C.T.

France

Grande-Bretagne

MER DU NORD

Pays-Bas

Allemagne

Dunkerque
•Calais

Belgique

NORD-PAS-DE-CALAIS
Lille•

Luxembourg

Valenciennes•

MANCHE

Cherbourg•
Le Havre•
•Rouen
Caen•

HAUTE-NORMANDIE

•Amiens

PICARDIE

Metz•
Reims•

LORRAINE
Nancy•

ALSACE
Strasbourg•

Saint-Malo•
BASSE-NORMANDIE

Seine

✪**Paris**
Versailles•

ILE-DE-FRANCE

CHAMPAGNE-ARDENNE

Meuse
Moselle

VOSGES

Rhin

•Brest
Fougères•

•Troyes

Mulhouse•

BRETAGNE
•Rennes

•Le Mans

•Orléans

Seine

Saône

Besançon•

JURA

Suisse

PAYS-DE-LA-LOIRE
Angers•
St-Nazaire•
Nantes•   Chinon•

Blois• •Chambord
Tours•
Azay-le-Rideau•
Chenonceaux

Loire

BOURGOGNE
Dijon•

FRANCHE-COMTE

•Bourges
Nevers•

Chalon-sur-Saône•

CENTRE

Loire

•Poitiers

OCEAN

ATLANTIQUE

•La Rochelle

LIMOUSIN

POITOU-CHARENTES

•Limoges

•Vichy
Clermont-Ferrand•

Rhône

•Annecy

•Lyon

RHONE-ALPES

Italie

•Grenoble

•Périgueux

Saint Étienne•

AUVERGNE

ALPES

•Bordeaux

MASSIF CENTRAL

Rodez•

Rhône

PROVENCE-ALPES-COTE-D'AZUR

AQUITAINE

Garonne

MIDI-PYRENEES

Avignon•
Nîmes• Tarascon•
Montpellier•

Grasse•

Monte-Carlo•

Monaco

Biarritz•
•Bayonne
•Pau

PYRENEES

•Toulouse

Béziers•
Carcassonne• •Narbonne

Aix-en-Provence•
Marseille•

Toulon•

Nice

Cannes

LANGUEDOC-ROUSSILLON

Espagne

Andorre

Perpignan•

MER MEDITERRANEE

0   75 km

CORSE

Ajaccio•

E u r o p e

A s i e

Bruxelles

Jersey
Paris
Belgique
Luxembourg
Genève
Suisse
Val d'Aoste
France
Andorre
Monaco
Corse

Tunis
Tunisie
Rabat
Alger
Liban
Maroc
Algérie
Sahara occidental

Viêt Nam
Hanoi
Laos
Vientiane
Mauritanie
Mali
Niger
Tchad
Cambodge
Sénégal
Pondichéry
Guinée
République
centrafricaine
Phnom
Penh
Burkina
Faso
Côte
d'Ivoire
Togo
Gabon
Ruanda
Bénin
Congo
Burundi
Seychelles
Cameroun
Comores
République
Mayotte
démocratique
A f r i q u e
du Congo
Maurice
Réunion
Antananarivo
Madagascar

République
de Djibouti

O c é a n
I n d i e n

A u s t r a l i e

O c é a n
Atlantique

St. Paul et Amsterdam

Crozet

O c é a n
I n d i e n
Kergualen

Antarctique

O c é a n
P a c i f i q u e
Terres australes
et antarctiques
françaises

Pays et régions où le français est langue
officielle et/ou maternelle

Pays et régions où le français est langue
co-officielle ou administrative

Pays et régions où le français est langue
d'enseignement privilégiée

Pays et régions où il y a des minorités
francophones

Canada

Québec

Nouveau-Brunswick

Amérique du Nord

Québec

Montréal

Maine

St-Pierre-et-Miquelon

Etats-Unis

Nouvelle-Angleterre

Nouvelle-Écosse

Louisiane

Océan Atlantique

La Nouvelle-Orléans

Les Antilles

Haïti

Saint-Martin

Port-au-Prince

Guadeloupe

Martinique

Océan Pacifique

Guyane

Cayenne

Clipperton

Amérique du Sud

Wallis-et-Futuna

Polynésie française

Vanuatu

Tahiti

Australie

Nouvelle-Calédonie

Le monde francophone

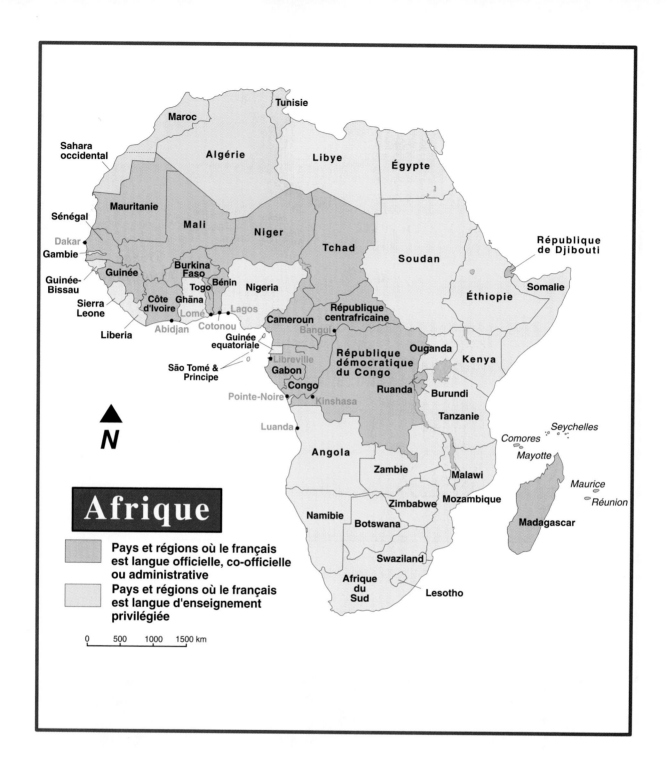

Afrique

Pays et régions où le français est langue officielle, co-officielle ou administrative

Pays et régions où le français est langue d'enseignement privilégiée

0   500   1000   1500 km

Sahara occidental
Maroc
Tunisie
Algérie
Libye
Égypte
Mauritanie
Sénégal
Dakar
Gambie
Mali
Niger
Tchad
Soudan
République de Djibouti
Guinée-Bissau
Guinée
Burkina Faso
Togo
Bénin
Nigeria
Somalie
Sierra Leone
Côte d'Ivoire
Ghāna
Lomé
Lagos
Éthiopie
Liberia
Abidjan
Cotonou
Cameroun
République centrafricaine
Guinée equatoriale
Bangui
Ouganda
Kenya
São Tomé & Principe
Libreville
République démocratique du Congo
Gabon
Congo
Ruanda
Burundi
Pointe-Noire
Kinshasa
Tanzanie
Luanda
Seychelles
Comores
Angola
Mayotte
Zambie
Malawi
Maurice
Réunion
Namibie
Zimbabwe
Mozambique
Botswana
Madagascar
Swaziland
Afrique du Sud
Lesotho

N

Sur le vif

Le français dans le monde

HIRB

Le chateau Frontenac à Québec.

Sylvain Sonnet / Getty Images

«Pour tout homme, le premier pays
est sa patrie, et le second, c'est la
France.»

Thomas Jefferson

(Discours inaugural de 1801)

Une plage à Martinique.

VOS CAMARADES DE CLASSE ET LE FRANÇAIS

Mettez-vous en groupes de deux ou trois (choisissez des camarades de classe que vous ne connaissez pas encore). Posez-vous d'abord les trois premières questions pour faire connaissance, puis parlez de vos idées sur le français et de vos expériences avec cette langue. Prenez des notes pour pouvoir résumer vos réponses. Finalement, choisissez quelques détails intéressants dans vos réponses et présentez-les à la classe.

FAISONS CONNAISSANCE

1. Comment t'appelles-tu? D'où viens-tu?
2. Qu'est-ce que tu étudies? Quels cours préfères-tu?
3. Donne deux ou trois adjectifs pour te décrire.

PARLONS DU FRANÇAIS ET DU MONDE FRANCOPHONE

4. Depuis quand est-ce que tu étudies le français?
5. Pour quelles raisons as-tu choisi d'apprendre le français?
6. As-tu déjà visité la France ou une autre région francophone? Si oui, où es-tu allé(e)?
7. Est-ce que tu connais des films ou des acteurs français? Lesquels?
8. Quelles entreprises *(companies),* quelles marques *(brands)* ou quels produits français connais-tu?
9. Pourquoi y a-t-il souvent des inscriptions en français sur les produits que l'on achète aux Etats-Unis ou au Canada?
10. Qu'est-ce que tu voudrais apprendre ce semestre en cours de français?

Lecture

AVANT DE LIRE

Selon vous, quelle langue étrangère la plupart des élèves français choisissent-ils d'apprendre? Pourquoi? Dans votre pays, à part l'anglais, quelle(s) langues(s) vivante(s) apprend-on à l'école? Pourquoi?

En France, l'initiation aux langues vivantes commence à l'école élémentaire ou au collège°. 99,6% des élèves étudient une première langue en sixième° et 94,8% une seconde langue en quatrième°. L'anglais est la langue la plus répandue°; viennent ensuite l'espagnol et l'allemand. Depuis le milieu des années soixante-dix, l'espagnol a remplacé l'allemand comme deuxième langue la plus répandue dans les lycées et les collèges. Deux des objectifs actuels du ministère de l'Éducation sont la diversification des langues enseignées et la généralisation de l'apprentissage précoce°.

www.sénat.fr

collège *middle school* / **sixième** *sixth grade* / **quatrième** *eighth grade* / **répandue** *widespread*

apprentissage… *foreign languages in preschool and elementary school*

Saviez-vous que… ?
Le français fait partie des quelques langues à diffusion intercontinentale. On trouve ainsi des francophones dans des pays répartis aux quatre coins de la planète. Les pays où l'on trouve le plus de francophones sont, en dehors de la France, l'Algérie, le Canada, le Maroc, la Belgique, la Côte d'Ivoire, la Tunisie, le Cameroun, la République démocratique du Congo et la Suisse.

Source: Organisation internationale de la Francophonie

À DISCUTER

Pourquoi, selon vous, les jeunes Français choisissent-ils d'apprendre l'espagnol et l'allemand? Dans quelles régions de la France les élèves choisiraient-ils ces langues? Pourquoi apprendre d'autres langues telles que l'italien, le chinois, le japonais, l'arabe, le russe ou le swahili? Donnez quelques raisons.

Pour mieux s'exprimer There are several French expressions that allow you to express the idea of causality *(because)*. The three most common are **parce que** + *subject* + *verb,* **car** + *subject* + *verb,* and **à cause de** + *noun.* In English we use the same word for all constructions.

Compare: Je voudrais visiter le Québec **parce qu'on y parle français.**

Il ne veut pas y vivre **car les hivers y sont trop durs.**

Les Québécois se moquent des Français **à cause de leur cuisine.**

Lecture

Saviez-vous que... ?

Les associations Québec-France et France-Québec coordonnent ensemble plusieurs programmes d'échanges pour les jeunes âgés de 18 à 35 ans: des emplois intermunicipalités (mairies, musées, bibliothèques, centres de plein air, etc.), des stages agricoles (vendanges, cueillettes des pommes) et des stages professionnels (auberges de jeunesse, camps d'été). Des voyages «Découverte du pays d'en face» sont quant à eux proposés aux jeunes (15–16 ans) et aux adultes. Depuis leur création en 1968, les deux associations ont permis à plus de 20 000 jeunes Québécois et Français de bénéficier de leurs programmes d'échanges.

Source: www.quebecfrance.qc.ca

La chanson que vous allez lire et écouter est de Lynda Lemay, auteur-compositeur-interprète, née à Portneuf, au Québec, en 1966. Lynda Lemay commence à chanter en 1988 et sort son premier album en 1990. Depuis, avec plus de neuf albums en vingt ans de carrière, elle ne cesse de faire des tournées en Europe et au Canada. Elle remporte souvent des prix, dont le prix Montfort du Rayonnement de la francophonie sur la scène internationale en 2004. La chanson suivante est tirée de son album *Du coq à l'âme*[1], sorti en 2000.

AVANT DE LIRE

Quelles images stéréotypées les Nord-Américains anglophones ont-ils des Français? Et existe-t-il des stéréotypes concernant le Canada (climat, nature, cuisine, habitudes, langues, etc.)?

POUR MIEUX COMPRENDRE

Dans cette chanson, Lynda Lemay reproduit un peu le français parlé (registre familier). Il s'agit surtout de différences de prononciation (les lettres qui ne sont pas prononcées: **y = ils, à tout bout d'champ = à tout bout de champ, s'donnent des bis = se donnent des bises, pis = puis**) et de vocabulaire québécois (**dîner / souper, toilettes / salle de bains**). Parcourez les paroles de la chanson pour trouver d'autres exemples de cette façon de parler et donnez l'équivalent en français standard.

---

[1] Jeu de mots, de l'expression **passer du coq à l'âne:** passage sans transition d'un sujet à l'autre *(abrupt change of subject).* **l'âme** = *soul*

Les maudits° Français

maudits *accursed, damned*

Y parlent avec des mots précis
Puis y prononcent toutes leurs syllabes
A tout bout d'champ°, y s'donnent des bis°
Y passent leurs grandes journées à table

5 Y ont des menus qu'on comprend pas
Y boivent du vin comme si c'était d'l'eau
Y mangent du pain pis° du foie gras
En trouvant l'moyen d'pas être gros

Y font des manifs° aux quarts d'heure
10 A tous les maudits coins d'rue
Tous les taxis ont des chauffeurs
Qui roulent en fous, qui collent au cul°

Et quand y parlent de venir chez nous
C'est pour l'hiver ou les Indiens
15 Les longues promenades en Ski-doo°
Ou encore en traîneau° à chiens

Ils ont des tasses minuscules
Et des immenses cendriers°
Y font du vrai café d'adulte
20 Ils avalent ça en deux gorgées°

On trouve leurs gros bergers allemands
Et leurs petits caniches° chéris
Sur les planchers° des restaurants
Des épiceries, des pharmacies

25 Y disent qu'y dînent quand y soupent
Et y est deux heures quand y déjeunent[2]
Au petit matin, ça sent l'yaourt
Y connaissent pas les œufs-bacon

En fin d'soirée, c'est plus choucroute°
30 Magret d'canard° ou escargots
Tout s'déroule bien jusqu'à c'qu'on goûte
A leur putain de° tête de veau[3]

CD 1, track 2

A… A tout instant /
s'donnent… s'embrassent

pis puis

manifs manifestations
(demonstrations)

collent… *are right on your tail*

Ski-doo *brand of snowmobile*
traîneau *sled*

cendriers *ashtrays*

gorgées *gulps*

caniches *poodles*
planchers *floors*

choucroute *sauerkraut*

magret… *duck breast*

putain de (here) damned

---

[2] Au Québec, on dit **le déjeuner** pour **le petit déjeuner, le dîner** pour le repas de midi et **le souper** pour le repas du soir.

[3] La «tete de veau» est un plat fait avec la tête d'un veau; dans la strophe qui suit Lynda Lemay énumère les parties de la tête qui sont utilisées.

paupière *eyelid* / **gencive** *gum*	Un bout d'paupière°, un bout d'gencive°
museau *snout*	Un bout d'oreille, un bout d'museau°
papilles… *taste buds*	35 Pour des papilles gustatives°
	De Québécois, c'est un peu trop
	Puis, y nous prennent pour un martien
	Quand on commande un verre de lait
	Ou quand on demande: La salle de bain
	40 Est à quelle place, s'il vous plaît?[4]
tuque *bonnet de laine* /	Et quand ils arrivent chez nous
Kanuk *marque d'anorak*	Y s'prennent une tuque° et un Kanuk°
	Se mettent à chercher des igloos
	Finissent dans une cabane à sucre
tombent… *tombent*	45 Y tombent en amour° sur le coup
amoureux de	Avec nos forêts et nos lacs
	Et y s'mettent à parler comme nous
Tabarnak *swear word in*	Apprennent à dire: Tabarnak°
Quebec, comes from "Tabernacle"	
saoulés *drunk* / **caribou** *bois-*	Et bien saoulés° au caribou°
son composée de vin rouge et	50 A la Molson et au gros gin
d'alcool fort / **ragoûts** *stews*	Y s'extasient sur nos ragoûts°
pattes *pieds d'un animal* /	D'pattes° de cochon et nos plats d'binnes°
binnes *beans*	
puent *stink*	Vu qu'on n'a pas d'fromages qui puent°
	Y s'accommodent d'un vieux cheddar
	55 Et y se plaignent pas trop non plus
bâtard *dilué et insipide*	De notre petit café bâtard°
	Quand leur séjour tire à sa fin
	Ils ont compris qu'ils ont plus l'droit
	De nous appeler les Canadiens
	60 Alors que l'on est Québécois
trempés *wet (with tears)*	Y disent au revoir, les yeux tout trempés°
érable *maple*	L' sirop d'érable° plein les bagages
	On réalise qu'on leur ressemble
	On leur souhaite bon voyage
On… *On a accepté* /	65 On est rendu qu'°on donne des becs°
donne… *se fait la bise*	Comme si on l'avait toujours fait
	Y a comme un trou dans le Québec
	Quand partent les maudits Français

Lynda Lemay "Les maudits français" (3:08) ISRC#: CA-W11-00-01860 (Lynda Lemay) Les Éd. Raoul Breton (P) 2000 Lynda Lemay Courtesy of Warner Music Canada Co.

[4] Les Français disent **toilettes** ou **W.-C.** au lieu de **salle de bains**, et **endroit** au lieu de **place.**

COMPRENEZ-VOUS?

A Français ou Québécois? Dans la chanson, à quelle nationalité Lynda Lemay associe-t-elle les caractéristiques suivantes?

1. parler très clairement
2. souper le soir
3. être mince mais manger et boire beaucoup
4. boire de la Molson
5. conduire de manière agressive
6. amener des chiens partout
7. passer beaucoup de temps à table
8. manger des haricots blancs et du porc
9. s'embrasser en arrivant et en partant

B La couleur locale. Avec un(e) partenaire, faites les activités suivantes, basées sur les paroles de la chanson. Comparez vos listes à celles de vos camarades de classe.

1. Énumérez les plats et les boissons associés aux Français dans ce texte. Ensuite, faites la même chose pour les plats (ou aliments) et les boissons associés aux Québécois.
2. Selon l'auteur, pourquoi les Français visitent-ils le Québec?

C Des stéréotypes. En groupes de deux ou trois, parcourez encore une fois la chanson pour trouver les réponses aux questions suivantes.

1. De quels aspects de la France et des Français la chanson se moque-t-elle? Quelles images stéréotypées des Français trouve-t-on dans la chanson?
2. Quelles images stéréotypées les Français ont-ils du Canada?

D Le message. Avec un(e) partenaire, discutez du message de cette chanson en répondant aux questions suivantes.

1. Pourquoi Lynda Lemay insiste-t-elle sur le fait que les gens décrits dans la chanson sont québécois et non pas canadiens?
2. Quel est le message des deux dernières strophes de la chanson?

ALLEZ PLUS LOIN

Quel parallèle la chanteuse établit-elle entre le début et la fin de la chanson?

Philippe Renault

Les études

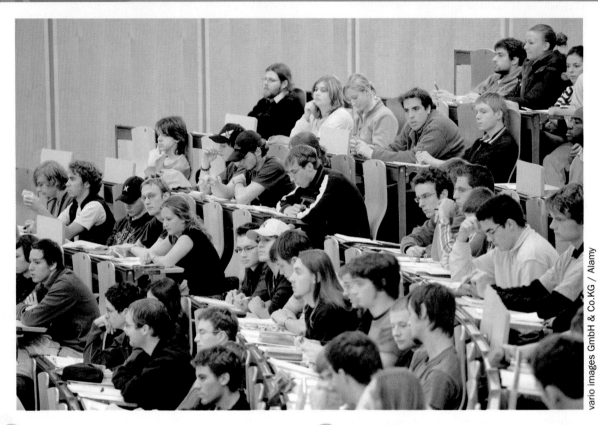

vario images GmbH & Co.KG / Alamy

 A **LES LIEUX**

l'école maternelle *f.*	*preschool*
l'école primaire *f.*	*elementary school*
le collège	*middle school*
le lycée	*high school*
l'université *f.*	*college, university*
la salle de classe	*classroom*
la faculté, la fac *(fam.)*	*school within university*
la fac de médecine	*the medical school*
la fac de droit	*the law school*
l'amphithéâtre *m.,*	*lecture hall*
l'amphi *(fam.)*	

B **LES GENS**

l'élève *m.f.*	*primary and secondary school student*
le (la) lycéen(ne)	*high school student*
l'étudiant(e)	*university student*
l'instituteur(-trice),	*elementary school teacher*
le (la) maître (maîtresse)	
un(e) nul(le) *(fam.),*	*poor student*
un zéro	
une tête *(fam.)*	*very bright student*

Pour obtenir des exercices et activités supplémentaires
sur le contenu de ce chapitre, rendez-vous sur le site
www.cengage.com/login.

Jupiterimages / Jupiter Images

l'interrogation f. l'interro (fam.), le contrôle	test, quiz
le partiel	midterm exam
l'examen m.	exam
l'examen blanc	practice test
les heures de permanence f.pl.	office hours
le stage	internship

C LES CHOSES

la bourse	scholarship, fellowship
l'enseignement m.	education, instruction
les matières f. (obligatoires)	(required) courses
le cursus	curriculum
la filière	area of concentration
la rentrée	return to school (in fall or after school break)
les droits m. d'inscription	registration fees
la note	grade
la moyenne	grade average
l'UE[1] f.	course credit
le relevé de notes	report card, student record in elementary and secondary school
le dossier	student record (university) including grades
la rédaction	composition
la dissertation, la dissert (fam.)	essay, paper (English, history, etc.)
la thèse	thesis
le (les) cours magistral(-aux)	lecture course(s)
les travaux dirigés, (les TD) m. pl.	discussion section, lab

[1] l'unité d'enseignement (credit)

D LES ACTIVITÉS

se débrouiller	to manage, to cope, to get along
s'inscrire	to register
suivre un cours	to take a class
réviser	to review
redoubler (une année) (un cours)	to repeat (a year)(a course)
assister[2] à (un cours, une conférence, un concert, etc.)	to attend (a class, a lecture, a concert, etc.)
sécher un cours (fam.)	to skip a class
rendre (un devoir)	to turn in (a homework assignment)
passer un examen	to take a test
réussir (à) un examen	to pass a test
échouer à un examen, rater un examen	to fail a test
bosser (fam.)	to study hard
bachoter (fam.)	to cram
tricher, pomper (fam.)	to cheat
se spécialiser en	to major in
obtenir son diplôme	to receive a diploma, to graduate (American system)

[2] NOTE: **Assister** veut dire «être présent». On ne peut pas dire «assister à l'université» ni «assister à la fac». Il faut dire «faire des études» ou «aller à la fac».

Vocabulaire

A **L'âge et l'enseignement.** Quels établissements scolaires fréquentent les Français aux âges indiqués ci-dessous? (Référez-vous à la liste A du vocabulaire au début du chapitre.) Qu'est-ce que les élèves/étudiants aiment faire dans ces établissements scolaires?

PRÉPARATION GRAMMATICALE

Avant de continuer, révisez l'usage et la formation du présent, pages 145–148.

Modèle: 5 ans

> **A l'âge de 5 ans, les Français fréquentent l'école maternelle.**
> **A cet âge-là, les élèves aiment dessiner.**

1. 16 ans
2. 7 ans
3. 20 ans

4. 4 ans
5. 12 ans

B **Comment dit-on?** Donnez l'infinitif du verbe de la liste D du vocabulaire qui correspond à chacune des situations suivantes.

1. Ce qu'on doit faire avant de suivre un cours.
2. Ce que font beaucoup d'étudiants la veille au soir *(the night before)* d'un examen.
3. Ce que fait un étudiant qui est trop fatigué ou qui est malade.
4. Ce qu'on est obligé de faire en France quand on a de très mauvaises notes[3].
5. Ce qui arrive quand on ne peut pas répondre aux questions pendant un examen.
6. Ce qu'on fait pour être sûr d'avoir une très bonne note dans un cours.
7. Ce qui se passe pour l'étudiant qui a assez d'UE à l'université.
8. Ce que font les mauvais élèves pour avoir une meilleure note.
9. Ce que les étudiants font de leurs devoirs une fois qu'ils les ont finis.
10. Ce que font les étudiants qui se sont bien préparés pour un examen.

Saviez-vous que…?

Depuis 2006 le cursus universitaire, dit **LMD**, s'organise autour de trois diplômes: la **l**icence (six semestres), le **m**aster (quatre semestres supplémentaires) et le **d**octorat (généralement trois ans après le master). Ce cursus européen permet aux étudiants de faire des études dans d'autres pays au même système de diplômes et de passer plus facilement d'une discipline à une autre, et d'une formation générale à une formation professionnelle.

C **Positive ou négative?** Lisez les mots suivants. Est-ce qu'ils provoquent chez vous une réaction positive ou négative? Pourquoi?

Modèle: mon dossier

> **J'ai une réaction positive parce que je suis toujours content(e) de mon travail.**

1. la rentrée
2. l'école maternelle
3. un cours magistral
4. une dissertation
5. une tête
6. les matières obligatoires

Maintenant, trouvez un(e) partenaire et comparez vos réactions. Si vous n'avez pas les mêmes réactions à chaque mot, essayez de découvrir pourquoi. Expliquez vos réactions par rapport à celles des autres membres de la classe.

---

[3] En France, les notes vont de 0 à 20. Au lycée comme à l'université, on utilise le système suivant:

18–20: excellent	12–14: assez bien
16–18: très bien	10–12: passable
14–16: bien	0–9: insuffisant

Les notes 18–20 sont plutôt rares. Certains disent que 19 est réservé pour le professeur et 20 pour le bon Dieu.

RAPPEL The **present tense** is used to talk about what is happening *now*, to make *generalizations*, or to speak about *habitual actions*. The present tense can also indicate what is *going to happen* in the *near future* or what *has just happened* in the *recent past*. For more details, see pages 145–148.

D **Une tête ou un nul?** Avec un(e) camarade de classe, rédigez deux portraits: celui du (de la) meilleur(e) et celui du (de la) plus mauvais(e) étudiant(e) dans une classe typique au lycée ou à l'université. Pour chacune des descriptions, écrivez quatre ou cinq phrases et utilisez autant de mots des listes de vocabulaire que possible.

une tête

un nul

E **Le cours idéal.** Parmi les matières suivantes, choisissez-en une. Ensuite, trouvez un(e) autre étudiant(e) qui a fait le même choix.

Matières: la biologie, l'histoire, les langues étrangères, les mathématiques, la psychologie, la musique, l'art

1. Avec votre partenaire, décrivez le cours idéal dans cette matière du point de vue du professeur. Comment sont les étudiants? Qu'est-ce qu'ils font? Que doit faire le professeur?
2. Décrivez maintenant le cours idéal dans cette même matière du point de vue de l'étudiant. Que fait le professeur? Que font les étudiants? Comment sont les devoirs et les examens?
3. Comparez vos descriptions à celles de vos camarades de classe.

Photos 12 / Alamy

Lecture

Le passage que vous allez lire est tiré d'un récit autobiographique de Nathalie Sarraute (1900–1999), romancière connue pour son rôle dans le mouvement littéraire qu'on appelle le «nouveau roman». *Enfance*, publié en 1983, raconte les premières années de sa vie à Paris. Dans l'extrait suivant, nous découvrons la narratrice à l'école primaire.

ENTRONS EN MATIÈRE

Dans vos cours de français, les professeurs vous ont certainement fait faire des dictées. Pour quelles raisons fait-on des dictées? Qu'est-ce qui rend une dictée difficile en français? Qu'est-ce qu'un professeur peut faire pour faciliter la dictée? Y a-t-il un exercice équivalent dans les cours d'anglais à l'école primaire aux États-Unis?

AVANT DE LIRE

Quand on entend des phrases en français, quels détails nous aident à décider si les noms et les verbes sont au singulier ou au pluriel? Imaginez que vous entendez la phrase «Elles aiment aller au marché central.» Comment savez-vous que le verbe ne s'écrit pas «aime» dans cette phrase? Comment savez-vous que «marché» est au singulier?

Enfance

Un peu engoncée° dans mon épais tablier noir[5] à longues manches fermé dans le dos, pas commode à boutonner, je me penche° sur mon pupitre avec toutes les autres filles de ma classe, à peu près de la même taille et du même âge que moi... nous écrivons sur une copie° où chacune a d'abord inscrit en haut et à gauche son prénom et son nom,
5 en haut et à droite la date, et au milieu le mot «Dictée» qu'il a fallu, comme le nom et la date, souligner en faisant habilement glisser sa plume° le long d'une règle° sans qu'il y ait des bavures°. Le trait doit être parfaitement droit et net.

    La maîtresse se promène dans les travées° entre les pupitres, sa voix sonne clair, elle articule chaque mot très distinctement, parfois même elle triche un peu en accentuant
10 exprès une liaison, pour nous aider, pour nous faire entendre par quelle lettre tel mot se termine. Les mots de la dictée semblent être des mots choisis pour leur beauté, leur pureté parfaite. Chacun se détache avec netteté, sa forme se dessine comme jamais celle d'aucun mot de mes livres... et puis avec aisance, avec une naturelle élégance il se rattache au mot qui le précède et à celui qui le suit... il faut faire attention de ne pas les
15 abîmer°... une légère angoisse m'agite tandis que je cherche... ce mot que j'écris est-il bien identique à celui que j'ai déjà vu, que je connais? Oui, je crois... mais faut-il le terminer par «ent»? Attention, c'est un verbe... souviens-toi de la règle... est-il certain que ce mot là-bas est son sujet? Regarde bien, ne passe rien... il n'y a plus en moi rien d'autre que ce qui maintenant se tend°, parcourt°, hésite, revient, trouve, dégage°, in-
20 specte... oui, c'est lui, c'est bien lui le sujet, il est au pluriel, un «s» comme il se doit le termine, et cela m'oblige à mettre à la fin de ce verbe «ent».

engoncée *cramped*
je me penche *I lean over*
copie ici, feuille de papier
plume *pen (to be dipped into inkwell)* / **règle** *ruler* / **bavures** *smudges, ink blots* / **travées** *rows*
abîmer *to damage*
se tend *tenses up* / **parcourt** *regarde rapidement* / **dégage** *pulls out*

Excerpt from "L'Enfance" by Nathalie Sarraute, Editions Gallimard, 1983

[5] À l'époque de ce récit, les enfants portaient souvent des tabliers *(smocks)* à l'école, pour ne pas salir leurs vêtements.

COMPRENEZ-VOUS?

GLOBALEMENT

Comment cette école primaire des années 1907–1910 est-elle différente d'une école primaire d'aujourd'hui?

EN DÉTAIL

1. Comment sont les camarades de classe de la narratrice?
2. Qu'est-ce que les élèves écrivent sur leur copie avant que la dictée ne commence?
3. Que fait-on avec la règle?
4. Quand on utilise une règle, à quoi faut-il faire attention?
5. Que fait la maîtresse pour aider les élèves avec la dictée?
6. Quelles sortes de questions se pose la narratrice?

CHERCHEZ LA FORME

1. Dans le premier paragraphe, trouvez tous les verbes conjugués au présent et donnez-en l'infinitif.
2. Dans le deuxième paragraphe, trouvez tous les verbes pronominaux et mettez-les à la première personne du pluriel (forme de «nous»).

ALLEZ PLUS LOIN

Quels détails dans le texte suggèrent que la narratrice va devenir écrivain plus tard?

 Applications

PRÉPARATION GRAMMATICALE

Avant de continuer, révisez l'usage de l'infinitif, de l'impératif et de **faire** causatif, pages 148–152.

A Les études. Parlez de ce qu'on fait dans vos cours cette année à l'aide des verbes suivants. Utilisez les sujets donnés et ajoutez des objets directs et indirects, des adverbes, des négations, etc. afin de créer des phrases intéressantes.

1. lire (nous)
2. sécher (je)
3. réussir (ma meilleure amie)
4. rendre (les étudiants)
5. obtenir (vous)
6. préférer (tu)
7. choisir (vous)
8. partager (nous)
9. dormir (les nuls)
10. répondre (je)
11. offrir (les profs)
12. suivre (ce garçon)

RAPPEL In pronominal (reflexive) constructions, the reflexive pronoun agrees with the subject of the reflexive verb (**je/me, tu/te,** etc.). NOTE: the impersonal subject pronoun **on** takes the pronominal pronoun **se.** For more details, see pages 150–151.

B S'inscrire en fac. Vous faites la queue avec beaucoup d'autres étudiants frustrés le jour des inscriptions. Vous bavardez avec eux. En utilisant les éléments donnés, imaginez quelques commentaires.

Modèles: Je / se demander
Je me demande pourquoi on fait la queue.
Ce jeune homme / s'endormir
Regarde! Ce jeune homme s'endort debout!

1. Je / s'inscrire (en cours...)
2. Tu / s'appeler?
3. Ces garçons / se fâcher
4. Cette fille-là / s'intéresser (à...)
5. Les gens de ce groupe / ne pas se parler
6. Toi et ton ami, vous / s'inquiéter (de... / parce que...)
7. Tout le monde / se disputer
8. Enfin on / se débrouiller
9. Nous / se calmer

David R. Frazier/PhotoLibrary, Inc.

RAPPEL To say that you are *having someone else do something* rather than doing it yourself, use the verb **faire** followed by an infinitive. For more details, see pages 151–152.

Ⓒ Les adultes et les jeunes. Quelquefois, les jeunes se plaignent de l'autorité de leurs parents et de leurs professeurs. Ils disent qu'on est toujours en train de leur donner des ordres. Complétez les phrases suivantes en vous basant sur votre propre expérience, ou inventez une réponse logique.

    Modèle: Si je veux aller au cinéma, mes parents me font...
        Si je veux aller au cinéma, mes parents me font finir tous mes devoirs avant de partir.

1. Quand j'ai une mauvaise note, mon père me fait...
2. Si je ne sais pas la réponse à une question, le professeur me fait...
3. Tous les soirs, ma mère me fait...
4. Juste avant les examens, tous les profs me font...
5. Pendant la semaine des examens, mes parents me font...
6. Si je sèche un cours, mon père me fait...
7. Si je ne rends pas un devoir, le professeur me fait...
8. Quand j'échoue à un examen, ma mère me fait...

RAPPEL The *imperative* is used to give orders or issue an invitation. Use the singular form with someone you would address as **tu**; use the 1st person plural form (**-ons**) when speaking to a group that includes yourself; and use the 2nd person plural form (**-ez**) with more than one person or with someone you would address as **vous**. For more details, see pages 150–151.

D Encore des ordres! M. Dupont, le prof de français, n'a pas bien dormi, alors il est de mauvaise humeur. Il ne parle pas à ses élèves; il leur donne des ordres! Réfléchissez à votre propre expérience dans un cours de langue pour vous aider à compléter les ordres que M. Dupont donne à ces pauvres élèves. (Notez que M. Dupont tutoie ces jeunes gens.)

> **Modèle:** Frida / ne pas s'arrêter... !
> **Frida, ne t'arrête pas de travailler!**

1. Cécile / se tenir bien!
2. Rachid / répondre…!
3. Hinda / s'asseoir…!
4. Zineb / ne pas dormir…!
5. Aline / répéter…!
6. Cynthia et Kevin / faire…!
7. Samia et Souleymane / finir…!
8. (À la classe) / savoir…!
9. (À ceux qui ne font pas attention) / se taire…!
10. (À la classe, à la fin de l'heure) / ne pas oublier…!

RAPPEL *Infinitives* have many different uses. When one verb follows another, the first verb is conjugated and the second verb remains in the infinitive form. Additionally, a verb that follows a preposition usually remains in its infinitive form. For more details, see pages 148–149.

E Les idées sur le travail. Les étudiants ne travaillent pas tous de la même façon. Comparez vos méthodes de travail avec un(e) autre étudiant(e).

- Dites si vous êtes d'accord avec chacune des phrases suivantes.
- Trouvez ensemble deux autres techniques qui peuvent faciliter vos études.

1. Il faut travailler au moins deux heures par jour pour chaque cours que l'on suit.
2. Il vaut mieux lire chaque livre deux fois.
3. Il ne faut jamais prêter ses notes aux autres étudiants.
4. On ne réussit pas si on ne dort pas au moins huit heures par nuit.
5. On travaille mieux dans sa chambre qu'à la bibliothèque.
6. Il faut poser beaucoup de questions en cours.
7. Pour obtenir une meilleure note, il faut s'asseoir au premier rang, devant le prof.
8. En cours de langue, il faut apprendre par cœur tous les mots de vocabulaire.
9. En cours de biologie, il faut passer deux fois plus de temps au laboratoire que ce que le prof suggère.
10. Il vaut mieux passer beaucoup de temps dans le bureau de ses profs.

F Les études: On n'a pas les mêmes idées. Mettez-vous en groupes de trois ou quatre. Un(e) d'entre vous joue le rôle d'un(e) étudiant(e) qui entre en première année de fac. Les autres, des anciens, sont là pour le/la guider et l'aider à réussir. Les anciens choisissent ensemble un des points de vue suivants et essaient de convaincre le (la) nouveau (nouvelle) que leur suggestion est essentielle pour réussir à l'université. Celui-ci / Celle-ci leur pose des questions.

1. Le plus important, c'est d'avoir les meilleures notes possibles dans tous tes cours.
2. L'essentiel, ce sont les copains. Il faut se faire beaucoup d'amis.
3. L'important, c'est de suivre des cours intéressants, même s'ils sont difficiles ou qu'ils ne sont pas dans ta filière.
4. L'engagement politique ou humanitaire, c'est ça qui compte.

Lecture

Agathe Demarais, 21 ans, étudiante en quatrième année à Sciences Po[6], a passé l'année scolaire 2006–2007 à l'University of British Columbia (UBC), à Vancouver. Une année entre études et voyages!

ENTRONS EN MATIÈRE

Pour quelle(s) raison(s) décide-t-on de quitter sa propre université pour aller étudier dans un pays étranger? Comment choisit-on où aller? Qu'est-ce qu'on gagne et qu'est-ce qu'on perd quand on quitte son milieu habituel pour vivre dans un autre pays?

AVANT DE LIRE

Pour vous aider à mieux comprendre les idées, lisez d'abord les questions qui précèdent chaque paragraphe. De quoi s'agira-t-il dans chaque partie? Faites une liste des idées principales.

«J'ai étudié un an à Vancouver»

PREMIÈRE PARTIE

Dans quel cadre° êtes-vous partie?

cadre ici, programme

Je suis partie à l'UBC (University of British Columbia) à Vancouver, sur la côte ouest du Canada dans le cadre d'un échange avec Sciences Po. J'ai été ac-
5 cueillie dans le programme *undergraduate* (premier cycle) où j'ai suivi des cours de premier, deuxième, troisième et quatrième semestre de *Bachelor*. J'ai passé un an sur place, de septembre à la fin juin,
10 car même si l'année universitaire s'est terminée fin avril, j'ai profité de mon séjour pour beaucoup voyager. J'ai terminé mon année par un *roadtrip* entre les Rocheuses canadiennes, le Yukon, l'Alaska et la côte Pacifique de l'Alaska à Vancouver en ferry, après avoir voyagé en mai à Washington, DC, Philadelphie, San Francisco et
15 Las Vegas.

Gunter Marx / Alamy

---

[6] L'institut d'Études Politiques (= sciences politiques) est une des grandes écoles à Paris. Pour pouvoir y faire des études, les étudiants doivent réussir à un concours, un examen très compétitif, pour lequel ils suivent deux ans de cours préparatoires (prépas) après le bac.

méconnue peu connue
JO Jeux Olympiques

Pour plusieurs raisons, les principales étant la beauté des paysages de la côte ouest canadienne, très méconnue° en France, et les opportunités de ski extraordinaires. Whistler, qui accueillera les JO° de 2010, n'est qu'à 1h30 de bus de UBC, et il y a un départ chaque vendredi, samedi et dimanche. Ensuite, il y a la qualité des études:
20 UBC est une excellente université, particulièrement renommée en économie, en anthropologie et en sciences. Enfin, choisir le Canada, c'était aussi faire l'expérience de la vie nord-américaine, sur un campus splendide (avec plage et parc régional), bref, le rêve...

Quelles sont les principales différences entre les systèmes d'études français et canadiens?

D'abord, il y a beaucoup moins de cours qu'en France, une douzaine d'heures par
25 semaine en fait, mais beaucoup de lectures à faire chez soi... et nécessaires pour pouvoir participer à la discussion! En effet, les cours sont vraiment interactifs, avec une forte participation des étudiants, même dans des amphis de 120 personnes. Mais s'il ne fallait retenir qu'une différence, j'insisterais sur cette participation orale des étudiants, et sur les rapports privilégiés avec les professeurs. Par exemple, ils répondent
30 à vos e-mails en une heure ou ils ont des heures de permanence pour répondre à vos questions...

COMPRENEZ-VOUS?

1. Dans quelle école Agathe Demarais fait-elle ses études en France?
2. Pendant combien de temps est-elle restée en Amérique du Nord?
3. Pourquoi n'est-elle pas rentrée en France à la fin du semestre?
4. Quelles sont les raisons les plus importantes pour lesquelles elle a choisi UBC? Distinguez entre les raisons scolaires et les raisons «qualité de vie».
5. Résumez les principales différences entre le système français et le système nord-américain, selon Agathe.

CHERCHEZ LA FORME

1. Passé → présent: Dans le premier paragraphe, mettez tous les verbes conjugués au passé composé au présent de l'indicatif.
2. Dans le troisième paragraphe, trouvez tous les infinitifs et expliquez leur usage (infinitif après une préposition, deuxième verbe après un verbe conjugué, etc.).

Deuxième partie

Sur place, qu'est-ce qui vous a le plus surprise?

Je pense que c'est l'immense décontraction° des habitants de Vancouver, qui sont vraiment très cool et zen... et la qualité de vie sur le campus, qui est immense: 40 000 étudiants y vivent. Il est ainsi réellement possible d'y passer une année entière sans en
35 sortir. On y trouve tout: des piscines et des centres de sport, des coiffeurs, des commerces, des agences de voyages, des banques, un hôpital, la plage, et même un accélérateur de particules!

Combien d'heures de cours avez-vous par semaine?

J'avais une douzaine d'heures de cours par semaine, et très peu de travail personnel par rapport à Sciences Po! J'ai en fait passé mon année à voyager, étant donné que mes
40 cours étaient le mardi, le mercredi et le jeudi. J'ai passé mon hiver à Whistler, et sinon j'ai bourlingué° en Amérique du Nord: Seattle, la Colombie-Britannique, New York, Montréal, Ottawa... En ce qui concerne le travail personnel, j'en avais au maximum cinq heures par semaine! J'étais aussi professeur assistant de français à l'université, ce qui me prenait quatre heures par semaine et ce qui m'a permis de financer mes
45 voyages!

Avez-vous connu des difficultés particulières, par exemple pour trouver un logement ou vous adapter à la vie quotidienne?

Pas du tout: l'université prend tout en charge, un logement est garanti à l'arrivée de l'étudiant, et on vient même vous chercher à l'aéroport! Il y a plein de journées d'accueil pour rencontrer des gens et connaître les formalités à accomplir... impossible d'avoir des difficultés! Pour le financement du séjour, le coût de la vie à Vancouver est
50 TRÈS inférieur à celui de Paris, et j'ai pu vivre vraiment de façon princière avec mon budget d'étudiante en France. Concernant l'adaptation à la vie quotidienne, tout s'est très bien passé.

Quels conseils donneriez-vous aux Français qui veulent étudier au Canada?

Foncez°! C'est une opportunité unique, dont vous reviendrez vraiment profondément changé et grandi. C'est par ailleurs une excellente occasion de rentrer bilingue,
55 tout en découvrant des matières auxquelles vous n'auriez pas pensé. Le système éducatif nord-américain est en effet très libre, et il est tout à fait possible de prendre des cours d'astronomie ou d'anthropologie en plus de ses cours obligatoires.

---

http://www.letudiant.fr

décontraction *laid-back attitude*

bourlingué mené une vie aventureuse

Foncez! *Go for it!*

COMPRENEZ-VOUS?

1. Qu'est-ce qu'Agathe apprécie à Vancouver et sur le campus?
2. Avait-elle un emploi du temps très chargé? Expliquez.
3. Comment Agathe a-t-elle eu assez d'argent pour voyager?
4. Comment l'université aide-t-elle les étudiants qui viennent d'arriver?
5. Qu'est-ce qu'Agathe conseille aux étudiants français? Pourquoi?

CHERCHEZ LA FORME

1. Dans le premier paragraphe de cette deuxième partie, quels adjectifs renforcent l'idée de la décontraction des habitants de Vancouver? Expliquez-les.
2. Dans le deuxième et le troisième paragraphes, donnez l'infinitif de chaque verbe conjugué.

ALLEZ PLUS LOIN

Quelle sorte d'étudiante est Agathe Demarais, selon vous? Donnez beaucoup de détails tirés du texte pour justifier votre opinion.

Activités d'expansion

A **Le débat: les parents et les études.** La classe est divisée en trois groupes qui vont débattre du rôle que les parents doivent jouer dans la scolarité de leurs enfants. Voici les questions:

1. Qui choisit l'université?
2. Qui choisit les cours à suivre?
3. Qui décide de la profession / carrière de l'enfant?

GROUPE A: Vous pensez que les parents ont le droit de prendre ces décisions pour leur enfant. Expliquez pourquoi.

GROUPE B: Vous êtes opposé(e) à ce que les parents prennent la décision pour leur enfant. Expliquez pourquoi.

GROUPE C: Selon vous, la meilleure solution est de prendre les décisions ensemble. Expliquez comment cela peut se faire.

NOTE: N'oubliez pas qu'en français on **prend** une décision et on **fait** un choix.

Si vous êtes d'accord, vous pouvez dire:
Oui, c'est vrai. De plus,…
Moi aussi, je pense que…
C'est une bonne idée de…
Je dois avouer que tu as raison. En plus,…
C'est vrai ce que tu dis, parce que…

Si vous n'êtes pas d'accord, vous pouvez répondre:
Non, je ne crois pas que…
Je suis en total désaccord avec…
Je regrette, mais tu as tort de dire que…
À mon avis…
Au contraire…

B **L'importance des études dans la vie ordinaire.**
À votre avis, les études à l'université sont-elles étroitement liées à la vie de tous les jours? En quoi? Connaissez-vous des gens qui ne partagent pas votre avis? Qui sont-ils? Pouvez-vous comprendre leur point de vue?

C **Des systèmes d'éducation bien différents.** En seconde, les élèves français suivent des enseignements communs et choisissent deux enseignements de détermination et une option facultative. En fin de seconde, ces choix les aident à opter pour un bac général ou technologique. Les élèves de première et terminale générale choisissent certaines matières qui déterminent la spécialité de leur baccalauréat: le Bac S (scientifique), le Bac L (littéraire), le Bac ES (sciences économiques et sociales), ou un des bacs technologiques. Au niveau universitaire, les étudiants suivent peu de cours en dehors de leur spécialisation. La situation aux États-Unis est très différente. Quels sont les avantages et les inconvénients des deux systèmes?

Saviez-vous que…?
Des droits d'inscription parmi les moins chers du monde: Les droits sont peu élevés dans les établissements publics comme les universités car l'État français prend en charge une part très importante du coût des études des étudiants (entre 5 000 et 15 000 € environ par an en moyenne selon la formation). En outre, il n'est fait aucune distinction entre les étudiants étrangers et les étudiants français: mêmes exigences d'accès, mêmes diplômes délivrés et mêmes frais d'inscription pour tous. Les montants annuels des droits d'inscription à l'université en France sont fixés pour 2008-2009 à 169 € pour les étudiants en licence, 226 € pour les étudiants en master et 342 € pour les étudiants en doctorat.

Plantu

Les jeunes

Clare Tufts

A LE CORPS

être beau (belle)	to be beautiful
joli(e), laid(e)	pretty, ugly
fort(e), gros(se)	strong, fat
costaud	robust
mince, maigre	thin, skinny
avoir les cheveux...	to have . . . hair
longs, courts	long, short
fins, épais	thin, thick
raides, ondulés, frisés	straight, wavy, curly
ébouriffés	uncombed
teints	dyed
en dreads	in dreadlocks
en tresses africaines	in corn rows
être chauve	to be bald
avoir...	to have . . .
la tête rasée	a shaved head
une barbe	a beard
... de trois jours	"designer stubble"
une moustache	a moustache
avoir le visage...	to have a (an) . . . face
ovale, rond	oval, round
carré	square

pointu	pointed
joufflu	fat-cheeked
avoir le nez...	to have a . . . nose
droit, busqué	straight, hooked
avoir les lèvres...	to have . . . lips
pleines, minces, pincées	full, thin, pinched
être...	to be . . . (coloring)
bronzé(e)	tan
pâle, blême	pale, sick-looking
avoir le teint...	to have a(n) . . . complexion
clair, olivâtre	light, olive
avoir des taches de rousseur	to have freckles

B LE CARACTÈRE

être, avoir l'air...	to be . . . , to look . . . (to be . . . looking)
franc (franche)	honest
éveillé(e), endormi(e)	awake, sleepy
malin (maligne)	smart, shrewd
dur(e), doux (douce), froid(e)	hard, sweet, cold
gentil(le)	nice, kind
sympathique, sympa	friendly
poli(e), impoli(e)	polite, impolite
discret(-ète)	discreet
sensible, insensible	sensitive, insensitive
rêveur(-euse)	dreamer
drôle	funny
désagréable	unpleasant
rouspéteur(-euse)	grouchy
paresseux(-euse)	lazy
énergique	energetic
décontracté(e)	relaxed
tendu(e)	tense
débrouillard(e)	resourceful
maladroit(e)	awkward, clumsy

Pour obtenir des exercices et activités supplémentaires sur le contenu de ce chapitre, rendez-vous sur le site www.cengage.com/login.

C LES VÊTEMENTS ET LES ACCESSOIRES

les vêtements...	. . . clothes
chics	stylish
démodés	out-of-style
vintage (*invariable*)	vintage
propres, sales	clean, dirty
le pantalon, jean (délavé), short[1]	pants, (faded) jeans, shorts
le tee-shirt	T-shirt
le costume	suit (men)
le tailleur	suit (women)
le chemisier	blouse
le pull	sweater
l'imperméable (imper)	raincoat
le manteau	coat
le blouson (en cuir)	(leather) jacket
le maillot de bain	swimsuit
le chapeau	hat
le bracelet	bracelet
le collier	necklace
le vernis à ongles	nail polish
le maquillage	make-up
le piercing	body piercing
au nez, au nombril	nose ring, navel ring
le tatouage	tattoo
les baskets	athletic shoes
la chemise, la cravate	shirt (men), tie
la jupe, la robe	skirt, dress
la veste	suit jacket (men/women)
les chaussures, les bottes	shoes, boots

les sandales	sandals
la casquette	cap
la (les) boucle(s) d'oreille(s)	earring(s)

D LES ACTIVITÉS ET LES PASSE-TEMPS QUOTIDIENS

s'habiller	to dress
se coiffer	to comb one's hair
se couper les cheveux	to cut one's hair
se faire couper les cheveux	to have one's hair cut
se maquiller	to put on make-up
jouer (à) + sports et jeux	to play . . .
au tennis	tennis
au basket-ball	basketball
au football	soccer
au football américain	football
à des jeux vidéo	video games
jouer (de) + instruments de musique	to play . . .
du piano	piano
de la guitare	guitar
faire (de) + sports/activités	to go / to do . . .
du jogging	jogging
du lèche-vitrines	window-shopping
des courses	shopping
être...	to be . . .
musicien(-enne)	a musician
dans un groupe (de musique)	in a band
sportif(-ive)	athletic
membre d'une équipe	on a team

[1] Note that **pantalon, jean,** and **short** are all singular in French, whereas they are plural in English: **J'aime ton pantalon gris. Il porte un jean. Elle s'achète un short kaki.**

Vocabulaire

PRÉPARATION GRAMMATICALE

Avant de continuer, révisez la formation et le placement des adjectifs qualificatifs, pages 154–158.

Ⓐ Vive les différences! Anne et Philippe sont de très bons amis, mais ils ne se ressemblent pas du tout—ni physiquement, ni de caractère. Décrivez Anne en ajustant la description de Philippe.

> Philippe est un homme costaud et plutôt laid. Il a les cheveux courts et frisés, le visage rond, le nez busqué et les lèvres épaisses. Il a l'air endormi, et ses amis le trouvent insensible, rouspéteur et paresseux. Il porte toujours des vêtements sales et démodés. Il passe son temps à jouer à des jeux vidéo.

Ⓑ Comment dit-on? Trouvez l'adjectif de la liste B du vocabulaire qui correspond à chacune des définitions suivantes.

1. qui s'exprime ouvertement, en toute honnêteté
2. qui n'attire pas l'attention
3. qui manque d'humanité, d'indulgence
4. qui évite l'effort
5. qui ne ressent pas d'émotions
6. qui ne se met pas en colère
7. qui est plein de vie, de vivacité
8. qui sait se tirer facilement d'affaire

RAPPEL In French, descriptive adjectives agree in *gender* (masculine / feminine) and in *number* (singular / plural) with the nouns or pronouns they modify. Although descriptive adjectives usually follow the nouns they modify, some short ones come before. A few adjectives change meaning depending on whether they precede or follow the noun they modify. For more details, see pages 157–158.

Ⓒ Comment sont-ils? Décrivez en détail l'apparence de chacune des quatre personnes suivantes, en utilisant les listes A et C du vocabulaire.

1.

marc fischer / istockphoto.com

2.

Vernon Leach / Alamy

3.

Lucenet Patrice / Oredia / PhotoLibrary

4.

Kevin Dodge / Corbis

D Les «people». Choisissez une des personnes de la liste suivante et décrivez-la. Utilisez au moins trois adjectifs qui décrivent l'apparence et le caractère de cette personne.

1. Michelle Obama
2. Homer Simpson
3. Paris Hilton
4. le Prince Harry

5. Katie Holmes
6. Nicolas Sarkozy
7. Angelina Jolie
8. Daniel Radcliffe

E Pour faire le portrait... Travaillez avec un(e) camarade de classe. Votre camarade va faire votre portrait et vous allez faire le sien.

1. Décrivez en détail l'apparence de votre partenaire en utilisant les listes A et C du vocabulaire.
2. Ensuite, essayez de deviner son caractère (toujours par écrit) en vous basant sur son apparence. Cette fois, utilisez le vocabulaire de la liste B.
3. Finalement, lisez-vous vos descriptions et réagissez à ce que vous entendez.
4. Dites à la classe si vous trouvez que votre partenaire vous a bien décrit(e) et justifiez votre opinion.

F Les différences. De temps en temps, nous voyons ou nous rencontrons des gens qui nous semblent bien différents, ou qui ont simplement l'air bizarre. Prenez quelques minutes pour réfléchir à la personne la plus «étrange» que vous ayez jamais vue. Faites-en une description précise en répondant aux questions suivantes.

1. Où était cette personne?
2. Que portait-elle?
3. Comment était cette personne, physiquement?
4. Du point de vue du caractère, comment vous imaginez-vous cette personne?
5. Que faisait cette personne?

PRÉPARATION GRAMMATICALE

Avant de continuer, révisez le comparatif et le superlatif de l'adjectif qualificatif, pages 158–159.

Lecture

En avril 2008, le magazine *Le Nouvel Observateur* a invité douze jeunes Français (six femmes et six hommes) à se réunir pour parler de leur vie actuelle. Le texte que vous allez lire, qui est un extrait du reportage publié à la suite de cette réunion, offre un portrait de deux des douze jeunes personnes qui y étaient présentes.

ENTRONS EN MATIÈRE

À votre avis, comment les jeunes de 18–22 ans sont-ils différents des générations précédentes? Pensez-vous que les Français de 20 ans ressemblent aux Américains du même âge? Expliquez.

Lisa F. Young,2009 / Used under license from Shutterstock.com

Avoir 20 ans en 2008

éclaireurs ici, du verbe éclairer *(to enlighten)*

tranche... *age group*

ados adolescents

congénères de la même génération

Ils sont douze... Ils ont tous «20 ans, le bel âge», comme disait Barbara,[2] et ils sont les «invités» du «Nouvel Observateur»[3] cette semaine. Douze éclaireurs° pour un numéro spécial sur «la jeunesse en 2008», choisis parce qu'ils sont chacun à leur manière représentatifs de leur tranche d'âge°... Les jeunes de 20 ans ne se laissent pas facilement saisir. Impossible de les classer en tribus comme les ados.° Leurs goûts, leurs musiques, leurs idoles sont éclectiques. Ils passent du rock au rap, de l'abbé Pierre[4] au dernier élu de «la Nouvelle Star»,[5] de H&M au vintage... Nos douze vingtenaires, comme leurs autres congénères,° sont tous «face-bookés», «my-spacés». Ils bloguent, ils chattent. Leur carte de visite, c'est leur «play-list». Ils ont une souris pour animal de compagnie...

---

[2] (Monique Andrée Serf) 1930–1997; chanteuse française. Dans sa chanson *Le Bel Age*, elle parle d'un jeune homme qui a vingt ans.

[3] Un hebdomadaire français d'information générale

[4] (Henri Grouès) 1912–2007; prêtre catholique français; fondateur du Mouvement Emmaüs, une organisation caritative laïque destinée à aider les pauvres, exclus et réfugiés.

[5] version française de l'émission *American Idol*

Wassyl... est un parfait exemple de «coolitude». Cool, sa crinière.° *(Depuis que je l'ai laissée pousser, bizarrement, j'attire moins de regards hostiles. Peut-être parce que je ressemble moins à un "beur[7] de banlieue»)*, cool, la musique qu'il écoute, ... Études abandonnées en troisième, CAP de plomberie° et formation en alternance qui foirent,° vagues stages de vendeur ou de cuisinier. Et puis, l'été dernier, une rencontre, *«par hasard»*, avec Unis-Cité, une association qui propose à des jeunes de 18 à 25 ans de s'engager dans un «service volontaire pour la solidarité». Wassyl a été embarqué dans l'aide à domicile pour les personnes âgées, *«je prends le thé avec eux, je les promène en fauteuil roulant.»* Sa zone d'intervention? Les 8ᵉ et 16ᵉ arrondissements de Paris. Le banlieusard° découvre la solitude des beaux quartiers. Le beur chevelu° amène des bourgeoises nonagénaires au cinéma... *«Plus tard, j'aimerais construire des puits° en Afrique ou m'occuper de handicapés.»*

Combien de vingtenaires des années 1970 se sont mis, comme Wassyl, au service du troisième âge?... Combien d'étudiants privilégiés ont donné de leur temps pour faire du soutien scolaire,° comme Anne-Laure aujourd'hui? Anne-Laure, c'est un grand sourire, peut-être la marque de ses années passées chez les jeannettes.° Car Anne-Laure est scout. Léger étonnement chez les douze. Elle: *«je suis cheftaine de louveteaux,° je suis croyante,° je suis pour l'avortement,° je vote à gauche. Et je ne suis pas coincée!°»* Elle fait khâgne, hypokhâgne,[8] est en licence de lettres et apprend à un petit Chinois de 5 ans à lire le français. ...

On dira qu'ils sont finalement très sages, ces 20 ans. Parce que ce sont peut-être leurs aînés qui sont immatures. ... Elle est peut-être là, la nouveauté. Les 20 ans de 2008 sont les enfants de deux générations qui ne veulent pas vieillir.

Adapted from the article "Avoir 20 ans en 2008" from *Le Nouvel Observateur*, Thursday April 10, 2008

[7] né en France, de parents Nord-Africains
[8] Hypokhâgne et khâgne sont les première et deuxième années d'études préparatoires en littérature pour le concours d'entrée à l'École Normale Supérieure, une des Grandes Écoles en France.

crinière *mane of hair*

CAP... *vocational training certificate in plumbing /* **foirer** *to lead nowhere*

banlieusard qui habite la banlieue / **chevelu** qui a beaucoup de cheveux / **puit** *well*

soutien scolaire *tutoring* **jeannettes** *Brownie Scouts* **cheftaine...** *scout den mother /* **croyante** qui croit en Dieu (ici, catholique) / **avortement** *abortion /* **coincée** complexée

COMPRENEZ-VOUS?

1. Pourquoi, à votre avis, l'auteur de cet article appelle-t-il ces douze personnes des «éclaireurs» (ligne 2)?
2. Quelle partie de la description présentée dans le premier paragraphe pourrait aussi vous décrire, vous et vos amis?
3. En quoi l'apparence de Wassyl et sa passion pour son travail semblent-elles se contredire?
4. Quelles parties de la description d'Anne-Laure pourraient aussi sembler contradictoires?
5. L'auteur de cet article conclut en disant que les Français de 20 ans sont plus matures que les Français plus âgés (comme, par exemple, la génération de leurs parents). En quoi sont-ils plus matures?

CHERCHEZ LA FORME

1. Dans le premier paragraphe, quel pronom sujet et quel verbe devrait-on mettre avant l'adjectif «impossible» (ligne 5) pour faire une phrase complète?
2. Expliquez l'emploi de **c'est** dans la phrase «Leur carte de visite, c'est...» (ligne 9).

3. Imaginez ce que la personne à Unis-Cité a dit à Wassyl pour lui expliquer comment aider les personnes âgées. Mettez les phrases de Wassyl qui suivent à l'impératif, afin de recréer ces instructions:

   a. Je prends le thé avec eux.
   b. Je les promène en fauteuil roulant.
   c. Je les accompagne au cinéma.

ALLEZ PLUS LOIN

Pourquoi dit-on que 20 ans, c'est «le bel âge»? Êtes-vous d'accord? Pourquoi?

Applications

A **Vous et les autres.** Comparez-vous aux personnes suivantes.

Modèle: sensible, votre meilleur(e) ami(e)
Je suis (plus / moins / aussi) sensible que mon (ma) meilleur(e) ami(e).

1. sportif, votre meilleur(e) ami(e)
2. discret, Britney Spears
3. paresseux, votre professeur de français
4. impoli, votre grand-mère
5. décontracté, vos parents
6. rouspéteur, votre voisin
7. conservateur, le président des États-Unis
8. travailleur, votre camarade de chambre
9. intelligent, Albert Einstein
10. riche, Bill Gates

PRÉPARATION GRAMMATICALE

Avant de continuer, révisez les formes interrogatives, pages 160–163.

B **Quelle curiosité!** Un jeune Français va passer les vacances d'été chez vous, et il veut vous connaître un peu mieux avant d'arriver. Il vous pose énormément de questions! Voici vos réponses. Quelles sont ses questions?

1. Je suis grand et mince, avec les yeux marron et le nez droit. J'ai la tête rasée.
2. J'habite tout près de la ville de San Francisco.
3. Ma maison est très spacieuse, avec beaucoup de lumière.
4. Il y a quatre personnes dans ma famille.
5. Ces quatre personnes sont ma mère, mon père, mon frère et moi.
6. Ma mère s'appelle Alice, mon père s'appelle Tom et mon frère s'appelle Bob.
7. Mes sports préférés sont le tennis et la natation.
8. Nous partirons à la plage une semaine après ton arrivée.
9. Le soir, je vais souvent au cinéma.
10. Nous t'invitons chez nous parce que nous aimons rencontrer de nouvelles personnes.

C L'interrogation continue! Le jeune Français de l'exercice B est arrivé chez vous, et il veut tout savoir sur vos amis, vos études, vos passe-temps, etc. Avec un(e) camarade de classe, jouez cette scène. Chaque personne joue le rôle du jeune Français et pose trois questions auxquelles l'autre personne répond. Utilisez les mots et expressions interrogatifs suivants.

Mots et expressions interrogatifs:

qu'est-ce qui	lequel (laquelle, etc.)	comment
quand	pourquoi	que

RAPPEL **Tout** functions as both an *adjective* and a *pronoun*. When used as a pronoun in the singular, **tout** is always *invariable*. This is because it has only one meaning: *everything*. For more details, see pages 159–160.

D «Turbo-Dating»... la version française de *Speed Dating*.
Avez-vous déjà participé à une soirée «speed dating»? Savez-vous comment ces rencontres se déroulent? En France, le site web de l'organisation «Turbo-Dating» (http://www.turbo-dating.com) annonce la date et le lieu des soirées à venir et explique les règles du jeu. Informez-vous en lisant les phrases suivantes, et complétez chaque phrase avec la forme de **tout** qui convient.

1. Turbo-Dating est ouvert à _toutes_ les personnes, sans restriction.
2. Ces rendez-vous sont parfaits pour _tous_ ceux qui veulent élargir leur cercle de connaissances.
3. _Toutes_ ces soirées ont lieu dans un restaurant ou un club, et on doit payer l'entrée et le prix d'une consommation.
4. _Tous_ le monde qui est inscrit reçoit un badge avec un numéro dessus.
5. _Tout_ commence quand à chaque table il y a un homme et une femme l'un en face de l'autre.
6. _Toutes_ les dix minutes, il faut que les hommes se déplacent pour parler avec une femme différente.
7. On peut parler de _tous_ les sujets sauf son nom, son adresse, son travail, ou son salaire.
8. Après huit à dix rencontres, les participants sont _tous_ invités à remplir un formulaire afin de savoir s'il aimerait revoir une ou plusieurs des personnes avec qui ils ont parlé.
9. Pour indiquer son choix, on note _tout_ simplement le numéro du badge.
10. S'il y a réciprocité dans le choix, l'homme et la femme recevront _tous_ les deux l'e-mail de l'autre.

E Généralisation ou vérité? Quand on parle de groupes de personnes (comment ils sont, ce qu'ils font, etc.), on a tendance à ignorer des différences subtiles mais importantes entre les personnes du groupe. Faites un commentaire sur un des groupes suivants, en utilisant une forme de **tout** et le vocabulaire du chapitre dans votre phrase. Puis, demandez à la classe de juger la justesse *(accuracy)* de votre observation.

les étudiant(e)s de votre âge	les parents
les chanteurs de rap	les Français(es)
les professeurs	les Américain(e)s

F Qui est Carla Bruni?

1. Complétez ce texte avec **il/elle** ou **c'**.

Carla Bruni est l'épouse du sixième président de la Ve République française, Nicolas Sarkozy. (1) _____ est svelte, a les yeux bleus et de longs cheveux bruns et raides. (2) _____ est une femme qui mesure 1m76 *(5'9")* et qui semble encore plus grande à côté de son mari, puisque Sarkozy, (3) _____ est un homme qui ne mesure qu' 1m68 *(5'6")*. Née en Italie, Carla Bruni est la fille d'un compositeur et industriel et d'une pianiste et actrice, bien que son véritable père soit un homme d'affaires italien vivant au Brésil. (4) _____ est une famille très riche, qui s'est installée en France quand Carla avait cinq ans. (5) _____ est intéressant de lire la biographie de Mme Bruni-Sarkozy parce que (6) _____ est une femme qui a déjà vécu une vie personnelle et professionnelle pleine de changements et pourtant (7) _____ est relativement jeune, ayant fêté ses 40 ans en décembre 2008. (8) _____ est une chanteuse qui a sorti son troisième album en juillet 2008, cinq mois après son mariage avec Sarkozy. (9) _____ est aussi connue pour sa carrière de mannequin de 1987 à 1997. La vie privée de Carla Bruni, (10) _____ est loin de celle qu'on imagine pour une première dame. (11) _____ est une femme séduisante qui a eu de nombreuses liaisons avec des hommes célèbres avant son mariage (Eric Clapton, Mick Jagger, Donald Trump, Kevin Costner, l'acteur français Charles Berling, le chanteur français Jean-Jacques Goldman, entre autres). (12) _____ est aussi une mère de famille, car elle a eu un fils en 2001 avec le philosophe Raphaël Enthoven.

2. Continuez cet exercice avec un(e) partenaire. En vous basant sur le paragraphe sur Carla Bruni, écrivez une description et la biographie de Michelle Obama, l'épouse du 44e président des États-Unis, Barack Obama. Suivez le même format, en mettant autant de phrases avec la construction **il/elle est** ou **c'est** que possible dans votre portrait.

Lecture

ENTRONS EN MATIÈRE

Aujourd'hui les nouvelles technologies facilitent les rencontres virtuelles. Faites une liste de ces technologies et des genres de rencontre possibles. Quels en sont les avantages et les inconvénients? Y a-t-il des dangers? Connaissez-vous des gens qui se sont connus virtuellement avant de se rencontrer en personne? Comment leur relation a-t-elle évolué?

AVANT DE LIRE

Le texte que vous allez lire est la transcription des paroles d'une chanson de la rappeuse française Diam's (de son vrai nom Mélanie Georgiades), née en 1980 d'une mère française et d'un père cypriote. Elle raconte qu'à 14 ans elle a pris son pseudonyme après avoir appris qu'un diamant «ne peut être brisé que par un autre diamant et qu'il n'est fait que d'éléments naturels.»[9] En 2005, son second album, *Brut de femme*, devient un

---

[9] Interview (http://www.zicline.com/dossiers/diams/diams.htm)

double disque d'or avec plus de 200 000 exemplaires vendus; et en 2007 Diam's reçoit le MTV «European music award» de l'artiste française de l'année. Diam's est une chanteuse engagée politiquement, ayant milité pour Amnesty International et pour un vote des jeunes contre le Front national. Dans sa chanson *Ma France à moi*, écrite avant les dernières élections présidentielles en France (mai 2007), elle traite Nicolas Sarkozy, président actuel de la France, de fasciste.

Une chanson, par définition, existe pour être entendue, pas pour être lue. Alors, avant de passer à la lecture de «Jeune demoiselle», faites un petit exercice d'écoute, en notant en même temps sur une feuille de papier toutes les références aux personnes et aux choses que vous reconnaissez. Ensuite, mettez-vous avec un ou plusieurs camarades de classe, comparez les références que vous avez notées, et organisez-les dans les catégories suivantes: musique, cinéma, télévision, sports. Quelles conclusions tirez-vous de ces références?

Après ce premier exercice d'écoute, faites la lecture des paroles, puis répondez aux questions qui suivent.

Bruno Bebert / Reuters/Landov

Jeune demoiselle

Refrain

Jeune demoiselle recherche un mec° mortel
Un mec qui pourrait me donner des ailes°
Un mec fidèle et qui n'a pas peur qu'on l'aime
Donc si t'as les critères babe laisse-moi ton e-mail
5 Jeune demoiselle recherche un mec mortel
Un mec qui pourrait me donner des ailes
Un mec qui rêve de famille et de toucher le ciel
Donc si t'as les critères babe laisse-moi ton e-mail

Dans mes rêves mon mec à moi a la voix de Musiq Soulchild[10]
10 Il a du charme et du style à la Beckham
Il a la classe et le feeling tout droit sorti d'un film
Le charisme de Jay-Z[11] et le sourire de Brad Pitt
Mon mec à moi n'aime pas les bimbo
Non, il aime les formes de J-Lo

Sur le vif iTunes® playlist

mec homme *(familier)*
ailes *wings*

---

[10] (Taalib Johnson); artiste afro-américain de nu-soul, R&B, hip-hop, funk; né en 1977
[11] (Shawn Corey Carter); rappeur et entrepreneur afro-américain; né en 1969

15 Il a le torse de D'Angelo[12]
Dans mes rêves mon mec me fait rire comme Jamel[13]
Et me fait la cour sur du Cabrel[14]

Pom pom pom pom
Dans mes rêves mon mec m'enlève et m'emmène
20 Pom pom pom pom
Dans mes rêves mon mec m'aime et me rend belle
Pom pom pom pom
Dans mes rêves mon mec m'enlève et m'emmène
Pom pom pom pom
25 Si t'as les critères babe laisse-moi ton e-mail

Refrain

Dans mes rêves mon mec me parle tout bas
Quand il m'écrit des lettres il a la plume de Booba[15]
Mon mec a des valeurs et du respect pour ses sœurs
Il a du cœur et quand il danse mon mec c'est Usher[16]
30 Pom pom pom pom
Un peu barge° dans sa tête à la Dave Chappelle[17]
Il m'appelle tout le temps car il m'aime
Mon mec regarde Scarface,[18] les Affranchis[19]
Casino mais aussi Friends, Lost et les Sopranos
35 Mon mec est clean mais au-delà du style
Mon mec c'est une encyclopédie car il se cultive
Bah ouais° mon mec est top entre l'intello et le beau gosse°
Et peu m'importe qu'il se balade en Porsche

Pom pom pom pom
40 Dans mes rêves mon mec m'enlève et m'emmène
Pom pom pom pom
Dans mes rêves mon mec m'aime et me rend belle
Pom pom pom pom
Dans mes rêves mon mec m'enlève et m'emmène
45 Pom pom pom pom
Si t'as les critères babe laisse-moi ton e-mail

un peu barge un peu fou

ouais oui / **beau gosse** beau garçon

---

[12] Prononcé "Di-Angelo" (Michael D'Angelo Archer); chanteur, pianiste, guitariste, compositeur et producteur afro-américain; né en 1974.
[13] Jamel Debbouze; acteur et producteur français; né en France (1975) de parents marocains
[14] Francis Cabrel; auteur, compositeur, chanteur français très marqué par la musique de Bob Dylan; né en 1953
[15] (Elie Yaffa); écrivain, compositeur, et rappeur français; né en 1976
[16] (Usher Raymond IV); chanteur de R&B, danseur, parolier, et acteur afro-américain; né en 1978
[17] acteur comique, scénariste et producteur afro-américain; né en 1973
[18] 1983 film policier de Brian De Palma
[19] 1990 film policier de Martin Scorsese

Refrain

Dans mes rêves mon mec a la carrière d'Eminem[20]
Il a des airs de minet° quand il m'emmène en week-end
Mon mec fait mal au crâne il a le calme de Zidane[21]
50　Et le regard de Method Man[22]
Mon mec c'est Hitch[23] il insiste
Mon mec sait prendre des risques et ne regarde pas les bitches
Non mon mec connaît les femmes et sait bien qu'on est chiante°
Qu'on gueule° tout le temps pour savoir quand il rentre
55　Mon mec est bon ouais mon mec est complet
Mon mec c'est un peu de mon ex mélangé à mon père
Dans la vie mon mec est digne à la Mohamed Ali[24]
Et ses potes° me font rire à la Éric et Ramzy[25]

Pom pom pom pom
60　Dans mes rêves mon mec m'enlève et m'emmène
Pom pom pom pom
Dans mes rêves mon mec m'aime et me rend belle
Pom pom pom pom
Dans mes rêves mon mec m'enlève et m'emmène
65　Pom pom pom pom
Si t'as les critères babe laisse-moi ton e-mail

Refrain

Hein j' t'ai pas trouvé sur la planète
J'te trouverais p't être sur Internet qui sait?
Diam's victime de l'an 2000
70　Tous les moyens sont bons pour trouver l'homme de sa vie

PS: l'adresse e-mail c'est jeunedemoisellerecherche@hotmail.fr
Si vous pouvez joindre 2 photos
Parce qu'une, on sait qu' c'est d' la triche°

minet jeune homme vêtu à la mode; terme d'affection ou terme péjoratif

chiante ennuyeuse *(familier)*
gueuler *to yell at*

pote copain *(familier)*

tricher *to cheat*

JEUNE DEMOISELLE Paroles : Mélanie Georgiades Musique : Mélanie Georgiades / Michel Fleurent / Luc Ollivier / Yann Le Men © Universal Music Publishing MGB France «Avec l'aimable autorisation d'Universal Music Publishing MGB France»

[20] (Marshall Bruce Mathers III); musicien, producteur de rap, producteur; né en 1972
[21] Footballeur français; né en 1972 à Marseille, de parents berbères
[22] (Clifford Smith); rappeur afro-américain; né en 1971
[23] Nom du personnage principal du film américain du même nom sorti en 2005; joué par Will Smith; c'est un «expert en séduction».
[24] Boxeur américain; né en 1942
[25] Éric Judor (1969) et Ramzy Bédia (1972); duo d'humoristes français

COMPRENEZ-VOUS?

1. À votre avis, quel est le sens du mot «mortel», dans le contexte du refrain (lignes 1–8)?

2. En vous basant sur ce que vous savez des personnes mentionnées dans les lignes 9–17 de la première strophe, commencez à faire le portrait de l'homme idéal de Diam's en notant quatre de ses caractéristiques.

3. Dans la même strophe, expliquez le sens des lignes 13–14.

4. Comment expliquez-vous «avoir du cœur», ligne 29?

5. Comment expliquez-vous «mon mec est clean», ligne 35?

6. En vous basant sur ce que vous savez des personnes et des choses mentionnées aux lignes 26–38 de la deuxième strophe, donnez quatre autres précisions en ce qui concerne l'homme idéal de Diam's.

7. À votre avis, cet homme doit-il être riche? Justifiez votre réponse en citant le texte.

8. En vous basant sur ce que vous savez des personnes mentionnées aux lignes 47–58 de la troisième strophe, ajoutez encore quatre détails concernant cet homme idéal.

9. Pourquoi pourrait-on dire que la deuxième partie de chaque strophe (lignes 18–25, 39–46 et 59–66) donne l'impression que Diam's est une fille très romantique?

10. Pourquoi pourrait-on dire que la dernière partie de la chanson (lignes 67–73) donne l'image d'une fille très pratique?

11. En vous référant aux trois mini-portraits que vous avez faits pour répondre aux questions 2, 4 et 8, esquissez maintenant un portrait complet et détaillé de ce «mec mortel».

CHERCHEZ LA FORME

1. Dans les paroles de cette chanson, il y a trois verbes qui font partie de ce groupe de verbes qui changent d'accent ou qui doublent une consonne selon la forme utilisée: [il] m'enlève [il] m'emmène [il] m'appelle

   Imaginez que Diam's utilise ces trois verbes en parlant directement à son prince charmant—de façon familière (**tu**) et de façon formelle (**vous**). Faites les changements nécessaires.

2. Dans ce texte, trouvez deux exemples du faire causatif—le premier au singulier et le deuxième au pluriel. Indiquez à quelles lignes se trouvent ces exemples.

ALLEZ PLUS LOIN

Imaginez que Diam's décide de refaire cette chanson du point de vue d'un homme qui cherche sa femme idéale, et qu'elle intitule cette nouvelle version *Jeune homme cherche nana canon*. Rédigez le refrain et la première strophe (lignes 1–25) en vous servant de noms de personnes, de choses et d'endroits de votre choix.

Activités d'expansion

A Se faire remarquer

1. Est-ce qu'il y a des looks particuliers que l'on adopte sur votre campus? Lesquels? Avec un(e) partenaire, choisissez un look que vous avez tous (toutes) les deux remarqué. Est-ce que vous avez réagi à ce look de la même façon que votre partenaire? Comparez vos réactions et essayez de les analyser.

2. Il y a des gens qui veulent se faire remarquer *(make a statement)* par leur façon de s'habiller, de se coiffer, de se maquiller, etc. Trouvez un(e) partenaire et discutez des gens que vous connaissez qui veulent se faire remarquer. Qui sont-ils? Que font-ils pour se distinguer des autres? Pourquoi, à votre avis, veulent-ils être «différents»?

B Qu'en pensez-vous?

Que pensez-vous de cette publicité du ministère de la Jeunesse, des Sports et de la Vie associative? Pourquoi est-il nécessaire de souligner que tous les jeunes sont «égaux en droits»? Selon votre propre expérience, les jeunes qui s'habillent, se coiffent ou se maquillent de façon provocante ou choquante sont-ils victimes de discrimination? Les professeurs, les marchands, les policiers réagissent-ils à ces jeunes de la même façon qu'ils réagissent aux jeunes dont l'apparence est plus «normale»?

Elle est où la différence ?

Jeunes et égaux en droits
ensemble contre toutes les formes de discrimination

Ministry of Sports, France

C Un savoir-vivre mobile?

Les gens de tous les âges se servent régulièrement d'un téléphone portable mais chacun a ses propres idées sur les convenances de son usage. Est-il convenable, par exemple, de dire à quelqu'un qu'il parle trop fort au téléphone dans un lieu public? Est-ce qu'il vaut mieux ne pas répondre à un appel si vous vous trouvez dans une salle d'attente, un bus ou un autre lieu où les autres personnes présentes seraient obligées d'écouter votre conversation? Est-ce une mauvaise idée de répondre à un appel, ou de recevoir ou d'envoyer des SMS pendant un repas avec d'autres personnes (votre famille ou des amis, par exemple)? Est-il admissible d'écouter les messages, de lire les SMS ou de consulter le journal d'appels dans le téléphone mobile de quelqu'un d'autre (de ses parents, de ses enfants ou de ses amis)? Êtes-vous pour ou contre l'accès au téléphone mobile dans un avion pendant le vol? Pourquoi?

Vocabulaire utile:

allumer	prendre un appel	laisser la messagerie
éteindre	mettre en mode vibreur	prendre un message

Les immigrés

A PRÉSENT OU PASSÉ?

Pour parler du présent	Pour parler du passé
aujourd'hui	hier
à notre époque	autrefois
de nos jours	il y a... heure(s)
actuellement	... jour(s)
à l'heure actuelle	... an(s)
maintenant	à cette époque-là
	en ce temps-là[1]

Clare Tufts

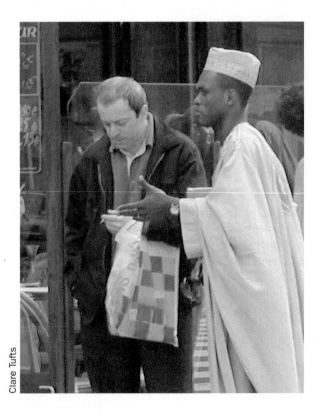

Clare Tufts

B L'IMMIGRATION

Mots apparentés: l'immigré(e), immigrer, l'intégration f., s'intégrer (à, dans), le passeport, le visa, le (la) réfugié(e), ethnique, la colonie, coloniser

accueillir	*to welcome, to greet*
l'accueil[2] *m.*	*welcome, reception*
accueillant(e)	*welcoming*
la carte de séjour	*residence permit*
les papiers *m.*	*identity papers*
la carte d'identité	*identity card*
l'immigration *f.* clandestine	*illegal immigration*
le sans-papiers	*illegal immigrant (person without proper identity papers)*
l'ethnie *f.*	*ethnic group*

---

[1] Pour parler d'un moment dans le passé on peut choisir entre **à cette époque-là** et **en ce temps-là**. Le sens est le même.

[2] NOTEZ: The word **accueil** means how something or someone is received. To say "Welcome!" as a greeting: **Soyez le (la) bienvenu(e)!**

Pour obtenir des exercices et activités supplémentaires sur le contenu de ce chapitre, rendez-vous sur le site
www.cengage.com/login.

QUESTIONS SOCIALES

Mots apparentés: la tolérance, tolérant(e), l'égalité *f.*, l'inégalité *f.*, les inégalités sociales, le racisme, le (la) raciste, la pauvreté, le (la) pauvre, la richesse, le (la) riche, la bourgeoisie, le (la) bourgeois(e), le (la) propriétaire

le chômage	*unemployment*
être au chômage	*to be unemployed*
le (la) chômeur(-euse)	*unemployed person*
le (la) sans-abri, le (la) SDF[3]	*homeless person*
mendier	*to beg*
le préjugé	*prejudice*

LA VIE ACTIVE

Quoi?

faire une demande (d'emploi), poser sa candidature	*to apply (for a job)*
le formulaire	*form, application*
remplir un formulaire	*to fill out a form*
la lettre de candidature, la lettre de motivation	*cover letter, application letter*
le CV	*curriculum vitae, job résumé*
l'entretien *m.*	*interview*
passer un entretien d'embauche	*to be interviewed (for a job)*
le boulot *(fam.)*	*job, work*
le poste	*position, job*
le CDI (contrat à durée indéterminée)	*open-ended contract*
le CDD (contrat à durée déterminée)	*fixed-term contract*
le métier	*trade, job*
les travaux domestiques *m. pl.*	*domestic work*
les petits travaux *m. pl.*	*odd jobs*
embaucher	*to hire*
gagner sa vie	*to earn one's living*

le salaire	*salary*
travailler	*to work*
à plein temps	*full-time*
à mi-temps	*half-time*
à temps partiel	*part-time*
comme bénévole	*as a volunteer*
faire grève	*to go on strike*
faire de l'intérim	*to temp*
une agence d'intérim	*temp agency*
faire un stage	*to do an internship*
le (la) stagiaire	*intern*
licencier, renvoyer	*to dismiss, to fire, to lay off*

Qui?

Mots apparentés: l'employé(e), l'employeur(-euse)

le (la) salarié(e)	*wage-earner*
l'ouvrier(-ière)	*blue-collar worker*
saisonnier(-ière)	*seasonal worker*
non qualifié(e)	*unskilled*
le saisonnier(-ière)	*seasonal worker*
le (la) patron(ne)	*boss*
le PDG[4]	*CEO*
le (la) bénévole	*volunteer*
faire du bénévolat	*to do volunteer work*
l'association caritative *f.*	*charitable organization*

Où?

l'usine *f.*	*factory*
le chantier	*construction site*
l'atelier *m.*	*workshop*
textile	*textile mill*
d'artiste	*artist's studio*
le bureau	*office*
le champ	*field*
l'entreprise *f.*	*business, company*

[3] sans domicile fixe (invariable au pluriel, tout comme «sans abri»).

[4] président-directeur général

Tom Craig / Alamy

Vocabulaire

A Réactions personnelles. Choisissez un mot des listes B ou C du vocabulaire. Circulez dans la classe et demandez à trois camarades de classe ce qu'ils associent au mot que vous avez choisi, puis partagez ces associations de pensée avec le reste de la classe.

> **Modèle:** Vous: A quoi penses-tu quand je dis «chômage»?
> **AUTRE ÉTUDIANT(E): Je pense à la pauvreté, au travail, au malheur...**

B Trouvez le mot. Voici les définitions de dix mots de la liste D du vocabulaire. Trouvez les mots définis.

1. chef d'une entreprise industrielle ou commerciale
2. engager des salariés
3. renvoyer des employés pour des raisons économiques
4. une personne qui fait un travail gratuitement
5. rendez-vous entre une personne qui cherche des employés et une personne qui cherche du travail
6. feuille comportant des questions auxquelles il faut répondre
7. document sur lequel le candidat à un poste décrit sa formation et son expérience
8. personne qui travaille pendant une période limitée, le plus souvent dans le secteur agricole
9. travail de durée limitée, souvent sans salaire, effectué dans le but d'acquérir de l'expérience professionnelle
10. faire le travail de quelqu'un d'autre pendant une période de temps limité

C Le contraire. Trouvez l'antonyme (le contraire) des mots ou expressions de la liste ci-dessous.

1. avoir un emploi
2. la richesse
3. une personne qui a un endroit fixe où habiter
4. la supériorité ou l'infériorité
5. une personne qui a une carte de séjour
6. embaucher
7. un CDI

D Positive ou négative? Dans les listes de vocabulaire, choisissez cinq mots à connotation positive et cinq mots à connotation négative. Comparez votre liste avec celle d'un(e) camarade de classe et échangez vos points de vue.

E Un reportage. En groupes de trois ou quatre étudiants, choisissez l'un des sujets de la liste suivante. Ensemble, préparez cinq questions pour faire un reportage.

> **Modèle:** l'immigration
> **D'où viennent la plupart des immigrés?**

1. l'immigration
2. le racisme
3. les inégalités sociales
4. le chômage

PRÉPARATION GRAMMATICALE

Avant de continuer, révisez la formation et l'usage du passé composé et de l'imparfait, pages 165–169.

JEAN-PAUL PELISSIER/Reuters/Landov

Saviez-vous que... ?

En 2008 le taux de chômage des personnes immigrées était de 15,2%, plus du double de celui des non-immigrés (7,3%), une statistique qui varie selon l'origine ethnique mais qui penche toujours en défaveur des femmes. Bien qu'un quart des immigrés soient diplômés du supérieur (pour 29% des non-immigrés), ils occupent le plus souvent des postes d'employés ou d'ouvriers et, dans ce dernier cas, d'ouvriers non qualifiés, surtout s'ils sont originaires d'un continent autre que l'Europe.

Source: www.insee.fr 2009

Lecture

Dans ce texte sans titre, Francis Bebey (1929–2001), chanteur, musicien, musicologue, et aussi conteur, poète et romancier du Cameroun, présente les sentiments d'un homme qui doit quitter sa patrie pour chercher du travail en France.

POUR MIEUX COMPRENDRE

Lisez la première strophe. Qui parle? De quoi s'agit-il?

A la recherche d'un travail

 CD 1, track 3

lointain à une grande distance

Je suis venu chercher du travail
J'espère qu'il y en aura
Je suis venu de mon lointain° pays
Pour travailler chez vous

5 J'ai tout laissé, ma femme, mes amis
Au pays tout là-bas
J'espère les retrouver tous en vie
Le jour de mon retour

Ma pauvre mère était bien désolée

En... Quand elle m'a vu

10 En me voyant° partir
Je lui ai dit qu'un jour je reviendrai
Mettre fin à sa misère

parcouru fait

J'ai parcouru° de longs jours de voyage
Pour venir jusqu'ici

accueil réception
vaudrait... *would be worth so much trouble*

15 Ne m'a-t-on pas assuré d'un accueil°
Qui vaudrait bien cette peine°

Regardez-moi, je suis fatigué
D'aller par les chemins
Voici des jours que je n'ai rien mangé
20 Auriez-vous un peu de pain?

déchiré *torn*

Mon pantalon est tout déchiré°
Mais je n'en ai pas d'autre
Ne criez pas, ce n'est pas un scandale
Je suis seulement pauvre

25 Je suis venu chercher du travail
J'espère qu'il y en aura
Je suis venu de mon lointain pays
Pour travailler chez vous.

Francis Bebey, in *Anthologie africaine d'expression française*, II © Editions L'Harmattan, 1988, p. 114

COMPRENEZ-VOUS?

1. Après la lecture de ce texte, que savez-vous sur le pays d'où vient le narrateur?
2. Comment sa famille a-t-elle réagi quand il a décidé de partir?
3. Est-ce que le narrateur a l'intention de rester en France? Justifiez votre réponse.
4. Décrivez l'apparence et les émotions du narrateur.
5. Comment les gens qui le voient ou à qui il parle réagissent-ils? Justifiez votre réponse.
6. Comment la structure du poème (répétition de la première strophe en fin de texte) souligne-t-elle le message de l'auteur?

ET LE TITRE?

Puisque le poète n'a pas donné de titre à son poème, trouvez-lui-en un. Ne citez pas un des vers du poème.

CHERCHEZ LA FORME

Faites une liste de tous les verbes conjugués du poème. Identifiez le temps de chaque verbe et expliquez pourquoi le poète a utilisé ce temps.

RAPPEL There are two major tenses for talking about the past in French. The **passé composé** tells *what happened* in the past, the imperfect (**l'imparfait**) describes *how things were*, i.e., the conditions in the past. For more details, see pages 165–169.

Applications

⒜ Une histoire d'immigration réussie. Nadia, une jeune femme d'origine algérienne, raconte l'histoire de ses parents. Mettez son récit au passé composé en faisant tous les changements nécessaires.

En 1952, mon père, à dix-sept ans, traverse la Méditerranée et trouve immédiatement un travail comme poseur de rails (*laying railroad tracks*). Dans les années qui suivent, il fait venir ses frères et ses neveux. Au bout d'une quinzaine d'années il réussit à acheter une petite maison et il se décide à repartir en Algérie pour se marier. Peu après, il revient avec sa femme. Ses frères laissent leurs épouses au village et vivent dans des foyers de travailleurs. Ma mère se voit donc brutalement transplantée dans un monde étranger. Mais elle s'adapte bien parce qu'elle peut suivre des cours de français et d'alphabétisation (*literacy*).

B **Autrefois.** Mariann Mathéus, artiste guadeloupéenne, parle du tabou de ses origines, du fait d'être descendant d'esclave. Mettez la description à l'imparfait.

Dans mon enfance, on ne parle pas de l'esclavage, on l'évoque de manière allusive, comme s'il y a un malaise à en parler. Pourtant ce n'est pas si vieux: c'est du temps de nos arrière-grands-parents. Dans les familles antillaises, l'éducation est très sévère, les enfants sont très tenus (*children are kept on a tight leash*). On demande beaucoup de nous, nous avons moins le droit à l'erreur que les autres, nous devons travailler plus que les autres. On nous transmet une sorte de complexe. Je ne sais pas que nous sommes descendants d'esclaves, cela ne se dit pas.
Adapté de: *Le français dans le monde*, N° 352

C **Un sans-papiers.** Sema, un jeune Malien, est revenu dans son village au Mali et il parle de son séjour difficile en France. Mettez les infinitifs au **passé composé** ou à l'**imparfait,** selon le cas.

Quand je (arriver) en France, je (vivre) dans un foyer à Paris où je (connaître) beaucoup d'autres jeunes immigrés. La plupart d'entre eux (envoyer) au pays la plus grande partie de leurs revenus pour aider leurs familles et leur village. Moi aussi, je (vouloir) le faire mais je (ne pas pouvoir) parce que je (avoir) beaucoup de mal à trouver un boulot. Les autres sans-papiers et moi, nous (se cacher) de la police. Nous (passer) notre temps à chercher des petits boulots et évidemment, nous (ne pas gagner) beaucoup d'argent. Un jour, je (décider) de participer à une manifestation contre les lois sur l'immigration. Malheureusement, des policiers (me demander) mes papiers. Puisque je n'en avais pas, ils (m'expulser) de France. Je (devoir) rentrer chez moi. Il n'y a pas de travail ici, alors je ne sais pas ce que je vais faire.

D **Une famille curieuse.** Imaginez que vous êtes un des membres de la famille de Sema (voir exercice **C**). Il est rentré au Mali après avoir été expulsé de France. Vous ne l'avez pas vu depuis deux ans. Posez-lui des questions (à **l'imparfait** et au **passé composé**) sur ce qu'il a fait en France pour trouver du travail et un logement.

Modèle: **Qu'est-ce que tu as fait quand tu es arrivé à Paris? Pourquoi? Pourquoi voulais-tu aller en France?**

E **Ce n'est pas facile quand on est jeune.** On parle de la vie de Kim N'Guyen, jeune infirmière d'origine vietnamienne. Récrivez les phrases ci-dessous en utilisant **après** + **l'infinitif passé.** Faites tous les changements nécessaires.

Modèle: Elle a fini ses études avant de partir en France.
Après avoir fini ses études, elle est partie en France.

1. Elle a reçu son diplôme avant de travailler comme bénévole en Afrique.
2. Elle est rentrée en France avant de chercher un stage.
3. Elle a fait un stage avant de faire de l'intérim.
4. Elle a fait de l'intérim avant de trouver un poste permanent.
5. Elle a travaillé pendant deux ans avant de gagner assez pour pouvoir quitter la maison de ses parents.
6. Elle a lu les petites annonces avant de louer un studio.
7. Elle a vécu seule avant de se marier.
8. Elle s'est mariée avant d'avoir des enfants.

RAPPEL To say you miss something or someone, use the verb **manquer (à).** *What* or *whom* you miss is the *subject,* and *you* are the *indirect object.* To say that something makes you feel a certain way, use the verb **rendre** + an *adjective.* For more details, see page 172.

F **De retour.** Vous rentrez chez vous après avoir travaillé à l'étranger pendant un an. Vous racontez à votre famille ce qui vous a manqué, ce qui vous a rendu(e) heureux(-euse), etc. pendant votre séjour à l'étranger.

> **Modèle:** la bonne cuisine de maman / le froid, malade
> **La bonne cuisine de maman m'a manqué. Le froid m'a rendu(e) malade.**

1. mes amis / mon travail, heureux(-euse)
2. mon chat / être seul(e), triste
3. parler anglais / ne pas bien parler la langue du pays, anxieux(-euse)
4. ma maison / voyager, joyeux(-euse)
5. le soleil / la pluie incessante, triste

Continuez avec vos propres idées.

G **Mon tout premier boulot.** Avec deux ou trois partenaires, posez-vous des questions sur votre premier emploi.

1. Pourquoi voulais-tu travailler?
2. Est-ce que tu as eu du mal à trouver un travail?
3. Qu'est-ce que tu as fait pour trouver un boulot?
4. Quelle sorte de travail faisais-tu?
5. Quels étaient tes horaires de travail?
6. Tu étais content(e) de ton salaire?
7. Est-ce que le travail était intéressant? Explique.

Saviez-vous que... ?

Depuis le 1er septembre 1998, tout enfant né en France de parents étrangers acquiert la nationalité française à sa majorité si, à cette date, il a en France sa résidence et s'il a eu sa résidence habituelle en France pendant une période d'au moins cinq ans, depuis l'âge de onze ans. Un étranger majeur, résidant habituellement sur le sol français depuis au moins cinq ans peut demander à être naturalisé. Cette durée de résidence peut être réduite à deux ans si le demandeur a accompli avec succès deux années d'études dans un établissement d'enseignement supérieur français ou s'il a rendu, ou peut rendre, «des services importants à la France». Un(e) étranger(-ère) marié(e) depuis quatre ans à un(e) citoyen(ne) français(e) peut demander à acquérir la nationalité française par déclaration.

Source: www.vie-publique.fr

Lecture

Printemps (1989) est une nouvelle de J.M.G. Le Clézio, né à Nice en 1940. Il a grandi bilingue, d'un père anglais et d'une mère française, mais a décidé d'écrire en français. Auteur de plus de trente livres, romans, essais, nouvelles, traductions de mythologie indienne, il reçoit le prix Nobel de littérature en 2008. La nouvelle dont vous allez lire quelques extraits est l'histoire d'une jeune Marocaine, Saba, qui a passé les douze premières années de sa vie comme fille adoptive de M. et Mme Herschel, un couple américain installé au Maroc. A l'adolescence, elle est retournée vivre chez sa mère biologique. Dans les passages ci-dessous, elle pense à la jeunesse de sa mère et à des événements qui ont marqué sa vie, tels que sa propre naissance et son adoption.

geoff wiggins / Alamy

ENTRONS EN MATIÈRE

Quelles difficultés rencontre un père (une mère) quand il (elle) doit élever son enfant seul(e)?

POUR MIEUX COMPRENDRE

Il est plus facile de comprendre un texte si on sait qui en est le (la) narrateur(-trice) et de quelles personnes il (elle) parle. Lisez les deux premières phrases du passage qui suit. Qui parle? De qui parle cette personne? Puis, continuez à lire en cherchant le pronom sujet qui apparaît le plus souvent dans les phrases qui suivent. A qui ce pronom personnel se réfère-t-il? Et quel pronom apparaît le plus souvent dans les trois dernières phrases du premier paragraphe? A qui ce pronom personnel se réfère-t-il?

Printemps

PREMIÈRE PARTIE

C'est la nuit quand Saba commence son récit. Sa mère dort près d'elle pendant qu'elle se souvient de son histoire.

J'entends le bruit de la respiration de ma mère. Elle aussi, elle est partie de chez elle, une nuit, et elle n'est jamais revenue. Peut-être qu'on voulait la marier de force, ou bien elle a suivi un homme de passage°. Elle a quitté le village des Zayane[5], dans la montagne, elle a marché jusqu'à la mer. Son père était un guerrier°, un fils du grand
5 Moha ou Hammou[6] qui avait fait la guerre aux Français, à Khénifra[7]. Quand ma mère a quitté la montagne, elle avait mon âge, et déjà elle me portait dans son ventre°. Elle a voyagé seule dans toutes ces villes qu'elle ne connaissait pas, elle a travaillé dans les fondoucs°, sur les marchés. Celui qui était mon père avait pris le bateau, il est allé travailler de l'autre côté de la mer, en France, en Allemagne peut-être. Mais, il n'est jamais
10 revenu. Il est mort en tombant d'un échafaudage°, ou bien de maladie. Il n'a rien laissé derrière lui, pas même son image°.

Ma mère m'a dit un jour qu'elle avait reçu une lettre en français, et le patron du restaurant où elle travaillait l'a lue pour elle. Dans la lettre, on disait que mon père était mort à Marseille. Ensuite, mes oncles et mes tantes Zayane sont venus de la montagne,
15 pour ramener° ma mère, parce qu'ils voulaient lui trouver un autre mari, et me garder avec eux. Ma mère a dit oui, et une nuit elle s'est échappée°, elle s'est cachée dans un fondouc jusqu'à ce que ses frères et ses sœurs se lassent° de la chercher et retournent dans la montagne. Alors, elle a décidé de partir, elle aussi. Elle m'a mise dans une boîte de carton°, et elle a voyagé en camion° et en autocar. Dans les marchés,
20 elle s'asseyait° par terre, avec la boîte à côté d'elle, et elle attendait qu'on lui donne à manger. Et un jour, elle est arrivée à Nightingale[8], et elle a déposé° le carton sur le sol° de la cuisine, elle a pris les billets de banque du Colonel[9], et elle est partie.

---

[5] Le nom de famille du grand-père de Saba. Les Zayane sont aussi une confédération de tribus berbères au Maroc.
[6] Moha ou Hammou est devenu chef de la confédération des Zayane en 1877, à l'âge de 20 ans.
[7] Une ville dans les montagnes du Maroc. En 1914, quand le Maroc était une colonie française, les Zayane ont battu l'armée française à Khénifra.
[8] la plantation des Herschel où Saba a passé son enfance
[9] Saba appelle M. Herschel «le Colonel».

de... qui ne reste pas longtemps
guerrier homme qui fait la guerre
me... *was pregnant with me*

fondoucs auberge dans les pays arabes
échafaudage *scaffolding*
image ici, photo

ramener raccompagner, retourner avec / **s'est...** est partie sans être vue / **se...** se fatiguent
boîte... *cardboard box* / **camion** *truck* / **s'asseyait** *would sit* / **déposé** mis / **sol** *floor*

COMPRENEZ-VOUS?

A. Globalement

1. Où cette histoire a-t-elle lieu? Comment le savez-vous?
2. Qui sont les personnages? Qu'est-ce que vous apprenez sur eux?
3. A quelles difficultés la mère a-t-elle dû faire face?
4. Qu'est-ce qui s'est passé à Nightingale quand la mère y est allée avec son bébé?

B. Les événements.
En vous référant à la première partie, mettez les événements dans la vie de la mère de Saba dans l'ordre correct.

1. Elle a quitté le village dans la montagne.
2. Elle a rencontré un homme.
3. Le père de Saba a pris un bateau pour aller travailler en Europe.
4. Elle a voyagé et elle a travaillé.
5. Elle a laissé son bébé chez les Herschel à Nightingale.
6. Les oncles et les tantes voulaient ramener Saba et sa mère chez eux.
7. Elle est tombée enceinte.
8. Elle s'est cachée de sa famille et a mendié.
9. Elle a reçu une lettre qui annonçait la mort du père de Saba en France.

CHERCHEZ LA FORME

Expliquez l'usage de l'imparfait dans la phrase qui commence par: «Dans les marchés, elle...».

ALLEZ PLUS LOIN

1. Pourquoi, à votre avis, Saba dit-elle «aussi» dans la deuxième phrase du premier paragraphe?
2. Décrivez le caractère de la mère de Saba. Comment était-elle? (courageuse, timide, jeune, vieille, heureuse...) Justifiez votre description.

Printemps

DEUXIÈME PARTIE

Dans cette partie, Saba ajoute des détails à son histoire. En lisant, pensez à ce que vous apprenez de nouveau.

Tout ça, c'est mon histoire, mais je peux y penser maintenant comme si c'était vraiment arrivé à quelqu'un d'autre. Je peux penser à mon père inconnu, qui est mort à
25 Marseille au moment où je commençais à vivre à Khénifra. Je peux imaginer ma mère, elle n'avait que seize ans, elle était si fragile, avec ses yeux de biche°, ses cheveux coiffés en nattes°, et pourtant elle était si audacieuse, si forte. Un jour le Colonel m'a parlé d'elle, quand il l'a rencontrée pour la première fois, elle portait ce tout petit enfant sur la hanche°. Il y avait quelque chose qui troublait son regard°, comme des larmes. Il la
30 revoyait toujours, cette jeune femme au visage d'enfant, l'allure° sauvage et décidée, et le bébé qu'elle tenait contre elle et qui suçait° son lait. Lui qui était si riche, si puissant,

yeux... *doe-like eyes*
coiffés... *braided*

hanche *hip* / regard *expression*
allure *apparence générale*
suçait *buvait*

subjuguaient captivaient /
dérisoire insignifiant / **âpre**
dur, pénible / **rouvres** sorte
d'arbres / **méchanceté** ici,
misère

errait marchait sans but /
poussière *dust* / **ombre**
shadow / **serrée** *held tightly* /
plis *folds*

pans... *loose parts* / **seins** *breasts*

pont... *lower deck*

gercer *to chap*

35 qui avait commandé aux hommes pendant la guerre[10], le malheur et la jeunesse de ma mère le subjuguaient°, le rendaient timide et dérisoire°. Ce qui l'émouvait lui, le soldat de l'armée américaine, c'était le secret sombre et âpre° dans les yeux de cette femme, un secret semblable au pays des Zayane, les montagnes et les forêts de rouvres°, la lumière dure dans ses yeux, la méchanceté° de l'enfance interrompue.

Elle respire lentement, à côté de moi, dans l'alcôve. Je pense à ce qu'elle m'a fait. Je pense qu'elle errait° sur les routes blanches de poussière°, devant son ombre°, et j'étais serrée° contre sa hanche dans les plis° de sa robe, je suçais le lait de sa poitrine. Je pense
40 qu'elle m'a laissée dans la maison des Herschel, endormie dans le carton, et Amie[11] m'a prise et m'a posée doucement dans le lit blanc qu'elle avait préparé à côté du sien, dans sa chambre. Je pense aux billets de banque roulés et liés par un élastique, qu'elle avait cachés dans les pans° de sa robe serrée par une ceinture, entre ses seins°. Je pense à la route vide devant elle, personne ne l'attendait, personne ne l'aimait. Le bateau qu'elle a
45 pris pour Marseille, le pont inférieur° chargé d'émigrants, et le voyage à travers ce pays inconnu, où personne ne parlait sa langue, où personne ne lui ressemblait. Je pense aux endroits où elle a vécu, à Marseille, en Allemagne, à Hambourg, le travail, l'eau qui fait gercer° les mains, les ateliers où on se brûle les yeux. Peut-être qu'elle roulait déjà les billets de banque avec un élastique et qu'elle les cachait dans sa chambre, dans
50 un carton à chaussures, comme elle fait encore maintenant?

J.M.G. Le Clézio, *Printemps et autres saisons* © Editions Gallimard; www.gallimard.fr

[10] M. Herschel, ancien colonel dans l'armée américaine, est probablement venu au Maroc avec les forces alliées pendant la seconde guerre mondiale.
[11] Saba appelle Mme Herschel «Amie». Son vrai nom était Aimée.

COMPRENEZ-VOUS?

Faites une liste de ce que vous avez appris dans cette partie sur:

1. la mère: son âge, son apparence, son caractère
2. le Colonel: sa profession, son caractère, sa réaction face à la mère
3. la vie de Saba à Nightingale: Quel détail dans le deuxième paragraphe symbolise la meilleure vie qu'aura le bébé?
4. la décision de la mère: Quels mots dans le deuxième paragraphe soulignent sa solitude? Où va-t-elle? Comment voyage-t-elle? Ensuite, comparez votre liste à celles de vos camarades de classe pour vous aider à comprendre cette partie de l'histoire.

CHERCHEZ LA FORME

Choisissez un paragraphe dans une des deux parties du texte. Faites une liste de tous les verbes au passé, classez-les par temps et expliquez ensuite pourquoi Le Clézio a utilisé ces temps.

ALLEZ PLUS LOIN

1. A quel moment dans la vie de Saba recommence-t-elle à raconter l'histoire de sa mère et de ce que celle-ci a fait avant d'aller en France?
2. Dans le deuxième paragraphe de la deuxième partie, quelle expression Saba utilise-t-elle à six reprises? Pourquoi, selon vous, utilise-t-elle cette répétition?

Activités d'expansion

Clare Tufts

A Votre réaction

Que pensez-vous de ce qu'a fait la mère de Saba? Imaginez une autre fin pour cette histoire.

B La lettre

Ecrivez la lettre que la mère a reçue à la mort du père de Saba.

Commencez par:

> **Madame,**
> **J'ai le regret de vous annoncer...**

A la fin, mettez:

> **Veuillez recevoir, Madame, mes sincères condoléances.**

C Mère et fille se retrouvent

Quand Saba a douze ans, sa mère vient la rechercher chez M. et Mme Herschel. Avec un(e) partenaire, jouez les rôles de la mère et de la fille et posez-vous des questions sur les douze années passées.

D Ouvriers immigrés dans votre pays

Dans la région où vous avez grandi, est-ce qu'il y a aussi des ouvriers immigrés? Qu'est-ce que vous savez d'eux?

1. D'où viennent les ouvriers immigrés?
2. Quelle(s) langue(s) parlent-ils?
3. Où habitent-ils?
4. Pourquoi veulent-ils travailler dans votre pays?
5. Quelles sortes de travail font-ils? Dans quels secteurs économiques les retrouve-t-on?
6. Quels avantages notre pays tire-t-il de leur travail?
7. Est-ce qu'on les accepte dans la société? Expliquez votre réponse.
8. Connaissez-vous ou avez-vous déjà fait la connaissance d'ouvriers immigrés? Racontez ce qu'ils vous ont appris.

Saviez-vous que... ?

La «Cité nationale de l'histoire de l'immigration» a ouvert ses portes à Paris en 2007. Le rôle de ce musée est de rassembler, sauvegarder, mettre en valeur et rendre accessible les éléments relatifs à l'histoire de l'immigration en France, notamment depuis le XIXe siècle. Les expositions veulent faire connaître au grand public les développements de l'immigration, aussi bien que les difficultés auxquelles les immigrés ont dû faire face et leurs contributions au cours de l'histoire.

Source: http://www.histoire-immigration.fr

John Armstrong-Millar / Istockphoto.com

HIRB

Interlude I

Loukoum et Camembert

Ronald Zak / AP Photo

Lecture

Voici les paroles d'une chanson tirée du premier album des Escrocs[1], *Faites-vous des amis,* sorti en 1994. Originaires de Paris, les trois membres du groupe sont tous nés dans les années 60. Ils ont grandi avec le son des Beatles et des Rolling Stones mais leurs chemins musicaux se sont orientés par la suite vers de multiples influences, telles la soul, le jazz, le reggae, la salsa et la chanson française. Percussions, accordéons, synthé et guitare sont les principaux instruments utilisés par le combo. Leurs concerts et leurs tournées s'enchaînent dans les petites salles comme dans les grandes devant des publics enthousiastes.

---

[1] En anglais: *swindlers or con men*

SoFood / Alamy

Steve Outram / Alamy

Groupe impertinent et drôle, mais très concerné par les grands sujets de la société, les Escrocs apportent une touche swing à la chanson française à travers des titres bien ancrés dans la vie quotidienne. Dans *Loukoum et Camembert* ils utilisent la cuisine pour lutter contre le racisme.

ENTRONS EN MATIÈRE

Qu'est-ce qui distingue un groupe ethnique d'un autre? Donnez quelques exemples précis. D'après son titre, à quels groupes ethniques la chanson fait-elle allusion? Le titre représente-t-il un stéréotype? Dans quels sens? Dans le refrain («Donnez-vous la main...»), trouvez des noms de famille. Qu'est-ce que vous pouvez en déduire? Lisez ensuite la première strophe. Qui est le «tu» de la première ligne? Cette personne a-t-elle une réaction positive ou négative envers celui qui est «différent» d'elle? Ecoutez maintenant la chanson et dites ce que vous pensez de la musique. La chanson traite d'un sujet très sérieux. A-t-on cette impression en l'écoutant?

Loukoum² et Camembert

Tu les aimes pas,
Les autres marionnettes,
Celles en djellaba°
Et turban sur la tête.
5 Elles font des prières,

🔊)) CD 1, track 5

djellaba longue robe à capuchon portée par hommes et femmes en Afrique du Nord

---

² Confiserie orientale associee aux Maghrebins *(Turkish delight)*

	Toi, t'en as pas besoin,
	T'as du bon camembert
	Et t'as du bon vin.
cavales *run around*	Pendant que tu cavales°,
oseille *(argot)* argent	10 Amassant de l'oseille°,
	Elles n'ont pour capital
	Qu'un rayon de soleil.
merguez saucisses épicées	Elles grillent des merguez°
	Le soir sur le balcon.
astiques *wax* / **R16** voiture de la marque Renault construite entre 1965 et 1979 / **planques...** *(argot)* caches ton argent	15 Toi, t'astiques° ta «R16°» Et tu planques tes «ronds»°.
	Donnez-vous la main,
	Loukoum et Camembert,
	Car vous êtes en chemin
	20 Vers le même cimetière.
	Ben Saïd et Durand
	Sont à la même école,
	Des petits figurants
guignol théâtre de marionnettes, farce	Dans un grand guignol°.

COMPRENEZ-VOUS?

1. Quelles sont les différences entre les deux groupes de personnes mentionnés dans cette première partie (l. 1–24) de la chanson?

2. Pourquoi le chanteur dit-il «les autres marionnettes»?

3. Comment ces deux groupes se ressemblent-ils?

4. Que signifient les deux noms mentionnés?

	25 Mais toi le Gaulois,
	Le Ducon Lajoie,
	Tu les aimes pas
	Ces gens-là!
	Ils ont d'autres coutumes
	30 Que celles des gens du nord
	Qui font dans le costume
	Et la côte de porc.
entrailles ici, cœur ou âme	Dans tes vilaines entrailles°,
	Tu sens monter la haine.
	35 Tu voudrais qu'elles s'en aillent
	Et tu cries vive Le Pen[3]
	Qu'ils restent chez eux,
	Ces fumeurs de haschisch,
	On reste entre petits vieux,
	40 Au pays des caniches.

[3] (1928–) homme politique français d'extrême droite, fondateur du Front national en 1972, qui s'oppose à l'immigration. Actuellement c'est sa fille, Marine, qui dirige ce parti politique.

Elles font pleins de rejetons°,
Toi, tu préfères les chiens[4].
Tu te dis à quoi bon
S'encombrer de gamins.
45 Et pendant que tu t'angoisses,
Sous tranquillisants,
La marionnette d'en face,
Elle fait des enfants.
Elle fait de beaux gamins
50 Avec les yeux brillants,
Plus brillants que les tiens
Qui crient au droit du sang[5],
Car sais-tu, pauvre con°,
Que le mariage consanguin°,
55 Ça fait pas des canons°,
Ça fait des crétins°.

rejetons *(argot)* ici, enfants

con *(vulg.)* personne stupide
consanguin entre parents
proches / **canons** personnes
idéales / **crétins** idiots

---

[4] Bien que la chanson suggère que les Français n'ont pas beaucoup d'enfants, le taux de natalité (*birth rate*) en France est le plus élevé de l'Union européenne après l'Irlande. La politique du gouvernement encourage la natalité.

[5] Selon le droit du sang, la pratique suivie en Allemagne, les enfants ont la nationalité de leurs parents. Selon le droit du sol comme aux Etats-Unis et en France (avec quelques restrictions), les enfants prennent la nationalité du pays où ils sont nés.

[6] L'expression «français de souche» a parfois une mauvaise connotation, car elle peut sous-entendre que les Français dont les racines ne sont pas franco-françaises ne sont pas de vrais Français. Et pourtant, les Français dont les racines ne sont absolument pas métissées sont rares en France. Quoi qu'il en soit, même les Français qui n'ont pas l'enracinement «de souche», n'en sont pas moins français, que leur famille soit en France depuis des générations ou qu'ils n'aient obtenu la nationalité française que très récemment.

Aujourd'hui, on a tendance à éviter l'expression «français de souche» à la télé, à la radio et dans la presse écrite. Certains disent que seuls les gens d'extrême droite utilisent ce terme, alors que d'autres réagissent en disant que ce n'est pas parce que le Front National utilise ce mot qu'il perd entièrement sa valeur. «Français de souche» est devenu un terme controversé. Il est donc à utiliser avec beaucoup de prudence.

COMPRENEZ-VOUS?

1. Qu'est-ce qui caractérise «le Gaulois» dans ces dernières strophes? (l. 25–55) Comment vote-t-il? Pourquoi est-il «sous tranquillisants»?
2. Qui est «la marionnette d'en face»? Que fait-elle?
3. De quoi le chanteur avertit-il le «Français de souche»[6] de la chanson? Que veut-il dire?

STOCKFOLIO/Alamy

LE MESSAGE

Relisez le refrain et paraphrasez le message de la chanson. Il est clair que le chanteur s'adresse aux Français, mais ce message pourrait-il aussi s'adresser à d'autres groupes ethniques dans d'autres pays? Lesquels?

ALLEZ PLUS LOIN

Selon vous, quelle est la position du groupe Les Escrocs dans ce débat? Recherchez les pronoms utilisés dans la chanson. Qu'est-ce qu'ils nous disent sur le point de vue des musiciens? Citez des exemples qui illustrent leurs opinions. Selon vous, pourquoi la chanson finit-elle avec le mot «crétins»?

ET VOUS?

Selon vous, pourquoi a-t-on parfois tant de mal à accepter les gens qui ne nous ressemblent pas? Qu'est-ce qu'on peut faire pour faciliter l'entente entre des groupes d'origines différentes?

QUELQUES STATISTIQUES: LE MARIAGE

Lisez les paragraphes à la page 55 et regardez le graphique. Est-ce qu'ils contredisent ou soutiennent les opinions de la chanson?

Un mariage célébré en France sur sept est mixte[7]: il unit un étranger et une Française ou une étrangère et un Français. Le premier type d'union est un peu plus fréquent que le second: en 2005, on en a compté respectivement 23 786 et 18 710, sur un total de 276 300 mariages célébrés en France.

Dans la majorité de ces unions, le (la) conjoint(e) étranger(-ère) a la nationalité d'un pays d'Afrique du Nord. Suivent les Européens autres que français, les ressortissants d'un pays d'Afrique sub-saharienne et les Asiatiques (notamment les Turcs et les Chinois).

La natalité:

	Nombre de naissances par femme			
	Fécondité 1982	Fécondité 1990	Fécondité 1999	Fécondité 2005
Françaises	1,84	1,71	1,72	1,80
Etrangères	3,14	2,81	2,80	3,29
Ensemble	1,92	1,78	1,79	1,90

Type de couple	Naissances en 1998	Naissances en 2004	Accroissement	Idem en %
Deux conjoints français	631 000	628 100	-2 900	-4,6
Deux conjoints étrangers	49 200	55 700	+6 500	+13,2
Couples mixtes	57 900	84 000	+26 100	+45,1
Total France métropolitaine	738 100	767 800	+29 700	+4,0

Source: INED (Institut national d'études démographiques)

---

[7] Le recensement (census) français n'a pas de catégorie pour l'origine ethnique, comme aux Etats-Unis.

En route!

Clare Tufts

l'autocar *m.* (le car)	commercial bus line
le métro	subway
le scooter	motorscooter, moped
... à trois roues	three-wheeled scooter
la trottinette	push scooter
le vélo	bicycle
le VTT (vélo tout-terrain)	mountain bike
les rollers *m.*	roller blades
la planche à roulettes, le skateboard	inline skates, skateboard
les transports en commun *m.*	public transportation
la marche	walking

B LES GENS QUI SE DÉPLACENT

l'automobiliste *m./f.*	car driver
le (la) conducteur (-trice)	driver
le chauffeur	driver (taxi, bus)
le covoitureur	person who carpools
le (la) cycliste	bicycle rider
le (la) motocycliste	motocycle rider
le (la) piéton(ne)	pedestrian
le (la) passager (-ère)	passenger (car, city bus, plane)
le (la) rolleur (-euse)	in-line skater
le (la) skateur (-euse)	skateboarder
le (la) voyageur (-euse)	passenger (train, commercial bus)

A LES MOYENS DE TRANSPORT

Mots apparentés: l'automobile *f.* (l'auto), la motocyclette (la moto), le taxi, le train, le tramway

la voiture...	... car
neuve	new
d'occasion	used
électrique	electric
hybride	hybrid
propre	"green"
le camion	truck
le monospace	minivan
le break	station wagon
le 4×4 (le quatre-quatre)	four-wheel drive
le pick-up	pickup truck
la décapotable, le cabriolet	convertible
l'autobus *m.* (le bus)	city bus

C LE DÉPLACEMENT

le permis de conduire	driver's license
la vitesse maximum	speed limit
la circulation	traffic
l'essence *f.*	gas
la station-service	service station

Pour obtenir des exercices et activités supplémentaires sur le contenu de ce chapitre, rendez-vous sur le site www.cengage.com/login.

la borne de recharge	*recharging station (for electric car)*
le parking	*parking lot*
le stationnement	*parking*
... sur la chaussée	*(on the) street parking*
l'assurance automobile *f.*	*car insurance*
le covoiturage	*carpool*
le casque	*helmet*
l'antivol *m.*	*anti-theft device*
la voie cyclable	*bike lane (part of the street)*
la piste cyclable	*bike path (off the street)*

D LES ACTIVITÉS

monter dans...	*to get into...*
la voiture, l'autobus	*a car, (on) a bus*
descendre de...	*to get out of...*
la voiture, l'autobus	*the car, (off) the bus*
démarrer	*to start off*
conduire	*to drive*
se promener en voiture	*to go for a car ride*
emmener quelqu'un en voiture	*to give someone a ride*
accélérer	*to accelerate*
ralentir	*to slow down*
rouler	*to go (a car, a bike, etc.)*
doubler, dépasser	*to pass*
freiner	*to brake*
garer la voiture	*to park the car*
(se) garer, stationner	*to park*
faire du vélo	*to bike*
faire du roller	*to rollerblade*
faire du skate	*to skateboard*
prendre...	*to take...*
le bus, le train, le métro	*the bus, the train, the subway*

E LES PROBLÈMES ET LES SOLUTIONS

le bouchon, l'embouteillage *m.*	*traffic jam*
l'heure de pointe *f.*	*rush hour*
tomber en panne...	*to break down*
d'essence	*to run out of gas*
de courant	*to run out of battery power (for electric car)*
faire le plein	*to fill up with gas*
brancher la voiture sur une prise	*to plug the car into an outlet*
marcher	*to work, function*
le pneu crevé	*flat tire*
la roue de secours	*spare tire*
la batterie à plat	*dead battery*
rentrer dans	*to run into*
écraser	*to run over*
déraper	*to skid*
le garage	*garage*
le garagiste	*car mechanic*
dépanner, réparer	*to repair*
la dépanneuse	*tow truck*
remorquer	*to tow*
l'excès de vitesse *m.*	*speeding*
l'amende *f.*	*fine*
le PV (procès-verbal)	*traffic ticket*
attraper un PV	*to get a ticket*
la fourrière	*the car pound*
emmener une voiture à la fourrière	*to impound a car*
le feu de signalisation (rouge, orange[1], vert)	*traffic light*
la police	*the police*
le poste, le commissariat de police	*police station*
le policier, l'agent de police, le flic *(slang)*	*policeman*

" Montrer Moi Vos papiers "
↳ Police say this
Brûler - to run (a red light)

[1] En France, on utilise un **feu orange** au lieu d'un **feu jaune** (entre le rouge et le vert).

heurter m arbre
↳ to run into

Richard Damoret/REA/Redux Pictures

Saviez-vous que… ?

Le marché du VAE (vélo à assistance électrique) continue à voir une forte croissance en France: 6 700 vendus en 2006, 10 000 en 2007, et 15 700 en 2008.

Pourtant, le marché du VAE reste toujours marginal par rapport à la vente de vélos en général, qui s'est élevée à 3 417 100 unités pour 2008.

Source: Association AVEM (Avenir du véhicule électrique méditerranéen), www.avem.fr

Vocabulaire

PRÉPARATION GRAMMATICALE

Avant de continuer, révisez les articles, pages 173–176.

A Comment se déplacer? A votre avis, quel moyen de transport chacun des Français suivants va-t-il choisir? Justifiez votre réponse.

1. une mère qui emmène ses quatre enfants chez leurs grands-parents
2. un retraité *(retired man)* qui veut traverser Paris et qui a beaucoup de temps
3. un homme d'affaires qui doit traverser Paris aux heures de pointe
4. un adolescent qui va chez un copain le samedi après-midi
5. un couple qui veut profiter du beau temps le dimanche
6. une femme qui habite en banlieue et qui emmène son fils malade chez le médecin
7. une étudiante qui descend sur la Côte d'Azur au mois d'août avec des copines
8. des touristes à Paris qui veulent voir les monuments de la capitale
9. une femme qui est à l'aéroport et qui veut se rendre au centre-ville
10. un enfant de banlieue qui joue dans son jardin

B Les associations. Quels mots (noms, adjectifs, verbes) associez-vous à chacun de ces moyens de transport?

1. le monospace
2. le vélo
3. la décapotable
4. les rollers
5. le train
6. le 4×4
7. la voiture propre
8. la marche

C Comment conduire? D'abord, mettez les verbes suivants dans l'ordre logique pour expliquer les actions d'un automobiliste.

1. se garer
2. monter dans
3. accélérer
4. descendre de
5. démarrer
6. freiner
7. doubler
8. rouler

Ensuite, expliquez ce qu'Alain a fait quand il a pris la voiture hier après-midi. Faites des phrases complètes et ajoutez des détails pour rendre le récit plus intéressant.

D'abord, Alain est monté dans la voiture…

D **Finissez la phrase.** Cherchez dans la liste E du vocabulaire un mot ou une expression qui vous aide à terminer les phrases suivantes de façon logique.

1. Il y a des embouteillages parce que c'est...
2. Si je ne trouve pas de station-service, je vais...
3. La voiture dérape et...
4. Elle attend la dépanneuse parce que (qu')...
5. Quand on ne s'arrête pas au feu rouge, on risque de (d')...
6. Je demande au garagiste de (d')...
7. Si la voiture ne marche pas, il faut...
8. Une roue de secours est très utile quand on...

Clare Tufts

Lecture

En juillet 2007, la ville de Paris a lancé «Vélib'», le service de vélos en libre-service sur les voies parisiennes. Dix-neuf mois plus tard, en mars 2009, on comptait plus de 20 000 vélos disponibles, plus de 371 km de réseau cyclable et plus de 42 millions de locations. Les vélos Vélib' sont accessibles 7 jours sur 7, 24 heures sur 24, dans tout Paris, et il y a une station Vélib' tous les 300 mètres. Si on fait un trajet de moins de trente minutes, cela ne coûte absolument rien. Pour une location de Vélib' qui dure entre 30 minutes et une heure, on paie 1 €, et chaque demi-heure supplémentaire coûte deux fois plus cher. Il y a aussi des tickets d'un jour (1€), ou de 7 jours (5€), et l'abonnement d'un an ne coûte que 29€.

ENTRONS EN MATIÈRE

Afin d'assurer le bon fonctionnement du service Vélib' dans tous les coins de la ville, la Mairie de Paris trouve des solutions parfois très originales aux problèmes. A votre avis, comment peut-on maintenir en bon état chacun des 20 000 vélos? Comment peut-on gérer ce moyen de transport respectueux de l'environnement sans se déplacer de station en station dans des véhicules qui polluent? Comment s'assurer que toutes les stations, y compris celles qui sont les plus difficilement accessibles, ont toujours des vélos et des points d'attache (*locking bicycle stands*) disponibles?

Vélib': à vélo en toute liberté!

Profitez de l'arrivée des beaux jours pour adopter les bons réflexes pour l'environnement et diminuer votre bilan carbone°. Comment est-ce que Vélib' s'inscrit dans une démarche environnementale? Quels moyens sont mis en œuvre?

bilan carbone *carbon footprint*

Des éco-déplacements pour la maintenance des stations

sillonnent traversent

5 Les équipes Vélib' sillonnent° Paris à l'aide de véhicules propres pour veiller à la bonne tenue des stations et des vélos du service. 80% des déplacements des agents se font à vélo et 20% à l'aide de véhicules propres. Les agents de maintenance se déplacent sur des vélos à assistance électrique équipés de remorques° contenant une caisse à outils. Cela permet d'effectuer des réparations sur les Vélib' directement en station, évitant les allées et venues de véhicules entre les ateliers et les stations. Les agents d'entretien, 10 chargés de nettoyer les stations, effectuent leurs déplacements avec des «Goupils», au nombre de dix. Ce sont de petits véhicules électriques non polluants qui permettent de transporter du matériel d'entretien.

remorques *trailers*

Quant aux agents de régulation°, ils effectuent leurs déplacements avec des véhicules propres alimentés au gaz naturel de ville (GNV), et ils ont une capacité de vingt 15 vélos. Toujours dans une démarche environnementale, Vélib' bénéficie d'un certificat vert qui permet d'alimenter le service avec de l'électricité verte°. Il s'agit d'énergies renouvelables, produites par le vent, le soleil, l'eau et la biomasse.

agents de régulation *agents who replenish the stations*

électricité verte *renewable energy*

Des moyens pour limiter les déplacements

péniche atelier *barge repair shop*

Le service Vélib' possède une péniche-atelier° qui se déplace sur la Seine; elle sert «d'atelier de proximité». Quatre mécaniciens cycles réparent trente à quarante Vélib' par jour sur 20 la péniche-atelier, qui navigue entre Charenton-le-Pont et le pont Mirabeau. Celle-ci effectue plusieurs escales° pour récupérer les vélos endommagés° ou les réintroduire, une fois réparés, dans des cages situées au bord des quais. En novembre dernier, la péniche Vélib' a reçu le Grand Prix catégorie «Transports et Déplacements» pour le fret° lors de la 12ᵉ édition du Grand Prix de l'environnement des villes d'Ile-de-25 France.

escales arrêts /
endommagés *damaged*

fret *freight*

Vélib' accroît la mobilité

En septembre 2008, l'hebdomadaire *Time Magazine* dressait pour la deuxième année consécutive la liste des trente héros de l'environnement dans laquelle figure Vélib',

devenu l'une des principales formes de transport public à Paris. Vélib' éviterait d'ailleurs l'émission de 13 870 tonnes de CO_2 (200g/km) par an pour 20 000 vélos. 87% des
30 utilisateurs pensent que Vélib' est un bon moyen de lutter contre la pollution et 20% utilisent moins souvent leur voiture personnelle: c'est ce que révélait **l'enquête de satisfaction** réalisée en ligne, en mars 2008, par TNS-Sofres auprès de 878 usagers Vélib'.

Pour les meilleurs grimpeurs°

Des stations Bonus, situées en hauteur, ont été installées en 2008 sur le réseau Vélib'; elles sont situées sur des périmètres de la ville comportant des dénivelés° importants.
35 Leur avantage: offrir un quart d'heure gratuit supplémentaire aux utilisateurs les plus courageux. Le quartier comportant le plus de stations Bonus est évidemment celui de la Butte Montmartre, puisque pas moins de 21 stations entourent ce site emblématique de la capitale.

grimpeurs *climbers*

dénivelés *high elevations*

Text from Vélib' "A vélo, en toute liberté!" from *La lettre Vélib'*, March 19, 2009 and April 20, 2009 from http://www.velib.centraldoc.com/newsletter/list

COMPRENEZ-VOUS?

1. Comment les vélos des agents de maintenance diffèrent-ils des vélos Vélib' réservés aux usagers?

2. Quelle source d'énergie alimente les véhicules qui déplacent les vélos Vélib' de station en station?

3. Où travaillent les mécaniciens des Vélib'?

4. Comment le service Vélib' a-t-il été reconnu pour ses effets bénéfiques sur l'environnement?

5. Comment les stations Bonus aident-elles à réduire le bilan carbone des agents de régulation du service Vélib'?

CHERCHEZ LA FORME

1. Expliquez l'usage de l'article «des» dans la phrase «Les agents de maintenance se déplacent sur des vélos... » (ligne 6). **2.** Expliquez l'usage de l'article «les» dans la phrase «Cela permet... , évitant les allées et venues de véhicules entre les ateliers et les stations.» (lignes 8–9). **3.** Expliquez l'usage de l'article «de» dans la dernière phrase: «Ce sont de petits véhicules... ».

ALLEZ PLUS LOIN

Le texte que vous venez de lire explique comment le service Vélib' est bon pour l'environnement. Y a-t-il d'autres avantages? Le texte parle aussi des problèmes de maintenance. Pensez-vous que le Vélib' pourrait créer d'autres problèmes pour la ville de Paris et/ou pour ses habitants?

Benoît Lebel/Alamy

RAPPEL The *definite article* in French (**le, la, l', les**) is the equivalent of *the* in English. The *indefinite article* (**un, une**) is the equivalent of *a* or *an*. The *partitive article* (**du, de la, de l', des**) is the equivalent of *some*. There are several differences in the use of these articles in the two languages. For more details, see pages 173–176.

Applications

Ⓐ Le code de conduite à VTT. En quoi consiste la bonne conduite d'un cycliste en VTT? Voici quelques règles qu'il vaut mieux connaître avant de faire du vélo tout-terrain. Pour chacune d'elles, relevez les articles définis (ou contractés avec les prépositions **à** ou **de**) et les articles indéfinis.

Geoff Waugh/Alamy

1. Accorder la priorité aux marcheurs et aux cavaliers *(horseback riders),* ne pas les gêner ni les effrayer.
2. Ne pas effrayer les animaux sauvages ou domestiques.
3. Refermer les portails et les barrières; tenir compte des interdictions et de la signalisation routière et forestière.

4. Respecter la faune, la flore, les cultures et les pâturages.
5. Ne pas s'écarter, dans la forêt, des chemins et des sentiers.
6. Participer à la sauvegarde de l'environnement.
7. Pour la sécurité de chacun, veiller au bon fonctionnement de votre vélo.
8. Porter le casque en toute circonstance.

B **Se déplacer.** Formez des phrases complètes en ajoutant des articles et des prépositions aux endroits appropriés. Faites les changements nécessaires. Attention! Les mots sont dans l'ordre correct.

1. Français / font / moins / covoiturage / que / Américains
2. prendre / bus / à Paris / offre / possibilité / de / voir / monuments
3. métro / est / plus / pratique / pour / gens / qui / n'ont pas / beaucoup / temps
4. cycliste / en ville / doit / avoir / courage / et / patience
5. rollers / sont / moyen de transport / que / jeunes / préfèrent
6. essence / coûte / plus / cher / en / France / qu'à / Etats-Unis
7. pour / éviter / problèmes / de / stationnement à Paris/ on / peut / prendre / Vélib'
8. il y a / moins / bouchons / tôt / matin
9. si / on / a / panne / de / essence / il / faut / trouver / station-service
10. vous / risquez / de / attraper / PV / si / vous / brûlez / feu rouge *(run a red light)*

RAPPEL *Direct object pronouns* replace nous that are acted on directly by the verb; *indirect object pronouns* replace the preposition **à** + *a person;* **y** replaces the preposition **à** + *a thing, an idea* or *a place;* **en** replaces **de** + *a thing* or *a place.* For more details, see pages 176–180.

C **Assez de questions!** M. et Mme Dupont et leur fille Alice sont en route pour la mer. Alice, qui n'a que 4 ans, est très curieuse. Elle pose des questions sur tout! Pour aider ses pauvres parents, trouvez une réponse logique à chacune de ses questions. Dans votre réponse, remplacez les mots soulignés dans la question par le(s) pronom(s) approprié(s).

PRÉPARATION GRAMMATICALE

Avant de continuer, révisez l'ordre des pronoms, page 181.

1. ALICE: Papa, pourquoi as-tu besoin <u>d'un permis de conduire</u>?
   M. DUPONT: _____.

2. ALICE: Maman, pourquoi faut-il respecter <u>la vitesse maximum</u>?
   MME DUPONT: _____.

3. ALICE: Qu'est-ce qu'on achète <u>dans une station-service</u>?
   MME DUPONT: _____.

4. ALICE: Quand est-ce qu'on téléphone <u>au garagiste</u>?
   M. DUPONT: _____.

5. ALICE: Pourquoi faut-il s'arrêter <u>au feu rouge</u>?
   MME DUPONT: _____.

6. ALICE: Pourquoi voulons-nous éviter <u>les heures de pointe</u>?
   MME DUPONT: _____.

7. ALICE: Pourquoi est-ce que nous n'avons pas <u>de décapotable</u>?
   MME DUPONT: _____.

8. ALICE: Quand est-ce que je peux descendre <u>de la voiture</u>?
   M. DUPONT: _____.

D Jouez le prof! Mettez-vous à deux ou trois pour jouer le rôle d'un prof d'un cours intermédiaire de français. Ensemble, corrigez le devoir d'un de vos étudiants. Pour cela, éliminez les répétitions de noms en insérant les pronoms nécessaires (d'objet direct, d'objet indirect, **y** et **en**). Après avoir corrigé le texte, comparez-le à ceux des autres groupes de votre classe.

> Un soir, je devais emmener mon amie au cinéma dans la voiture de mon père. D'abord, je n'arrivais pas à retrouver les clés. Enfin, j'ai retrouvé les clés sous le siège de la voiture. J'ai aussi trouvé sous le siège de la voiture un billet de vingt dollars. J'ai demandé à mon père s'il avait perdu ce billet de vingt dollars. Il a dit non et il a donné ce billet de vingt dollars à moi. Puis, j'ai remarqué qu'il n'y avait pas assez d'essence. Quel dommage! J'allais être obligé de dépenser cet argent pour acheter de l'essence. Je me suis tout de suite rendu à la station-service. Quand je suis arrivé à la station-service, j'ai découvert que j'avais aussi un pneu crevé! Après avoir payé l'essence et la réparation du pneu, je n'avais plus d'argent. Alors, j'ai téléphoné à mon amie pour dire à mon amie que je ne pouvais plus emmener mon amie au cinéma. Quand j'ai raconté à mon amie cette histoire de panne d'essence et de pneu crevé, elle a dit à moi que j'avais inventé cette histoire!

RAPPEL The word order for pronouns in affirmative commands is different from the regular word order. To review this imperative pronoun word order, see the chart on page 181.

E Avant le départ. Les Martin préparent leur départ en vacances. Mme Martin donne des ordres à tout le monde. Sa mère de 85 ans, qui veut l'aider, répète tout ce que dit Mme Martin! Créez les ordres de la grand-mère en remplaçant tous les mots soulignés par des pronoms.

> **Modèle:** MME MARTIN: Robert, mets <u>tes rollers</u> <u>dans ton sac</u>.
> GRAND-MÈRE: **Oui, mets-les-y!**

1. MME MARTIN: Cécile, demande <u>à ton père</u> s'il a <u>les billets</u>.
   GRAND-MÈRE: Oui, _____!

2. Mme Martin: Max, n'oublie pas <u>ton casque</u>!
   GRAND-MÈRE: Non, _____!

3. Mme Martin: Roger, va acheter <u>de l'essence</u>.
   GRAND-MÈRE: Oui, _____!

4. Mme Martin: Mettons <u>les valises</u> <u>dans la voiture</u>!
   GRAND-MÈRE: Oui, _____!

5. Mme Martin: Dites <u>aux voisins</u> que nous partons.
   GRAND-MÈRE: Oui, _____!

Continuez cet exercice avec un(e) partenaire.

F **Des incidents de route de plus en plus graves!** Avec un(e) partenaire, créez un dialogue entre deux ami(e)s qui se revoient après des vacances. Vous avez tous (toutes) les deux un «incident de route» à raconter, et chacun(e) de vous pense que ce qui lui est arrivé est plus grave et plus intéressant que l'incident de l'autre. Utilisez la liste E du vocabulaire (au début du chapitre) et autant de pronoms disjoints que possible.

PRÉPARATION GRAMMATICALE

Avant de continuer, révisez les pronoms disjoints, pages 182-183.

> **Modèle:** Moi, j'ai un incident de route incroyable à te raconter...
> **Mes parents, eux, n'étaient pas du tout contents...**

Lecture

Fernand Raynaud (1926–1973) est l'un des comédiens français les plus connus. Apprécié aussi par des étrangers, Raynaud a reçu un télégramme de Charlie Chaplin en 1960 annonçant son intention de venir assister à son premier grand spectacle. Ses sketchs, improvisés et présentés sur scène au fil des ans, ont été mis par écrit beaucoup plus tard quand Raynaud les a dictés à sa secrétaire. Le public français d'aujourd'hui continue à rire en lisant les histoires drôles de ce comédien, et plusieurs fois par an on trouve ses sketchs diffusés à la télévision.

ENTRONS EN MATIÈRE

On dit souvent que les femmes au volant sont plus prudentes que les hommes et qu'elles ont moins d'accidents graves de voiture. Pensez-vous que ce soit vrai? Donnez des exemples personnels pour justifier votre réponse.

POUR MIEUX COMPRENDRE

Souvent les histoires comiques nous semblent encore plus comiques si nous comprenons le caractère du protagoniste (ou de la «victime»). Un bon comédien sait donc bien décrire ses personnages. Parcourez le deuxième paragraphe de ce sketch de Fernand Raynaud où le narrateur décrit sa sœur. Qu'est-ce que nous y apprenons sur cette femme? Quelle est l'attitude du narrateur envers son personnage?

HIRB

La 2 CV² de ma sœur

PREMIÈRE PARTIE

🔊 CD 1, track 6

Si un jour une de vos amies vous dit: «Veux-tu que je te parle franchement?» répondez-lui: «Non! Non! Non! Continue à me parler comme avant.» Donc, avec ma sœur... Ne soyez pas sincère, c'est-à-dire, soyez diplomate, ne lui demandez pas pourquoi sa 2 CV n'est plus peinte en rouge!

Ah! Oui, il lui est arrivé un incident—j'ai pas dit accident mais incident. Parce que ma sœur est très prudente. Elle ne dépasse jamais le vingt-cinq à l'heure° et elle roule toujours au milieu de la route, et elle dit: «Si tout le monde était comme moi, y'aurait pas souvent d'accident!» Elle en est à son seizième mort, parce que, y'a des gens qui veulent doubler, des imbéciles, des artistes! C'est nuisible° à la société!

L'autre jour, ma sœur roulait avec sa 2 CV et il y avait un convoi° du cirque Tantini. Comme le convoi roulait à vingt-cinq à l'heure, ma sœur dit: «J'y va-t-y, j'y va-t-y pas°? Allez, je me paye le culot°, je double le convoi!» Elle l'a fait, et v'là qu'après avoir doublé trois roulottes°, cinq camions, deux caravanes, un gros camion s'était arrêté pour laisser prendre aux éléphants leurs ébats°—parce que tous les quarante kilomètres il faut s'arrêter pour laisser descendre les éléphants, afin qu'ils puissent se détendre, s'ébrouer°, enfin, tout ce que les éléphants ont besoin de faire lorsqu'ils sortent d'un camion... Ma sœur a donc été obligée de stopper avec sa 2 CV rouge, et quelle n'a pas été sa stupeur de voir arriver lentement vers elle, alors qu'elle était assise dans sa 2 CV, un gros pachyderme, qui se tourne vers elle, lui fait voir son arrière-train, lève la queue et crac! Il s'assoit sur le devant de la 2 CV!

Ma sœur, ça lui a fait comme un coup. Elle se croyait en pleine nuit, elle s'est trouvée mal°. Le cornac° est arrivé précipitamment, a fait lever l'éléphant, a ranimé

5

10

15

20

le... 25 kilomètres à l'heure *(approx. 16 mph)*

nuisible qui fait du mal / **convoi...** groupe de véhicules qui roulent ensemble / **J'y...** *(fam.)* j'y vais, je n'y vais pas / **me...** *(fam.)* me permets de faire une chose inhabituelle / **roulottes** maisons roulantes / **laisser...** *let the elephants move about* / **s'ébrouer** s'agiter vivement

s'est... s'est évanouie *(fainted)* / **cornac** *trainer*

---

² The **2 CV** (deux chevaux-vapeur) is often referred to in France as the **deuch.**

ma sœur à grands coups de gifles. Le directeur est arrivé en courant: «Rassurez-vous, nous sommes assurés°, on vous paiera les réparations! Je vais vous expliquer pourquoi
25 l'éléphant s'est assis sur la 2 CV. C'est parce que, chaque soir, au cours de son numéro, au milieu de la piste°, il s'assoit sur un tonneau° qui est rouge comme votre voiture!» Ma sœur était tellement suffoquée que le directeur du cirque Tantini l'a emmenée dans un petit café, lui a fait prendre un cognac, puis un deuxième, puis un troisième. Le cornac a payé sa tournée, ma sœur n'a pas voulu être en reste°, elle a payé la sienne...
30 Et elle est repartie en fredonnant° «Cerisiers roses et pommiers blancs».

assurés *insured*

piste *circus ring* / **tonneau** *barrel*

être... *to be indebted to*
en... *humming*

COMPRENEZ-VOUS?

1. Qu'est-ce qu'on apprend au sujet de la voiture de la sœur du narrateur dans le premier paragraphe?
2. Comment conduit la sœur, et quel est le résultat de sa façon de conduire?
3. Pourquoi la sœur a-t-elle été obligée d'arrêter sa voiture sur la route?
4. Pourquoi la sœur s'est-elle trouvée mal?
5. Pourquoi l'éléphant a-t-il agi ainsi?
6. Combien de verres de cognac la sœur a-t-elle bus au café?

CHERCHEZ LA FORME

Cherchez tous les pronoms compléments d'objet indirects dans le premier paragraphe de la lecture.

POUR MIEUX COMPRENDRE

La première partie de ce texte de Fernand Raynaud est une narration. Dans la deuxième partie, que vous allez lire, il s'agit plutôt d'un dialogue. Parcourez le texte pour découvrir qui parle.

Lecture

La 2 CV de ma sœur

 CD 1, track 6

DEUXIÈME PARTIE

direction *steering*

talus *embankment*

motards motocyclistes de la gendarmerie / **Rangez-vous** Arrêtez-vous

Elle a réussi quand même à doubler le cirque mais v'là qu'au bout de trois kilomètres, elle dit: «Pourvu que ma direction° n'en ait pas pris un coup! Vérifions s'il n'y a rien. Montons sur le petit talus° à droite, ça a l'air d'aller... Voyons le petit talus à gauche... »
35 On entend des coups de sifflet. Deux motards° arrivent: «Rangez-vous° à droite, non mais dites donc, ça va pas vous?

— Vous êtes un danger public, Mademoiselle! Vous allez à droite, vous allez à gauche... Mais dites donc! Vous avez eu un accident?

—Non, non! C'est un éléphant qui s'est assis sur ma voiture!

—Ah... Oui, oui, je vois très bien ce que c'est! Marcel! Viens voir! Y'a un éléphant
40 qui s'est assis sur le devant de la voiture de Madame!

—Mademoiselle s'il vous plaît!

—J'vais vous en donner moi, du Mademoiselle!

—Oui! Je vous assure Monsieur l'agent! C'est un éléphant qui s'est assis sur le devant de ma voiture!

puez *reek*

45 —Mais vous puez° le cognac, vous?

—Mais, Monsieur...

—Y'a pas de «Mais, Monsieur». Vous allez à droite, vous allez à gauche, vous sentez le cognac et vous nous dites qu'un éléphant s'est assis sur votre voiture? Vous nous prenez pour des enfants de chœur°? Suivez-nous au poste!»

enfants... garçons qui aident le prêtre à l'église (ici, personnes très naïves)

50 Ils ont fait une prise de sang à ma sœur et, comme il y avait évidemment de l'alcool, ils l'ont gardée quarante-huit heures. Elle hurlait: «Oui, oui, oui! C'est vrai! Un éléphant s'est assis sur mon auto! Je le vois arriver, je vois un éléphant... Ouh! Le gros n'éléphant!»[3]

interner mettre à l'hôpital psychiatrique

relâchée remise en liberté

Ils voulaient l'interner°, il a fallu que le directeur du cirque vienne témoigner que les faits étaient exacts. Ils l'ont relâchée°.
55 Elle a fait repeindre sa voiture en vert et, si vous la rencontrez, surtout ne lui dites pas: «Pourquoi votre 2 CV est-elle verte maintenant, expliquez-moi ça?» Surtout ne lui dites pas, car elle verrait rouge.

Text *La 2 CV de ma soeur* by Fernand Raynaud, Paris, Editions de Provence, Editions Flammarion, 1975, pp. 95-98 and original recording on our CD.

[3] The use of **n'** before a noun beginning with a vowel comes from child's speech; since French children must learn to make the liaison between the final consonant **n** of **un** and the initial vowel of the following noun (**un éléphant**) they often assume that the noun actually begins with the consonant **n.**

COMPRENEZ-VOUS?

1. Pourquoi la sœur a-t-elle commencé à zigzaguer d'un côté à l'autre de la route?
2. Pourquoi les gendarmes ne croyaient-ils pas l'explication de la sœur?
3. Quelle raison la police avait-elle de garder la sœur pendant quarante-huit heures?
4. Qui a convaincu la police de relâcher cette femme?
5. Pourquoi ne faut-il pas poser de questions à la sœur sur le changement de couleur de sa voiture?

CHERCHEZ LA FORME

Identifiez et analysez les éléments soulignés dans la phrase suivante (lignes 50–51): «Ils ont fait une prise de sang à ma sœur et, comme il y avait évidemment de l'alcool, ils l'ont gardée quarante-huit heures.»

ALLEZ PLUS LOIN

1. Quelles sont les raisons possibles pour lesquelles Fernand Raynaud a décidé de faire parler les personnages dans la deuxième partie de son histoire (sous forme de dialogue) au lieu de raconter (sous forme de narration) leurs actions?
2. Quelle(s) technique(s) le comédien utilise-t-il dans son sketch pour attirer l'attention du public qui l'écoute? Trouvez-en des exemples dans *La 2 CV de ma sœur*.

Activités d'expansion

A Faites du théâtre! A trois, mettez-vous à la place de la sœur et des gendarmes (4–19) et jouez la scène où elle essaie de leur expliquer ce qui est arrivé à sa voiture.

B La voiture la plus économique. Avec trois ou quatre camarades de classe, essayez de vous mettre d'accord sur la voiture la plus économique du monde. Il faut trouver une voiture qui est économique du point de vue du prix et de l'usage. Quels sont les avantages et les inconvénients de cette voiture?

Mots et expressions utiles:
confortable, maniable *(easy to handle)*, puissante *(powerful)*, sûre *(reliable)*
consomme peu d'essence *(uses little gas)*
ne coûte pas cher, est bon marché *(cheap)*
a une bonne tenue de route *(holds the road well)*
à deux (quatre) portes, à traction avant *(front-wheel drive)*, à boîte automatique *(automatic transmission),* à boîte manuelle

Pour exprimer votre opinion:

Moi, je pense que…	Il me semble que…
A mon avis…	Je trouve que…
Pour ma part…	Je crois que…

Pour exprimer votre accord:

Je suis (tout à fait) d'accord.   Bien sûr!
Je suis de ton (votre) avis.   Absolument!
C'est vrai.   Sans aucun doute!
Tu as (Vous avez) raison.

Pour exprimer votre désaccord:

Je ne suis pas d'accord.   Absolument pas!
Au contraire!   Tu as (Vous avez) tort.
Par contre…   Pourtant
Cependant…   Pas du tout!

ⓒ Qui sont les conducteurs les plus dangereux? Il y a des gens qui pensent que les conducteurs les plus dangereux sur la route sont ceux qui conduisent trop vite; d'autres, en revanche, pensent que ce sont ceux qui conduisent trop lentement. Qu'en pensez-vous et pourquoi? Si possible, donnez des exemples pour justifier votre opinion.

D **La voiture: malheur du monde?** La plupart des gens en Amérique du Nord et en Europe considèrent la voiture comme un objet absolument indispensable, mais on ne nie pas que sa prolifération dans le monde entraîne des conséquences très graves comme la pollution, les embouteillages et le gaspillage d'énergie. Qu'est-ce que vous en pensez? La voiture est-elle vraiment essentielle à la vie? Quelle(s) solution(s) voyez-vous à ce problème?

JACK GUEZ/Getty Images

Les voyages

Jeff Greenberg / Alamy

  A POURQUOI?

s'amuser (à)	*to enjoy oneself, to have fun*
se cultiver	*to improve one's mind*
découvrir	*to discover*
se détendre	*to relax, to unwind*

B COMMENT?

faire du stop	*to hitchhike*
prendre le car, le train, etc.	*to take the bus, the train, etc.*
voyager en avion, en car, en train, en voiture, à pied	*to travel by plane, bus, train, car, on foot*

C OÙ?

l'auberge de jeunesse *f.*	*youth hostel*
la caravane	*camping trailer*
le chalet	*small vacation house (in the mountains)*
la colonie de vacances	*summer camp (for children)*
coucher...	*to sleep . . .*
sous la tente	*in a tent*
à la belle étoile	*out in the open*
en plein air	*outdoors*
le terrain de camping	*campground*
la chambre d'hôtes	*bed and breakfast*

 Pour obtenir des exercices et activités supplémentaires sur le contenu de ce chapitre, rendez-vous sur le site www.cengage.com/login.

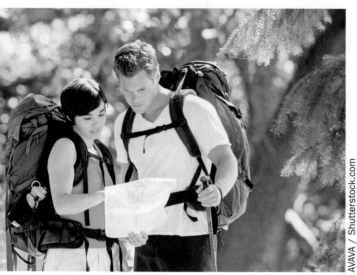

AVAVA / Shutterstock.com

le sac de couchage	*sleeping bag*
la maison de campagne	*country house*
la résidence secondaire	*second home*
la mer	*sea*
la montagne	*mountain*
la plage	*beach*
la station balnéaire	*seaside resort*
la station de sports d'hiver	*winter (sports) resort*

Ⓓ QUOI?

descendre, loger à (un hôtel, un condo, etc.)	*to stay (in a hotel, condo, etc.)*
faire la grasse matinée	*to sleep in, to sleep late*
faire une croisière	*to go on a cruise*
bronzer	*to tan, to get a tan*
le coup de soleil	*sunburn*
attraper, prendre un coup de soleil	*to get a sunburn*

faire du bateau	*to go boating*
du canoë	*canoeing*
de la planche à voile	*windsurfing*
de la voile	*sailing*
du rafting	*white-water rafting*
du scooter des mers	*jet-skiing*
du ski nautique	*waterskiing*
du surf	*surfing*
de la plongée	*diving, scuba diving*
se baigner	*to go swimming*
aller à la pêche, pêcher	*to go fishing*
aller à la chasse, chasser	*to go hunting*
faire de l'alpinisme *m.*	*to go mountain climbing*
de l'escalade *f.*	*rock climbing*
du parapente	*hang-gliding*
de la randonnée	*hiking, backpacking*
faire du ski alpin	*to go downhill skiing*
du ski de fond	*cross-country skiing*
du snowboard	*snowboarding*
de la motoneige, du scooter des neiges	*snowmobiling*
la raquette	*snowshoe*
faire... de l'équitation	*to go horseback riding*
une promenade à cheval	*for a horseback ride*
un pique-nique	*on a picnic*
faire une promenade/une balade...	*to go for a walk; ride*
en bateau	*boat*
à vélo	*bike*
en voiture	*car*
le décalage horaire mal supporter le décalage horaire	*time difference; jet lag to suffer from . . .*

PRÉPARATION GRAMMATICALE

Avant de commencer ce chapitre, révisez l'usage des prépositions avec les noms géographiques, pages 185–186.

Saviez-vous que… ?

Dans l'Union européenne, les travailleurs ont tous droit à un minimum de vingt jours de congés par an. Mais quels sont les Européens qui bénéficient du plus grand nombre de congés payés? Avec trente jours de congés payés annuels par travailleur, l'Espagne et le Danemark arrivent en tête du classement. La France se situe un peu au dessus de la moyenne communautaire avec vingt-cinq jours de congés payés par an.

Source: Ministère du tourisme français

Qui sont les personnages sur ce dessin? Où sont-ils?
Qu'est-ce qui est arrivé? Que font-ils?

Vocabulaire

A Devinettes. Choisissez un mot (ou une expression) des listes C et D du vocabulaire. Expliquez-le (la) en français pour que vos camarades de classe devinent ce que vous avez choisi.

B Qui ferait cela? Quelle sorte de personne aimerait les activités suivantes? Indiquez leur sexe et leur âge, puis décrivez leur caractère. Si possible, inventez-leur aussi une profession.

> **Modèle:** faire du rafting
> **Je pense qu'un garçon de 16 ans aimerait faire du rafting. J'imagine qu'il s'agit d'un lycéen qui recherche l'aventure, qui est courageux et qui, bien sûr, nage bien!**

1. faire une croisière
2. faire du stop
3. faire de la randonnée
4. aller à la chasse
5. faire de l'équitation
6. faire de l'alpinisme
7. coucher à la belle étoile
8. passer la nuit dans une auberge de jeunesse

C **Les vacances idéales.** Imaginez des vacances idéales pour chacune des personnes suivantes. Où iront-elles? (Donnez une destination précise.) Comment voyageront-elles? Où logeront-elles? Que feront-elles? Mentionnez aussi au moins trois activités.

PRÉPARATION GRAMMATICALE

Avant de continuer, révisez la formation du futur, pages 187–188.

1. un étudiant sportif qui adore l'eau mais qui n'a pas beaucoup d'argent (en juin)
2. votre professeur de français (en mai)
3. le président des Etats-Unis (en juillet)
4. une mère de famille nombreuse (après Noël)
5. deux Françaises de 19 ans qui viennent de réussir leur bac (en août)
6. un homme d'affaires de 60 ans qui vient de divorcer (en décembre)
7. l'ex-femme de cet homme d'affaires (en décembre)
8. trois étudiantes américaines à qui leurs grands-parents offrent des vacances (en été)
9. un adolescent de 16 ans qui est obligé de partir avec sa famille (en février)

D **Mais qu'est-ce qu'on y fait?** Vos amis et vous voulez passer vos vacances dans une région ou un pays francophone. Mettez-vous d'accord sur la destination en vous posant des questions sur les endroits proposés. Précisez aussi à quelle saison aura lieu votre voyage. Une fois que vous aurez choisi votre destination, expliquez vos raisons à la classe.

Modèle: la Guyane

Vous: **Où se trouve la Guyane?**
Qu'est-ce qu'on peut y faire en été (en hiver)?

Vos camarades: **La Guyane se trouve en Amérique du Sud, près du Venezuela.**
En Guyane, on va à la plage, on fait des randonnées en forêt, on va à la pêche. L'hiver, c'est la saison du carnaval.

1. la Martinique
2. le Sénégal
3. le Viêt Nam
4. le Québec
5. la Louisiane
6. Tahiti
7. la Suisse
8. le Maroc

E **Ennuyeuses ou amusantes?** Mettez-vous en groupes de trois ou quatre. A tour de rôle, décrivez les vacances les plus ennuyeuses ou les plus amusantes que vous ayez jamais passées. Donnez beaucoup de détails et exagérez autant que vous le pouvez. Choisissez les meilleurs récits de votre groupe pour les présenter à la classe.

Saviez-vous que... ?
Et où vont-ils? 35% des Français qui partent en vacances préfèrent la côte méditerranéenne française. Pour ceux qui vont à l'étranger, la plupart choisissent l'Espagne et le Portugal comme destination. Quand les Français quittent la France pour visiter une ville, «la Grosse Pomme» New York reste leur destination n° 1 depuis plusieurs années. D'autres villes étrangères souvent visitées sont Londres, Bruxelles et San Francisco.

Source: www.hotels.com, 2009

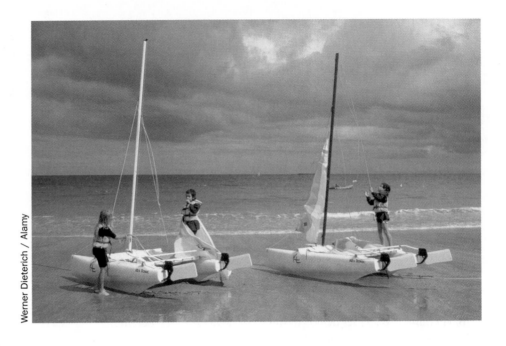

Werner Dieterich / Alamy

Lecture

D'abord professeur d'anglais, Marcel Pagnol (1895–1974) s'est mis à écrire très jeune. Ses pièces, *Marius*, *Fanny*, etc., dépeignent avec tendresse et humour l'âme méridionale et l'atmosphère de Marseille. Ses souvenirs d'enfance, *La Gloire de mon père* et *Le Château de ma mère* (tous les deux publiés en 1957) se situent en Provence (Marseille et ses environs) et constituent un réel hommage à sa famille. Marcel Pagnol a lui-même adapté un grand nombre de ses œuvres au cinéma. Plus tard, d'autres réalisateurs ont continué à tourner des films basés sur ses romans, par exemple *Manon des sources* (1986), *Le Château de ma mère* et *La Gloire de mon père* (1990).

ENTRONS EN MATIÈRE

Quand vous étiez à l'école primaire, comment étaient vos grandes vacances (les vacances d'été)? Combien de temps duraient-elles? Etiez-vous conscient(e) du passage du temps? Etiez-vous content(e) de retourner à l'école?

POUR MIEUX COMPRENDRE

Le passage que vous allez lire est au passé simple, un temps littéraire (voir pages 49–50). La plupart du temps, il n'est pas difficile d'identifier les verbes au passé simple: **il se versa (il s'est versé), je demandai (j'ai demandé),** etc. Trois verbes ont des formes qui ne ressemblent pas beaucoup à leur infinitif: **être: ce fut/ cela a été, faire: il fit/ il a fait** et **avoir: j'eus/ j'ai eu.** Parcourez maintenant le texte ci-dessous et identifiez quatre autres verbes au passé simple.

Le Château de ma mère

Le narrateur, qui a à peu près onze ans, raconte ses vacances à la campagne avec sa famille.

«Qu'est-ce qu'elle dit?

—Elle dit, répondit l'oncle, que les vacances sont finies!»

Et il se versa° paisiblement un verre de vin.

Je demandai, d'une voix étranglée°:

5 «C'est fini quand?

—Il faut partir après-demain matin, dit mon père. Aujourd'hui, c'est vendredi.

—Ce *fut* vendredi, dit l'oncle. Et nous partons dimanche matin.

—Tu sais bien que lundi, c'est la rentrée des classes!» dit la tante.

Je fus un instant sans comprendre, et je les regardai avec stupeur°.

10 «Voyons, dit ma mère, ce n'est pas une surprise! On en parle depuis huit jours.»

C'est vrai qu'ils en avaient parlé, mais je n'avais pas voulu entendre. Je savais que cette catastrophe arriverait finalement, comme les gens savent qu'ils mourront un jour mais ils se disent: «Ce n'est pas encore le moment d'examiner à fond° ce problème. Nous y penserons en temps et lieu.»

15 Le temps était venu: le choc me coupait la parole, et presque la respiration. Mon père le vit, et me parla gentiment.

«Voyons, mon garçon, voyons! Tu as eu deux grands mois de vacances[1]…

—Ce qui est déjà abusif! interrompit l'oncle. Si tu étais président de la République, tu n'en aurais pas eu autant!»

20 Cet ingénieux argument ne me toucha guère°, car j'avais décidé de n'aspirer à ces hautes fonctions qu'après mon service militaire.

«Tu as devant toi, reprit mon père, une année qui comptera dans ta vie: n'oublie pas qu'en juillet prochain, tu vas te présenter à l'examen des Bourses, pour entrer au lycée au mois d'octobre suivant!

25 —Tu sais que c'est très important! dit ma mère. Tu dis toujours que tu veux être millionnaire. Si tu n'entres pas au lycée, tu ne le seras jamais.»

se versa	*poured himself*
étranglée	*strangled*
stupeur	*étonnement*
à fond	*thoroughly*
guère	*hardly*

© Marcel Pagnol, *"Le Château de ma mère"* – Editions de Fallois, 2004

[1] A l'époque de ce récit, les grandes vacances avaient lieu entre la mi-juillet et septembre.

COMPRENEZ-VOUS?

1. Qu'est-ce que le narrateur apprend au début du passage?
2. Pourquoi cette nouvelle ne devrait-elle pas le surprendre?
3. Comment réagit-il? Quel mot utilise-t-il pour décrire la nouvelle? A quoi la compare-t-il?
4. Que pense l'oncle de la durée des vacances scolaires?
5. Pourquoi l'année scolaire qui vient sera-t-elle importante pour le narrateur?

CHERCHEZ LA FORME

1. Trouvez les pronoms objets dans le passage et indiquez leurs antécécents.
2. Trouvez les verbes au futur et au conditionnel dans le passage et donnez leur infinitif.

ALLEZ PLUS LOIN

Imaginez, au présent, les vacances d'un garçon de 10 ans qui passe deux mois à la campagne.

RAPPEL The *future tense*, whose stem is based on the infinitive, is used to talk about what will happen in the future. When one event is expected to happen before another in the future, the earlier one is expressed in the *future perfect* (**futur antérieur**). For more details, see pages 191–192.

Applications

A Les vacances et les voyages changeront-ils? Dans l'avenir, est-ce que tout changera ou nos habitudes de vacances resteront-elles les mêmes? Finissez les phrases selon votre propre vision de l'avenir.

> **Modèle:** Aujourd'hui, je voyage en voiture. Dans l'avenir, …
> **Je ne voyagerai plus en voiture. Je prendrai l'avion ou peut-être un vaisseau spacial *(space ship)*.**

1. Aujourd'hui, nous allons à la plage. Dans l'avenir, …
2. Ces jours-ci, je fais du camping. Quand j'aurai des enfants, …
3. A l'heure actuelle, la plupart des Américains n'ont que quinze jours de congé. Dans vingt ans, …
4. Aujourd'hui, ma famille se détend à la mer. Quand mes parents seront à la retraite, …
5. D'habitude, mes amis s'amusent à la montagne. Lorsqu'ils auront 50 ans, …
6. Mon prof passe toujours ses vacances en Tunisie. A partir de l'année prochaine, …
7. Actuellement, je prends souvent le car. Dès que j'aurai gagné assez d'argent, …
8. De temps en temps, ma mère et moi, nous visitons des musées. Aussitôt que nous ne voyagerons plus ensemble, …

B Des interviews imaginaires. Mettez-vous à deux. L'un(e) d'entre vous est journaliste et l'autre est un personnage célèbre: une vedette de cinéma, un(e) chanteur/chanteuse, un personnage d'une série télévisée, le président des Etats-Unis, etc. Le (La) journaliste pose des questions à la célébrité sur ses projets de vacances et celle-ci répond au futur.

Notez bien: Il y a dans ce genre de situation un certain protocole. Faites attention aux formes interrogatives et utilisez **vous** dans les questions.

> **Modèle:** Où irez-vous en vacances?
> **J'irai à la Martinique.**

Saviez-vous que… ?

Les 20-24 ans partent relativement moins en vacances que les autres: 59% d'entre eux sont partis en 2004. Cette période de transition, qui correspond à la fin des études et à l'entrée dans la vie active, ne favorise pas les départs nombreux et prolongés. Les étudiants ont tendance à utiliser les périodes de vacances pour gagner un peu d'argent et les jeunes actifs n'ont pas encore les moyens de partir. Ainsi, le second motif de non-départ après les raisons financières (43%) pour les 20-24 ans est un motif d'études ou professionnel (27%).

Source: www.insee.fr, 2009

C **Une chaîne d'événements.** Avec vos camarades, faites des projets d'avenir d'après le modèle. Une personne complète la phrase donnée. Les autres enchaînent en formant des phrases contenant les mêmes conjonctions et les mêmes temps que dans le modèle.

> **Modèle:** Après avoir reçu mon diplôme, je…
>
> **Après avoir reçu mon diplôme, j'ai l'intention de trouver un poste.**
> **Dès que j'aurai trouvé un poste, je gagnerai beaucoup d'argent.**
> **Lorsque j'aurai gagné beaucoup d'argent, je me marierai.**
> **Aussitôt que je me serai marié(e), ma femme (mon mari) et moi achèterons une belle maison.**
> **Et finalement, nous aurons beaucoup d'enfants et nous serons très heureux.**

1. Après avoir gagné le gros lot *(jackpot)* à la loterie, je…
2. Après avoir pris leur retraite, mes parents…
3. Après avoir fini nos examens à la fin du semestre, mes amis et moi, nous…
4. Après être allé(e) au Sénégal, mon (ma) prof de français…
5. Et moi, après…

RAPPEL The *conditional form* uses the same stem as the future tense, but it has different endings. It is used to express hypotheses (what would or could happen if certain conditions occurred). For more details, see pages 187–190.

D **Un rêve.** Aimeriez-vous habiter un endroit ou un pays tout à fait différent de celui où vous vous trouvez actuellement? Où iriez-vous? Imaginez votre vie dans cette nouvelle région ou dans cet autre pays: votre logement, votre travail, vos amis, vos distractions, etc. Utilisez le conditionnel pour parler de votre rêve et ensuite, comparez-le à celui d'un(e) ou deux camarades de classe.

E **Les parents se font du souci.** Quand leurs enfants partent en voyage, les parents veulent savoir s'ils sauront se débrouiller en cas de besoin. Un(e) étudiant(e) joue le rôle du parent inquiet et pose la question. L'autre trouve une réponse rassurante, au conditionnel.

> **Modèle:** perdre ton passeport
> PARENT: **Qu'est-ce que tu ferais si tu perdais ton passeport?**
> ENFANT: **J'irais au consulat américain.**

1. rater l'avion
2. tes valises / ne pas arriver
3. ne pas trouver de chambre d'hôtel
4. on / voler ton portefeuille
5. ne plus avoir d'argent
6. les copains avec qui tu voyages / se faire arrêter par la police
7. tomber malade
8. nous / ne pas pouvoir venir te chercher à l'aéroport à ton retour

Continuez le dialogue.

PRÉPARATION GRAMMATICALE

Avant de continuer, révisez les phrases avec **si**, pages 192-194.

RAPPEL The tense used to express a condition determines the tense used to express the result.

Si je n'**ai** pas trop de travail *(présent)*, j'**irai** *(futur)* à la montagne ce week-end.
If I don't have too much work (present), I will go (future) to the mountains this weekend.

Si je n'**étais** pas à la fac *(imparfait)*, j'**aurais** *(conditionnel présent)* plus de temps.
If I were not in school (imperfect), I would have (present conditional) more time.

Si j'**avais appris** *(plus-que-parfait)* à faire du ski, je **serais allé(e)** *(conditionnel passé)* en Suisse.
If I had learned (pluperfect) to ski, I would have gone (past conditional) to Switzerland.

For more details, see pages 192–194.

Saviez-vous que... ?

Avec près de 82 millions visiteurs internationaux en 2007, la France détient la première place mondiale comme destination touristique pour les étrangers. Les voisins européens constituent la plus grande majorité de cette clientèle: Britanniques (15%), Allemands (13%) et Belges (10%). A part les activités «vacances-loisirs», les touristes allemands et italiens sont amateurs de tourisme culturel et de shopping. Les Britanniques et les Belges apprécient particulièrement les sports d'hiver, tout comme les Américains. Les touristes japonais et américains privilégient le tourisme culturel et le shopping.

Source: www.tourisme.gouv.fr 2009

F Des vacances: réalité, rêve et regrets. Créez des petits récits en utilisant les débuts de phrases donnés. Attention au temps et à la forme des verbes.

1. **La réalité:**
   a. Si je pars en vacances l'été prochain, je…
   b. S'il fait beau quand j'arrive, …
   c. Mes amis m'accompagneront si…
   d. Nous nous amuserons si…
   e. Mais nous rentrerons tôt si…

2. **Un rêve:**
   a. Si j'avais un mois de vacances et beaucoup d'argent, je…
   b. Mes amis m'accompagneraient si…
   c. Ces vacances nous plairaient si…
   d. Si je louais une voiture, …
   e. Je ne coucherais pas sous la tente si…

3. **Des regrets.** Vous êtes rentré(e) tôt, il a plu la plupart du temps, vous n'avez pas bien mangé, vous avez eu un accident de voiture, vous vous êtes disputé(e) avec vos amis, et quoi d'autre? Exprimez vos regrets et expliquez ce que vous auriez pu ou auriez dû faire autrement.
   a. Si je n'étais pas allé(e) à / en / au / aux…
   b. S'il avait fait beau, nous…
   c. Si je n'avais pas invité mes amis, …
   d. Je n'aurais pas eu d'accident si…
   e. Je me serais reposé(e) si…

G Tout serait différent. Décrivez les conséquences possibles ou probables dans chaque cas suivant. Comparez vos idées à celles de vos camarades de classe. Attention à la forme et au temps des verbes!

1. Si tous les Américains avaient cinq semaines de congés payés, …
2. Si mes copains avaient appris à faire de l'escalade, …
3. Si nous pouvions partir pour Tahiti, …
4. Si mon professeur de français voulait se cultiver en vacances, …
5. S'il n'y avait pas de tunnel sous la Manche, …
6. Si ma mère me payait mon billet d'avion, …
7. Si j'avais passé l'été à faire du stop, …

Lecture

En 2007, le Belge Didier Tilman décide de créer un site web pour documenter les trois années de son voyage autour du monde, partager quelques-unes de ses aventures, «faire rêver» et donner envie de partir aux autres, dit-il.

ENTRONS EN MATIÈRE

Si vous décidiez de partir, de faire le tour du monde, où iriez-vous? Comment voyageriez-vous? Qu'est-ce que vous emporteriez?

Voyage autour du monde: trois ans de vagabondage

PREMIÈRE PARTIE

Préparatifs: Je suis parti avec la certitude de voyager pour une année; l'aventure a duré trois fois plus longtemps.

Je n'ai jamais respecté le moindre itinéraire que je m'étais fixé; celui-ci a toujours été déterminé et a évolué en fonction des rencontres, par définition aléatoires° et **aléatoires** par hasard
5 imprévisibles.

Je me suis acheté un billet tour du monde valable un an, je n'ai pu utiliser que le premier trajet (Bruxelles-New York) et me faire rembourser le second tronçon° **tronçon** partie (Buenos Aires-Auckland).

J'ai acheté le plus grand sac à dos (que je considérais être mon fil de vie) et l'ai **bourré** *stuffed*
10 bourré° de tout ce qu'il était recommandé d'emmener (pompe à eau, réchaud°, trousse **réchaud** *camping stove* de pharmacie° préparée par une amie médecin, vêtements de rechange en quantité **trousse...** *first aid kit* pour affronter toutes les conditions météorologiques, etc.). Peu à peu je l'ai vidé de son contenu; après plusieurs mois, je l'ai vendu et me suis satisfait d'un plus petit.

La plus belle des surprises enfin: Plus longtemps on voyage, moins on dépense.

À Zanzibar PLUS BLANC QUE BLANC

15 Zanzibar: nom et endroit magiques. Je loue une moto pour aller jusqu'à la pointe nord de l'île. Sur la journée, je me fais arrêter huit fois par un officier de police. Contrôle des papiers. Pas de bol° pour moi: je ne possède pas de permis international; mon permis européen ne m'autorise pas à conduire l'engin sur lequel je me trouve assis. Si je dois
20 payer huit fois une amende ou «une contribution», j'aurais mieux fait de louer une voiture de luxe.

Pas de bol pas de chance

Les sept premiers passages sont franchis sans mal: quelques palabres et excuses confondues suffisent à m'ouvrir (gratuitement) la porte.

Le huitième policier a lui tout de suite repéré «mon manquement grave aux lois du pays»… il le sait… et va vouloir en abuser. Début des discussions; c'est mal parti, il a
25 tout son temps et est décidé à le prendre.

Je suis tout à coup ébloui par la blancheur de son uniforme… Admiratif, je le lui dis et demande comment lui ou son épouse font pour obtenir une telle couleur. Mon tee-shirt qui n'a plus vu une poudre ou un savon depuis bien longtemps lui en serait infiniment reconnaissant… Surpris par la question, il se décrispe° et laisse apparaître
30 un sourire assorti à l'uniforme. On enchaîne sur tout et rien et échangeons finalement nos adresses!

décrispe se détend

Au moment de le saluer, impossible de faire repartir la moto.

Pas de problème, c'est maintenant mon meilleur copain: il appelle un ami garagiste et me pousse pour redémarrer…

envoûté enchanté

35 L'Afrique m'a emballé; les Africains m'ont envoûté.

Pour toujours.

COMPRENEZ-VOUS?

1. Comparez ses préparatifs et la réalité de son voyage.
2. Quels mots du texte caractérisent sa façon de voyager?
3. Quel moyen de transport choisit-il à Zanzibar?
4. Pourquoi a-t-il des ennuis avec la police?
5. Comment se lie-t-il d'amitié avec le huitième policier?
6. Comment trouve-t-il l'Afrique? Quels mots vous le disent?

CHERCHEZ LA FORME

Expliquez l'usage du conditionnel dans la phrase: «Si je dois payer…» (lignes 18–19) Est-ce que l'auteur du passage suit les règles que vous apprenez dans ce chapitre? Pourquoi?

Voyage autour du monde: trois ans de vagabondage

DEUXIÈME PARTIE

Notre voyageur se trouve en Amérique du Sud.

EVITA, L'AMOUR EN VOYAGE

Pour traverser la région des lacs et aller de Puerto Montt[1] (Chili) à Bariloche (Argentine), pas d'autres choix que de passer par une agence de tourisme-Cruce de Lagos-qui offre, sur une journée, de combiner bus, ferries, snow car° pour traverser 40 la frontière.

snow car *snow cat*

Pour limiter les frais, je fais le premier tronçon en auto-stop et rejoins Petrohue où une famille m'accueille pour la nuit. Après un solide petit déjeuner j'attends les touristes arrivés en bus et me mêle à eux pour prendre le premier ferry de la journée. Une jolie coordinatrice me demande mon billet et m'accueille à bord. Le temps est 45 exécrable: une enveloppe épaisse de nuage empêche de voir le paysage qui, en principe, doit être la seule raison d'être là… J'entame donc la rédaction de mon journal de bord… avant d'être rejoint par la charmante coordinatrice… Eva-c'est son nom-prend grand soin de moi (sauf à l'heure du repas: je me contente de mon sandwich alors que les autres profitent d'un bon restaurant). Le temps ne s'améliore pas. Nous 50 passons donc une grande partie de la journée à parler ensemble.

Arrivés au soir à Bariloche, le bus dépose un à un les touristes dans leur hôtel respectif. Je reste le dernier à bord… et invite Eva à continuer notre conversation autour d'un bon steak au soir. Elle accepte.

Avant de retourner sur Puerto Montt, Eva a trois jours libres que nous passons en-55 semble. Je promets de venir la revoir après avoir été jusque tout en bas du continent.

Un mois plus tard je la retrouve… et reste dans sa famille un mois supplémentaire.

Mon tour du monde a failli° s'arrêter là-ce qui aurait sans doute été une frustra-tion éternelle-et un beau matin je décide de continuer ma route, le plus loin possible: 48 heures de bus non stop et second avion de mon tour du monde pour la Nouvelle-60 Zélande… Eva est toujours restée dans mes esprits et souvent mentionnée dans mon journal intime. On a gardé pendant deux ans contact de manière régulière par cour-rier, téléphone et fax. Elle a accepté ma seconde invitation de venir visiter l'Europe à mon retour de voyage. Elle est venue, a vu et a vaincu.

a failli *s'est presque*

C'était sans doute un signe indéfectible° de notre légende personnelle (dixit Paulho 65 Coelho[2]): notre mini-trip nous amène au musée océanographique Jacques Cousteau à Monaco. Sur le haut des façades du bâtiment, une dizaine de noms gravés. Notre regard tombe sur ceux de la façade principale: Belgica–Talisman–Valdivia. La Belgique et Val-divia (ville d'où est originaire Eva) déjà protégés et réunis par la magie (de l'amour)… Nous nous sommes depuis lors mariés et avons aujourd'hui deux charmants bambins, 70 Océane et Amadéo.

indéfectible *sûr*

---

[1] Ville du sud du Chili, sur le Pacifique
[2] Ecrivain brésilien

Didier Tilman

Eva et Didier au Chili

COMPRENEZ-VOUS?

1. Quels sont les moyens de transport qu'il doit uti-liser pour traverser la frontière entre le Chili et l'Argentine?
2. Quels détails indiquent que le narrateur a moins d'argent que les touristes avec qui il fait le voyage?
3. Quel temps fait-il pendant le trajet? Quel rôle joue le temps dans le rapport qui se développe entre le nar-rateur et Eva?
4. Que font le narrateur et Eva pour permettre à leur relation d'évoluer?
5. A quel moment décident-ils de rester ensemble?

CHERCHEZ LA FORME

1. Du présent au passé: Dans le paragraphe qui commence par «Pour limiter les frais... » , mettez tous les verbes conjugués au passé composé.
2. Le passé et les infinitifs: Dans le paragraphe qui commence par «Eva est tou-jours restée... » , identifiez les verbes au passé composé et donnez leur infinitif.

ALLEZ PLUS LOIN

Avec un(e) camarade de classe, créez des dialogues entre Didier et Eva: (1) sur le ferry quand ils viennent de se rencontrer; (2) dans sa famille après un mois, juste avant le départ de Didier pour la Nouvelle-Zélande; (3) quand ils se retrouvent en Europe.

Activités d'expansion

A En famille. Il n'est pas toujours facile de se mettre d'accord sur la destination des vacances. La situation se complique s'il y a plusieurs enfants ou même des grands-parents qui partent ensemble. Formez un groupe de quatre ou cinq et jouez la scène où une famille essaie de se mettre d'accord.

1. D'abord, choisissez votre rôle: mère, père, grand-parent ou enfant (de quel âge?).
2. Ensuite, pendant quelques minutes, travaillez seul(e) et pensez à ce que votre personnage voudrait faire en vacances. Où désire-t-il aller? Avec qui?, etc.
3. Enfin, discutez de vos idées en groupe. Il faut trouver une solution qui convient à tout le monde et que vous expliquerez plus tard à la classe.

Si vous voulez interrompre:

Patiemment	*Impatiemment*
Une minute...	Attends! / Attendez!
Pardon...	Mais enfin...
Excuse-moi... / Excusez-moi...	Non, mais écoute!...
J'aimerais dire une chose...	Alors là...
	Mais attention...

B Débat: L'importance des voyages

Formez deux groupes. Un groupe va expliquer la validité de la première phrase. L'autre groupe va soutenir l'opinion exprimée dans la deuxième phrase. Les membres des deux groupes préparent individuellement des arguments pour justifier leur point de vue et choisissent ensuite en groupe les meilleurs d'entre eux. Ils les présentent ensuite à l'autre groupe qui donne ses réactions. Pour conclure, votez pour voir ce que pensent la plupart des étudiants.

1. Les voyages ne nous apprennent plus rien puisqu'avec Internet, on a accès au monde entier sans sortir de chez soi.
2. Voyager joue un rôle essentiel dans l'éducation de chaque individu.

Si vous êtes d'accord, vous pouvez dire:

Oui, c'est vrai…

Moi aussi, je pense que…
C'est une bonne idée de…
Tu as raison de dire que…
C'est génial ce que tu dis, parce que…
Je suis entièrement d'accord avec toi car…

Si vous n'êtes pas d'accord, vous pouvez répondre:

Non, je ne crois pas que…
Je crois que tu te trompes…
Je regrette, mais tu as tort de dire que…
A mon avis…
Moi, je ne suis pas d'accord parce que…
Au contraire, je pense que…
Je ne partage pas ton point de vue à ce sujet car…

Reuters / Corbis

C Paris Plages.
Lisez le texte suivant sur Paris Plages. Si vous deviez passer une semaine à Paris en août, participeriez-vous aux activités de Paris Plages? Auxquelles et pourquoi? Faites des recherches sur Internet sur ce qu'on peut y faire.

> Paris Plages est une opération estivale menée par la mairie de Paris depuis 2002. Chaque année, entre juillet et août, pendant environ 4 à 5 semaines, sur 3,5 km, la voie sur berge rive droite de la Seine et la place de l'Hôtel-de-Ville ainsi que des sites annexes—comme le bassin de la Villette—accueillent des activités ludiques et sportives (pétanque, mini-golf, taï-chi, fitness, baignade, bateau, etc.), des plages de sable et d'herbe, des palmiers… L'objectif principal est de donner l'occasion aux habitants de la région ne partant pas en vacances de profiter d'activités qui sont habituellement pratiquées sur les plages littorales.
>
> Source: www.paris.fr

Ciné et télé

Clare Tufts

 A LE CINÉMA

Mots apparentés: le cinéma; la salle de cinéma; le film: comique, musical, d'animation, d'aventures, de science-fiction, d'horreur, historique, politique, érotique, pornographique; la comédie musicale; le drame (psychologique); le western; le documentaire; le thriller

le film...	... movie
policier	detective
d'espionnage	spy
de guerre	war
fantastique	fantasy
le (grand) classique	classic

le court métrage	short film
le dessin animé	cartoon
la bande annonce	preview, trailer
le film en couleurs	film in color
en noir et blanc	in black and white
en version originale (en VO)	original version
doublé	dubbed
sous-titré	subtitled
muet	silent
l'écran m.	screen
le (la) réalisateur (-rice)	director
le (la) scénariste	screenwriter

Pour obtenir des exercices et activités supplémentaires sur le contenu de ce chapitre, rendez-vous sur le site www.cengage.com/login.

Clare Tufts

l'acteur (-trice)	actor (actress)
la vedette, la star	star
le personnage (principal)	(main) character
le (la) cinéphile	movie buff
l'intrigue f.	plot
le dénouement	ending, conclusion
le décor	set
les effets spéciaux m.	special effects
jouer, interpréter un rôle	to play a role
tourner un film	to make a movie
regarder un film	to watch a movie

B LA TÉLÉVISION

le téléviseur	TV set
à la télé	on TV
le (la) téléspectateur (-trice)	television viewer
la chaîne	channel
la télévision par câble	cable television
avoir le câble	to have cable television
la télévision par satellite	satellite television
la télévision par internet	internet television
le home cinéma	home theater entertainment system
la programmation	programming
l'émission f.	program
les informations f. (les infos), le journal (télévisé) (le JT)	the news
le feuilleton	soap opera
la série	television series
le téléfilm	movie made for television
la télé-réalité	reality television
le jeu télévisé	game show
la publicité, la pub	ads, commercials
la télécommande	remote control
zapper	to channel surf
le zapping	channel surfing
le caméscope (numérique)	(digital) video camera
le lecteur DVD	DVD player
copier un DVD	to copy a DVD
graver un DVD	to burn a DVD

PRÉPARATION GRAMMATICALE

Avant de commencer ce chapitre, révisez la négation, pages 197–200.

A votre avis, la télévision a-t-elle une influence positive ou négative sur les enfants? Et sur les adultes?

Vocabulaire

Ⓐ Les films que je préfère... Parmi les six catégories suivantes, choisissez-en quatre. Pour chacune d'elles, donnez le titre de votre film préféré.

film de science-fiction	film d'horreur	grand classique
film d'aventures	film français	dessin animé

Ensuite, trouvez une personne dans la classe avec qui vous avez au moins un titre en commun. Discutez des raisons de vos choix.

Ⓑ Comment dit-on? Trouvez le mot de la liste A du vocabulaire qui correspond à chaque explication suivante.

1. ensemble des événements qui forment le nœud *(crux)* d'un film
2. personne qui dirige toutes les opérations de préparation et de réalisation d'un film
3. artiste dont la profession est de jouer un rôle à l'écran (télé ou cinéma)
4. amateur et connaisseur en matière de cinéma
5. personne qui jouit d'une grande renommée, une célébrité
6. film dont la bande sonore originale a été remplacée par une bande sonore en langue étrangère
7. la conclusion de l'intrigue
8. extrait d'un film qu'on projette avant le début du film principal

Ⓒ Devinettes. Choisissez un mot de la liste B du vocabulaire et expliquez-le en français. Vos camarades de classe vont deviner de quel mot il s'agit.

Modèle: Ce qu'on utilise pour changer la chaîne à la télé.
la télécommande

ⓓ Qu'est-ce qu'on regarde? Avec trois de vos ami(e)s, vous décidez de regarder la télé ce soir, mais vous n'arrivez pas à vous entendre sur le choix de l'émission: le journal télévisé, un jeu télévisé, un feuilleton ou un téléfilm? Mettez-vous en groupes de quatre. Parmi les quatre émissions proposées, chaque personne choisit «sa préférée». A tour de rôle, chaque personne essaie de convaincre les trois autres que son émission sera la meilleure.

PRÉPARATION GRAMMATICALE

Avant de continuer, révisez les pronoms relatifs, pages 200–202.

Lecture

Saviez-vous que... ?

La télévision analogique a cessé d'exister partout aux Etats-Unis le 12 juin 2009. Depuis ce jour-là, les téléspectateurs américains doivent être équipés d'un téléviseur «numérique intégré» ou d'un adaptateur. La télévision analogique disparaît plus progressivement en France. La ville de Coulommiers, en Seine-et-Marne (60 km à l'est de Paris), a été la première ville de France à arrêter la télévision analogique terrestre le 4 février 2009 et à ne plus recevoir que la transmission numérique. Lancée fin mars 2005, la télévision numérique terrestre (TNT) est aujourd'hui accessible à environ 90% des téléspectateurs métropolitains, mais elle cohabite avec la télévision analogique, qui restait, fin septembre 2008 la seule présente dans 29% des foyers français. Pour la suite, l'extinction du signal analogique devrait se dérouler, région par région du début 2010 jusqu'au 30 novembre 2011, date fixée par la loi pour l'extinction définitive de l'analogique en France.

Auteur, dessinateur, graveur, Albert Robida (1848–1926) était un visionnaire du XXᵉ siècle beaucoup moins connu que son contemporain Jules Verne. Dans ses trois romans (*Le Vingtième Siècle,* 1883, *La Guerre au vingtième siècle,* 1887 et *La Vie électrique,* 1890), Robida imagine le siècle à venir: le métro, le train à grande vitesse, l'avion à réaction (le jet), les infos à la radio 24/7, les bombardements, les rayons X, mais aussi les technologies de communication et en particulier le téléphonoscope, véritable préfiguration de la télévision[1]. Dans le texte qui suit, vous lirez la description de cette invention, extraite du *Vingtième Siècle.* Notez que l'histoire se passe au début des années 1950.

---

[1] Le 7 septembre 1827 est la date de la première transmission électronique de vidéo, inventée par l'Américain Philo T. Farnsworth; en revanche, la télévision pour le grand public ne s'est répandue ni aux Etats-Unis ni à l'étranger avant la fin des années 1940.

L'image à la page 87 est une des illustrations faites par Robida pour la première édition du *Vingtième Siècle*. Qu'est-ce que vous y voyez? Comment sont les gens? Que font-ils?

La télévision—un rêve du XIXe siècle

Parmi les sublimes inventions dont le XXe siècle s'honore, parmi les mille et une merveilles d'un siècle si fécond en magnifiques découvertes, le téléphonoscope peut compter pour une des plus merveilleuses, pour une de celles qui porteront le plus haut la gloire de nos savants. L'ancien télégraphe électrique[2], cette enfantine application de l'électricité, a été
5 détrôné par le téléphone[3] et ensuite par le téléphonoscope, qui est le perfectionnement suprême du téléphone. L'ancien télégraphe permettait de comprendre à distance un correspondant ou un interlocuteur, le téléphone permettait de l'entendre, le téléphonoscope permet en même temps de le voir. Que désirer de plus? [...]

outre en plus de
fil *wire*
Les théâtres eurent ainsi, outre° leur nombre ordinaire de spectateurs dans la salle,
10 une certaine quantité de spectateurs à domicile, reliés au théâtre par le fil° du téléphonoscope. Nouvelle et importante source de revenus. Plus de limites maintenant
recettes l'argent reçu (pour les billets d'entrée) / **pièce** *play*
abonnés ici, ceux qui ont un téléphonoscope chez eux
aux bénéfices, plus de maximum de recettes°! Quand une pièce° avait du succès, outre les trois ou quatre mille spectateurs de la salle, cinquante mille abonnés°, parfois, suivaient les acteurs à distance; cinquante mille spectateurs non seulement de Paris,
15 mais encore de tous les pays du monde.

Auteurs dramatiques, musiciens des siècles écoulés! ô Molière, ô Corneille, ô Hugo, ô Rossini![4] qu'auriez-vous dit au rêveur qui vous eût annoncé qu'un jour cinquante
éparpillées dispersées
mille personnes, éparpillées° sur toute la surface du globe, pourraient de Paris, de Pékin ou de Tombouctou, suivre une de vos œuvres jouée sur un théâtre parisien,
palpiter... *tremble through the violent episodes*
20 entendre vos vers, écouter votre musique, palpiter aux péripéties violentes° et voir en même temps vos personnages marcher et agir?

Voilà pourtant la merveille réalisée par l'invention du téléphonoscope. La Compagnie universelle du téléphonoscope théâtral, fondée en 1945, compte maintenant plus de six cent mille abonnés répartis dans toutes les parties du monde; c'est cette Compagnie
subventions *subsidies*
25 qui centralise les fils et paye les subventions° aux directeurs de théâtres.
encastrée... *recessed in the wall*
L'appareil consiste en une simple plaque de cristal, encastrée dans une cloison d'appartement°, ou posée comme une glace au-dessus d'une cheminée quelconque. L'amateur de spectacle, sans se déranger, s'assied devant cette plaque, choisit son
représentation *performance*
théâtre, établit sa communication et tout aussitôt la représentation° commence.
30 Avec le téléphonoscope, le mot le dit, on voit et l'on entend. Le dialogue et la musique sont transmis comme par le simple téléphone ordinaire; mais en même temps,
éclairage *lighting*
la scène elle-même avec son éclairage°, ses décors et ses acteurs, apparaît sur la grande plaque de cristal avec la netteté de la vision directe; on assiste donc réellement à la représentation par les yeux et par l'oreille. L'illusion est complète, absolue; il semble
loge... *front row seat*
35 que l'on écoute la pièce du fond d'une loge de premier rang°.

From: Albert Robida, *Le Vingtième Siècle*, 1883

[2] inventé par Samuel Morse; premier message envoyé en 1844
[3] inventé en 1876 par Alexander Graham Bell
[4] Molière (1622–1673), Corneille (1606–1684), Hugo (1802–1885): auteurs dramatiques français; Rossini (1792–1868): compositeur italien, notamment d'opéras

COMPRENEZ-VOUS?

1. Pourquoi le téléphonoscope est-il considéré comme «le perfectionnement suprême du téléphone»?
2. Quelle programmation Robida imagine-t-il pour ses téléspectateurs des années 1950?
3. Qu'est-ce que la Compagnie universelle du téléphonoscope théâtral?
4. En quoi l'installation du téléphonoscope décrite dans ce roman ressemble-t-elle à l'installation sophistiquée du home cinéma d'aujourd'hui?
5. Quels sont les avantages d'avoir un téléphonoscope chez soi selon ce roman?

CHERCHEZ LA FORME

1. Identifiez le temps et l'infinitif de **eurent** (ligne 9) et de **auriez-vous dit** (ligne 17).
2. **Eût annoncé** (ligne 17) est la forme alternative (2ᵉ forme) du conditionnel passé. Mettez-la à la forme que vous avez apprise dans le chapitre 5.
3. Plusieurs infinitifs sont liés au verbe **pourraient** (ligne 18). Identifiez le temps et le mode de **pourraient** et énumérez les infinitifs.

ALLEZ PLUS LOIN

Pourquoi, à votre avis, Robida ne parle-t-il pas d'une programmation plus variée? En plus des pièces de théâtre et des opéras, quelles autres possibilités pouvez-vous imaginer pour les années 1950?

Applications

A A la recherche de l'argent. Vous rêvez de devenir scénariste et vous avez choisi le dessin animé comme point de départ pour cette nouvelle carrière. Imaginez que vous vous trouvez en réunion avec un directeur de production *(producer)* chez Walt Disney Studios qui vient de rejeter votre premier scénario. Complétez le dialogue en utilisant des expressions négatives variées.

Modèle: VOUS: Mais monsieur, tout le monde aimerait ce dessin animé.
     LE DIRECTEUR: **Non. Personne n'aimerait ce dessin animé.**

1. VOUS: Il y a quelque chose de nouveau dans mon film. *Il n'y a rien*
     LE DIRECTEUR:
2. VOUS: L'intrigue est très intéressante.
     LE DIRECTEUR:
3. VOUS: Tous les personnages sont fascinants.
     LE DIRECTEUR:

4. VOUS: Le dénouement est heureux et romantique.
    LE DIRECTEUR: *n'est ni heureux ni romantique*

5. VOUS: Les critiques aiment toujours ce genre de dénouement.
    LE DIRECTEUR: *n'aiment jamais*

6. VOUS: Avez-vous déjà lu tout le manuscrit?
    LE DIRECTEUR:

Continuez ce dialogue avec un(e) partenaire…

B **Vive la télé!** Vous aimez regarder la télévision et vous trouvez qu'elle a une influence très positive sur les adultes aussi bien que sur les enfants. Défendez les avantages de la télévision en mettant toutes les phrases suivantes à l'affirmatif.

1. Aucune émission n'est bonne.
2. La pub n'est jamais captivante.
3. Personne ne regarde les émissions de télé-réalité.
4. Le journal télévisé n'est pas encore aussi bon que la presse.
5. Les enfants ne trouvent rien qu'ils aiment à la télé.
6. Ni les téléfilms ni les feuilletons ne sont meilleurs que les films qui passent au cinéma.
7. La télévision n'aide pas du tout les enfants à développer leur imagination.
8. Je ne connais personne qui aime les séries.
9. Rien n'est logique dans la programmation.
10. La plupart des téléspectateurs ne sont jamais contents.

C **Le positif et le négatif.** Pierre et Norbert sont frères, mais ils n'ont pas du tout le même caractère ni les mêmes intérêts. Pierre est toujours positif et Norbert est toujours négatif! Voici une petite histoire au sujet de Pierre. Transformez cette histoire pour qu'elle s'applique à Norbert en mettant les phrases à la forme négative.

1. Pierre était très content d'aller au cinéma.
2. Il a beaucoup aimé le film qu'il a vu.
3. Il avait déjà vu d'autres films du même réalisateur.
4. Tout était intéressant dans l'intrigue.
5. Tous les acteurs étaient très bons.
6. Il a été impressionné par les décors et les effets spéciaux.
7. Il a parlé avec beaucoup de gens qui ont aimé ce film.
8. Il est rentré très satisfait de sa soirée.
9. Ses amis lui ont demandé comment il avait trouvé ce film.
10. Pierre a toujours préféré le cinéma à la télévision.

RAPPEL   In French, as in English, *relative pronouns* allow you to qualify or expand on something you are saying by attaching a second clause. In this second clause (called relative or subordinate clause) the relative pronoun can function as the subject, the direct object, or the object of a preposition. For more details, see pages 201–203.

D **Le fabuleux destin d'Amélie Poulain.** Identifiez la fonction de chaque pronom relatif souligné dans les phrases suivantes. Choisissez parmi:

> sujet
> objet direct
> objet de la préposition **de**
> objet d'une préposition autre que **de**
> équivalent d'une préposition + **lequel** (exprime le temps ou le lieu)

1. *Amélie* est le titre <u>qu'</u>on donne à la version anglaise du film français *Le fabuleux destin d'Amélie Poulain.*
2. Amélie est une fille <u>dont</u> la mère est morte écrasée par une personne tombée de Notre-Dame.
3. Elle a un père <u>qui</u> s'intéresse plus à son nain de jardin qu'à elle.
4. Elle quitte la maison de ses parents et s'installe à Paris <u>où</u> elle travaille comme serveuse.
5. Un jour, elle trouve <u>ce qu'</u>elle veut faire dans la vie: améliorer la vie des autres.
6. Elle aide la concierge <u>qui</u> ne s'est jamais remise de la mort de son mari.
7. Elle aide son voisin <u>qu'</u>on appelle «l'homme de verre» parce que ses os se cassent facilement.
8. Elle aide un jeune homme <u>dont</u> le patron se moque de manière assez cruelle.
9. Elle rend visite à son père à <u>qui</u> le nain de jardin disparu envoie des cartes postales de partout dans le monde!
10. Il faut voir le film pour savoir <u>ce qui</u> se passe une fois qu'Amélie a rencontré Nino.

E **Une comédie classique.** Complétez les phrases suivantes avec les pronoms relatifs qui conviennent.

1. *Le Viager* est un film comique français _____ on m'a parlé récemment.
2. Goscinny, _____ on connaît comme scénariste de la bande dessinée *Astérix,* a écrit le scénario de ce film avec Pierre Tchernia.
3. C'est l'histoire d'un célibataire de 59 ans _____ est persuadé par son médecin de lui vendre en viager[5] sa propriété à Saint-Tropez.
4. Mais il ne meurt pas, _____ désespère la famille du médecin.
5. En fait, ce vieil homme semble retrouver une seconde jeunesse dans sa propriété sur la Côte d'Azur _____ il fête son centième anniversaire avant le dénouement de l'histoire!

F **Donnez un coup de main!** Pour son cours de français, un de vos amis doit écrire un court texte sur son film préféré. Afin de rendre le style plus fluide, le professeur a demandé d'utiliser autant de pronoms relatifs que possible. Aidez votre ami à lier les phrases de son texte avec des pronoms relatifs variés. Vous pouvez aussi changer des noms sujets en pronoms sujets, si nécessaire.

> Je vais parler de *Titanic. Titanic* est un de mes films préférés. Les personnages principaux de cette histoire sont une jeune femme et un jeune homme. La jeune femme voyage avec son fiancé riche. Le jeune homme est très pauvre. Le fiancé n'est pas gentil. La jeune femme a un peu peur de lui. Le jeune homme fait un dessin de la jeune femme nue. Le fiancé découvre le dessin. La jeune femme tombe amoureuse du jeune homme. Le fiancé se méfie de *(distrusts)* la jeune femme. Quand le bateau commence à couler *(sink),* le fiancé monte dans un canot de sauvetage *(lifeboat).* Cette action réduit le nombre de places disponibles pour les femmes et les enfants. La jeune femme refuse de quitter le bateau sans le jeune homme. Je trouve cela très romantique! Le jeune homme reste trop longtemps dans l'eau. La température de l'eau est très basse. Le jeune homme

---

[5] Vendre en viager *to sell a house so as to provide the seller with a life of annuity (Larousse).*

Saviez-vous que… ?

Selon Ginette Vincendeau, une critique de cinéma français, l'image du cinéma français à l'étranger est celle d'un cinéma qui s'adresse généralement à un public âgé d'au moins la quarantaine et relativement cultivé. C'est aussi l'image d'un cinéma qui parle trop. Il a également la réputation d'être lent. Les films français et leurs *remakes* ont un rythme différent, même s'ils sont du même réalisateur. Les scènes d'action de *Nikita* («La Femme Nikita» en version originale; réalisateur Luc Besson pour les deux versions) sont ainsi magnifiées et multipliées dans la version américaine.

Source: www.lemensuel.net, dossier «Cinéma européen», le 13 mai 2009 meurt dans l'eau froide. La jeune femme se rend compte de cela quand elle se réveille. La jeune femme est sauvée par des gens. Ces gens entendent le bruit de son sifflet *(whistle)*. L'acteur Leonardo DiCaprio est devenu le héros de toutes les adolescentes à la sortie du film. Leonardo DiCaprio a interprété le rôle du jeune homme. La chanson thème du film était interprétée par Céline Dion. Beaucoup de gens ont acheté l'enregistrement de cette chanson.

G Vous et la télé. Créez des phrases originales en utilisant les éléments donnés.

1. l'émission de télé-réalité / que
2. le journal télévisé / qui
3. un jeu télévisé / dont
4. un feuilleton / dans lequel
5. la pub / où

david sanger photography / Alamy

Lecture

Albert Camus (1913–1960) est né en Algérie mais a passé la plus grande partie de sa vie adulte en France. Ses œuvres les plus connues sont les romans *L'Étranger* (1942) et *La Peste* (1947), les pièces de théâtre *Caligula* (1938) et *Le Malentendu* (1944) et les essais philosophiques *Le Mythe de Sisyphe* (1942) et *L'Homme révolté* (1951). Camus est mort dans un accident de voiture en 1960, trois ans après avoir reçu le Prix Nobel. Au moment de sa mort, il préparait une nouvelle œuvre à laquelle il avait donné le titre provisoire *Le Premier Homme*. Le texte que vous allez lire est tiré de ce manuscrit inachevé, publié chez Gallimard en 1994.

ENTRONS EN MATIÈRE

Avez-vous déjà vu un film muet? Si oui, lequel? Quel âge aviez-vous quand vous l'avez vu? Quelle a été votre réaction? Si vous n'avez jamais vu de film muet, expliquez pourquoi. Pensez-vous qu'un spectateur regarde un film muet de la même façon qu'il regarde un film parlant? Quelles pourraient être les différences?

POUR MIEUX COMPRENDRE

Aujourd'hui, avant le début d'un film, on projette souvent des annonces publicitaires ou des bandes annonces. Parcourez les premières lignes du texte de Camus pour découvrir ce qu'on projetait au cinéma décrit par le narrateur.

Le Premier Homme

PREMIÈRE PARTIE

Les séances de cinéma réservaient d'autres plaisirs à l'enfant... [...] Jacques escortait sa grand-mère qui, pour l'occasion, avait lissé ses cheveux blancs et fermé son éternelle robe noire d'une broche d'argent. [...] Le cinéma projetait alors des films muets, des actualités° d'abord, un court film comique, le grand film et pour finir un film à

5 épisodes, à raison d'un bref épisode par semaine. La grand-mère aimait particulièrement ces films en tranches dont chaque épisode se terminait en suspens. Par exemple le héros musclé portant dans ses bras la jeune fille blonde et blessée s'engageait sur un pont de lianes° au-dessus d'un cañon° torrentueux. Et la dernière image de l'épisode hebdomadaire° montrait une main tatouée qui, armée d'un couteau primitif, tran-

10 chait les lianes du ponton°. Le héros continuait de cheminer superbement malgré les avertissements vociférés des spectateurs des «bancs»°. La question alors n'était pas de savoir si le couple s'en tirerait°, le doute à cet égard n'étant pas permis, mais seulement de savoir comment il s'en tirerait, ce qui expliquait que tant de spectateurs, arabes et français[6], revinssent° la semaine d'après pour voir les amoureux arrêtés dans leur

15 chute mortelle par un arbre providentiel. Le spectacle était accompagné tout au long au piano par une vieille demoiselle qui opposait aux lazzis° des «bancs» la sérénité immobile d'un maigre dos en bouteille d'eau minérale capsulée d'un col de dentelle°. Jacques considérait alors comme une marque de distinction que l'impressionnante demoiselle gardât des mitaines° par les chaleurs les plus torrides. Son rôle d'ailleurs n'était pas

20 aussi facile qu'on eût pu° le croire. Le commentaire musical des actualités, en particulier, l'obligeait à changer de mélodie selon le caractère de l'événement projeté. Elle passait ainsi sans transition d'un gai quadrille° destiné à accompagner la présentation des modes de printemps à la marche funèbre de Chopin à l'occasion d'une inondation° en Chine ou des funérailles d'un personnage important dans la vie nationale ou inter-

25 nationale. Quel que soit le morceau, en tout cas, l'exécution était imperturbable [...]. C'était elle en tout cas qui arrêtait d'un coup le vacarme° assourdissant en attaquant à pleines pédales le prélude qui était censé créer l'atmosphère de la matinée. Un énorme vrombissement° annonçait que l'appareil de projection se mettait en marche, le calvaire° de Jacques commençait alors.

---

[6] Cette histoire se passe en Afrique du Nord.

actualités informations

lianes *vines* / **cañon** *canyon*
hebdomadaire qui passe toutes les semaines / **ponton** *floating bridge* / **bancs** les places bon marché / **s'en...** échapperait à cette situation
revinssent (imparfait du subjonctif) sont revenus
lazzis *jeers, hooting*
col... *lace collar*

mitaines gants dont les doigts sont coupés / **eût...** (plus-que-parfait du subjonctif) aurait pu
quadrille air de danse
inondation *flood*

vacarme grand bruit fait par les spectateurs
vrombissement *humming*
calvaire *suffering*

COMPRENEZ-VOUS?

1. Qu'est-ce qui assurait le retour des spectateurs chaque semaine?
2. Est-ce que la salle était silencieuse pendant la projection du film muet? Expliquez.
3. Que pensait Jacques de la femme qui jouait du piano? Comment est-ce que l'apparence physique de cette femme aide à créer cette impression?
4. Selon Jacques, pourquoi le travail de cette femme n'était-il pas facile?
5. Comment se comportaient les autres spectateurs dans la salle?
6. Dites quel temps verbal prédomine dans cette description. Qu'est-ce que ce temps suggère au sujet de l'importance du cinéma dans la vie de Jacques et de sa grand-mère?

CHERCHEZ LA FORME

Trouvez tous les pronoms relatifs dans ce passage, puis identifiez leur fonction (sujet, objet direct, etc.).

Le Premier Homme

DEUXIÈME PARTIE

30 Les films, étant muets, comportaient en effet de nombreuses projections de texte écrit qui visaient° à éclairer l'action. Comme la grand-mère ne savait pas lire, le rôle de Jacques consistait à les lui lire. Malgré son âge, la grand-mère n'était nullement sourde°. Mais il fallait d'abord dominer le bruit du piano et celui de la salle, dont les réactions étaient généreuses. De plus, malgré l'extrême simplicité de ces textes, beaucoup des
35 mots qu'ils comportaient n'étaient pas familiers à la grand-mère et certains même lui étaient étrangers. Jacques, de son côté, désireux d'une part de ne pas gêner les voisins et soucieux surtout de ne pas annoncer à la salle entière que la grand-mère ne savait pas lire (elle-même parfois, prise de pudeur, lui disait à haute voix, au début de la séance: «tu me liras, j'ai oublié mes lunettes»), Jacques donc ne lisait pas les textes aussi fort qu'il
40 eût pu le faire. Le résultat était que la grand-mère ne comprenait qu'à moitié, exigeait qu'il répète le texte et qu'il le répète plus fort. Jacques tentait de parler plus fort, des «chut»° le jetaient alors dans une vilaine honte, il bafouillait°, la grand-mère le grondait° et bientôt le texte suivant arrivait, plus obscur encore pour la pauvre vieille qui n'avait pas compris le précédent. La confusion augmentait alors jusqu'à ce que Jacques retrouve
45 assez de présence d'esprit pour résumer en deux mots un moment crucial du *Signe de Zorro* par exemple, avec Douglas Fairbanks père. «Le vilain veut lui enlever la jeune fille», articulait fermement Jacques en profitant d'une pause du piano ou de la salle.

Tout s'éclairait, le film continuait et l'enfant respirait. En général, les ennuis s'arrêtaient là. Mais certains films du genre *Les Deux Orphelines* étaient vraiment trop compliqués,
50 et, coincé° entre les exigences de la grand-mère et les remontrances de plus en plus irritées de ses voisins, Jacques finissait par rester coi°. Il gardait encore le souvenir d'une de ces séances où la grand-mère, hors d'elle, avait fini par sortir, pendant qu'il la suivait en pleurant, bouleversé à l'idée qu'il avait gâché° l'un des rares plaisirs de la malheureuse et le pauvre argent dont il avait fallu le payer.

visaient *aimed*
sourde *deaf*

«chut» *"hush"* / **bafouillait**
parlait de façon incohérente /
grondait *scolded*

coincé pris
coi silencieux

gâché *spoiled*

Albert Camus, *Le premier homme* © Editions Gallimard; www.gallimard.fr

COMPRENEZ-VOUS?

1. Qu'est-ce qu'il y avait dans les films muets qui aidait les spectateurs à comprendre l'action?
2. Qu'est-ce que Jacques et sa grand-mère voulaient cacher aux autres spectateurs?
3. Que faisait Jacques pour aider sa grand-mère à comprendre?
4. Pourquoi est-ce que Jacques ne réussissait pas toujours à aider sa grand-mère?
5. Expliquez le comportement de Jacques à la fin de ce passage.

CHERCHEZ LA FORME

Il y a six pronoms relatifs dans ce passage. Trouvez-en cinq, puis transformez les propositions relatives en phrases complètes logiques.

Notez que le sixième et dernier pronom relatif du texte (**dont**, ligne 54) remplace **de** dans l'expression **payer de,** synonyme de **payer avec:** «… il la suivait en pleurant, bouleversé à l'idée qu'il avait gâché… le pauvre argent dont (avec lequel) il avait fallu payer (l'un des rares plaisirs de la malheureuse)».

ALLEZ PLUS LOIN

En quoi la situation des spectateurs de films muets décrits par Jacques ressemble-t-elle à celle des spectateurs d'un film sous-titré?

Activités d'expansion

Ⓐ Les films étrangers. Que pensez-vous des films étrangers? Les préférez-vous aux films américains? Préférez-vous les films étrangers sous-titrés ou doublés? Pourquoi? Quel est votre film étranger favori? Quel est le film étranger le plus mauvais que vous ayez jamais vu?

Ⓑ Chez soi? Préférez-vous regarder un film au cinéma, à la télévision, en DVD ou sur l'ordinateur? Quels sont les avantages et les inconvénients de chaque méthode de diffusion?

Ⓒ Débat: La technologie exerce-t-elle une bonne ou une mauvaise influence sur les enfants? La classe est divisée en trois pour débattre de l'influence (1) de la télévision, (2) des jeux vidéo et (3) d'Internet sur les enfants. Les membres de chaque groupe préparent individuellement une liste des raisons pour lesquelles «leur» technologie exerce la meilleure influence sur les enfants. Ensuite, ils comparent leurs listes à celles des autres membres de leur groupe et choisissent les cinq meilleurs arguments. Enfin, les groupes présentent leurs arguments et les débattent.

Interlude 2

Travailler plus… ?

Sipa/AP Photo

Lecture

Voici les paroles d'une chanson tirée du sixième album de Tryo, *Ce que l'on sème*, sorti en septembre 2008. La musique de ce groupe prend comme son point de départ le reggae acoustique, mais on découvre dans certaines chansons une forte influence brésilienne, indienne et même touareg[1]. Né en 1995, Tryo est composé de quatre membres sur scène–Guizmo (Cyril Célestin), Mali (Christophe Petit), Manu (Emmanuel Eveno), Daniel (Daniel Bravo)–et de leur ingénieur du son, Bibou (Sébastien Pujol). Le groupe Tryo se distingue dans son travail par son approche engagée de la musique. Un grand nombre de ses chansons parlent de l'actualité nationale, et le groupe s'est activement impliqué au côté de l'association Greenpeace pour souligner des urgence à l'échelle mondiale.

---

[1] Les Touaregs vivent dans le Sahara central (en Algérie et en Libye) et sur les bordures du Sahel (au Niger, au Mali et au Burkina Faso). Ils sont souvent appelés «les hommes bleus» à cause de la couleur de leurs chèches (le tissu qui couvre leur tête).

JEFF PACHOUD/AFP/Getty Images

ENTRONS EN MATIÈRE

Le refrain de cette chanson change légèrement du début à la fin (lignes 1, 12–15, 28–30, et 48–50), mais le sens reste le même. Pourquoi travaillerait-on plus? Quel mot dans le refrain donne l'idée que c'est le gouvernement qui contrôle le nombre d'heures qu'on peut légalement travailler en France? Quel mot suggère qu'un certain nombre de Français s'opposent à cette idée? Pourquoi, à votre avis, l'idée de travailler plus pour gagner plus ne plairait pas à tout le monde? Vous-même, seriez-vous pour ou contre une augmentation d'heures requises dans votre travail? Pourquoi?

UNE PREMIÈRE ÉCOUTE

Ecoutez maintenant la chanson et dites ce que vous pensez de la musique. La chanson traite de la politique actuelle en France, mais la trouvez-vous morne et pessimiste, ou plutôt drôle? Pourquoi?

Travailler plus

On n'a pas voté pour travailler plus[1].

Je pensais avoir gagné mes 35 heures
Dur labeur que l'usine d'être ramoneur°
Je suis le monde ouvrier, je suis l'agriculteur
5 Pas peur de travailler, marre° d'être mal payé
Je pensais avoir gagné mes 35 heures

 CD 1, track 6

ramoneur personne chargée de nettoyer les cheminées

marre (j'en ai marre) j'en ai assez de

---

[1] «Travailler plus pour gagner plus» est un slogan qui est devenu célèbre pendant la campagne électorale de Nicolas Sarkozy pour l'élection présidentielle. Il l'a dit pour la première fois dans les Ardennes le 18 décembre 2006, lorsqu'il était ministre de l'Intérieur: «Le gouvernement précédent a fait les 35 heures. Je ne veux pas que notre pays revienne uniformément à 39 ou 40 heures. Je suis catégorique: celui qui veut poursuivre à 35 heures doit pouvoir le faire. En revanche, celui qui veut travailler plus pour gagner plus, parce qu'il construit sa maison ou qu'il envoie ses enfants à l'université, celui-là doit pouvoir le faire aussi…» www.interieur.gouv.fr

Je suis l'infirmière, je suis l'instituteur
Quarante élèves par classe,
Les urgences° qui n'ont plus de place

10 Les heures sup° ça nous connaît,
On n'a pas le choix et on les fait.

Mais qui a voté pour travailler plus
Pour gagner plus
J'ai pas décidé de travailler plus

15 Pour gagner.

Je pensais que le monde allait changer
Que le temps libre, être libéré, avait son intérêt
Les emplois des métiers d'avenir
Une économie d'écologie et de loisirs

20 Je pensais que le monde allait changer
Que nos conneries° nous avaient raisonné
Que le partage des bénéfices irait dans le sens de la justice
Y a du vice
Je pense trop mais je dois pas être trop con

25 Je l'ai bien vu le gros bateau qu'a acheté mon patron
Moi je joue au loto, 30 ans de crédit pour ma maison
Et si je lève le gros lot°, je crois que j'arrêterais mon boulot.

On n'a pas voté pour travailler plus
Pour gagner plus

30 J'ai pas décidé de travailler plus.

Je pensais avoir milité pour une augmentation°
Je voulais pouvoir emmener les gosses° au parc d'attractions
Le vendredi après-midi, je faisais les commissions°
Et le samedi et dimanche, je m'occupais des rejetons

35 Je pensais avoir milité° pour d'autres horizons
Mais les échanges boursiers° ne sont pas d' mon opinion.

En vacances hors de France, le boss et mon patron
Ont décidé que les heures sup seraient ma destination.

Je pense qu'un jour, on va tous y venir

40 Le moment fatal de devoir réfléchir
Si l'homme et le travail sont unis à en mourir
Si comme des ânes on va bosser° et ne rien dire
Je pense que le boss passe bien à la télé
Mais que l'avenir de mes gosses n'est pas dans ses idées

45 Que le temps, le vent, les amis, l'écologie
Font partie de la vie
Et c'est pour ça que j'ai pas choisi

De travailler plus
Pour gagner plus

50 On n'a pas voté pour travailler plus

Editions : SO2 Editions Auteur/compositeur : Guizmo

---

urgences *hospital emergency rooms* / **heures sup'** heures supplémentaires

conneries (*vulg.*) actions stupides

lève... ici, gagne à la loterie

augmentation hausse de salaire
gosses enfants
commissions courses

milité *militated, campaigned for* / **échanges...** *stock trading*

comme... on va travailler dur

COMPRENEZ-VOUS?

1. Dans la première strophe, qui sont toutes les personnes représentées par le pronom «je»?
2. Pourquoi serait-il difficile pour certaines des personnes indiquées dans la première strophe de ne travailler que 35 heures par semaine?
3. Le présent et l'imparfait sont en opposition dans cette chanson. Que représente chaque temps?
4. En vous basant sur les lignes 17–19, décrivez le travail de l'avenir tel qu'on l'avait imaginé avant l'élection de Sarkozy.
5. Dans la deuxième strophe, ligne 24, le chanteur dit «je pense trop». Expliquez le sens de cette remarque dans le contexte de la chanson.
6. Quelle est la distinction faite dans la deuxième strophe entre la vie du patron et celle de l'ouvrier?
7. Dans la troisième strophe, le chanteur explique comment il avait espéré gagner plus d'argent sans travailler plus. Où se trouve cette explication?
8. Toujours dans la troisième strophe, le chanteur parle de ce qu'il ne peut plus faire parce qu'il doit travailler plus. Enumérez ces choses.
9. Quelle est la différence entre les destinations des vacances pour le boss, le patron et l'ouvrier (lignes 37, 38)?
10. Selon le chanteur, pourquoi y aura-t-il «un jour» (ligne 39) un changement pour le mieux dans le monde du travail?
11. A part le travail, quelles sont les autres choses dans la vie que le travailleur veut garantir pour lui-même et pour ses enfants?

ALLEZ PLUS LOIN

Maintenant écoutez la chanson une deuxième fois. Identifiez le moment où le ton change, et expliquez pourquoi.

SORTEZ ET JOUEZ!

Une étude comparative sur les jours de congés annuels payés dans les vingt-deux pays membres de l'OCDE (Organisation de coopération et de développement économiques) a été publiée en 2009 sur le site de l'OCDE. Cette étude révèle que les Etats-Unis sont le seul pays du groupe où les employeurs n'ont aucune obligation légale d'accorder des congés payés annuels. Que les entreprises paient leurs employés pour faire un break est totalement étranger à la culture du business à l'américaine. Est-ce que ces statistiques vous surprennent? Etes-vous pour ou contre l'idée de travailler plus pour gagner plus? Qu'est-ce qui explique cette différence dans la culture du business dans ces pays, à votre avis?

Congés payés annuels et jours fériés payés dans les pays de l'OCDE

Congés annuels et jours fériés payés, nombre de jours par an

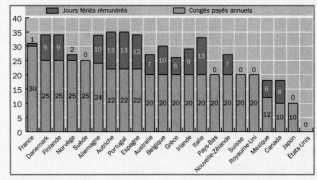

Source: OCDE (2009), Panorama de la société 2009 - Les indicateurs sociaux de l'OCDE, p. 43, www.oecd.org/els/social/indicateurs/SAG

Traditions

Richard Schmidt-Zuper/istockphoto

  A LES PERSONNAGES

le héros (l'héroïne)	hero (heroine)
le roi (la reine)	king (queen)
le prince (la princesse)	prince (princess)
le chevalier	knight
la dame	lady
la demoiselle	young lady
la fée, la bonne fée	fairy, fairy godmother
la marâtre	wicked stepmother
le diable	devil
le (la) magicien(ne)	magician
le (la) sorcier (-ière)	wizard, sorcerer, witch

le spectre, le fantôme, le (la) revenant(e)	ghost
le (la) nain(e)	dwarf
le lutin	elf
le (la) géant(e)	giant
l'ogre (l'ogresse)	ogre
le monstre	monster
le loup-garou (les loups-garous)	werewolf (werewolves)
le vampire	vampire
la licorne	unicorn
le dragon	dragon

Pour obtenir des exercices et activités supplémentaires sur le contenu de ce chapitre, rendez-vous sur le site www.cengage.com/login.

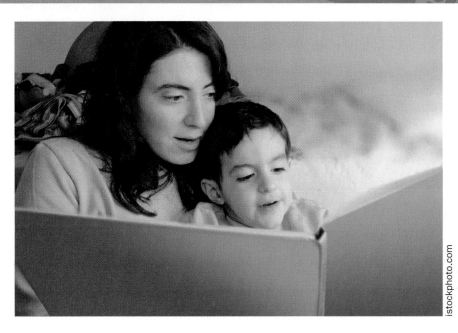

istockphoto.com

B LES CONTES

Il était une fois...	*Once upon a time there was/were . . .*
Ils vécurent heureux et eurent beaucoup d'enfants.[1]	*They lived happily ever after . . .*
raconter	*to tell (a story, a tale)*
le conte de fées	*fairy tale*
le bien	*good*
le mal	*evil*
une histoire à dormir debout	*tall tale*
imaginer, s'imaginer	*to imagine, to imagine oneself (doing or being)*
rêver (à, de)	*to dream (about)*
le rêve	*dream*
le cauchemar	*nightmare*
rêvasser, être dans la lune	*to daydream*

bâtir des châteaux en Espagne	*to build castles in the air*
enchanter	*to enchant*
le merveilleux	*the supernatural*
ensorceler, jeter un sort (à)	*to cast a spell (on)*
hanter	*to haunt*
le charme, le sortilège	*magic spell*
rompre le charme	*to break the spell*
la magie (noire)	*(black) magic*
la malédiction	*curse*
maudire	*to curse (someone or something)*
craindre	*to fear, to be afraid of*
faire...	
la cour (à)	*to court, to woo*
peur (à)	*to frighten*
semblant (de)	*to pretend*

[1] la fin traditionnelle des contes de fées français

Que fait ce couple? A quoi rêve-t-il? A quoi rêvez-vous?

PRÉPARATION GRAMMATICALE

Avant de commencer ce chapitre, révisez la formation du subjonctif, pages 204–207.

Vocabulaire

Saviez-vous que... ?

En 1697, Charles Perrault (1628–1703) publie les *Contes de ma mère l'Oye* ou *Histoires et contes du temps passé*, un recueil de huit contes merveilleux. Parmi ces contes se trouvent *Cendrillon*, *Le Petit Chaperon rouge* et *La Belle au bois dormant*. Avec ce recueil, Perrault inaugure le genre littéraire des contes de fées. Il transforme le conte oral traditionnellement destiné aux adultes des communautés villageoises en un texte littéraire destiné aux enfants (et aux lecteurs adultes).

Source: adapté de www.ricochet-jeunes.org, 2009

A Devinettes. Choisissez un mot ou une expression de la liste du vocabulaire. Donnez-en une définition en français pour que vos camarades de classe devinent ce que vous avez choisi.

> **Modèle:** Vous: **Ce sont de grands bâtiments élégants, souvent avec des tours, où habitent les rois et les reines. On en trouve beaucoup dans la vallée de la Loire en France.**
>
> Vos camarades: **Ce sont des châteaux.**

B Transformations. Si vous pouviez vous transformer en l'un des personnages de la liste A du vocabulaire, lequel choisiriez-vous? Faites votre choix, puis circulez dans la classe pour trouver d'autres étudiants qui ont choisi le même personnage. Ensemble, discutez des raisons de votre choix pour pouvoir les présenter à la classe.

C Associations. Choisissez un mot de la liste B et associez-le à quatre personnages de la liste A. Faites de même avec trois autres mots de la liste B. Expliquez vos associations à la classe.

> **Modèle:** le bien: le héros, la princesse, le chevalier, le prince
> **Ces personnages sont souvent des héros de contes.**
> **Ils représentent le bien.**

D Vos réactions. Quand vous étiez petit(e) et qu'on vous lisait ou qu'on vous racontait des contes de fées (ou quand vous regardiez des dessins animés ou des films pour enfants), quelle était votre réaction face aux personnages de la liste suivante? Expliquez vos réactions.

Vocabulaire utile: effrayer, amuser, intéresser, ennuyer, faire peur, faire rire, rendre heureux(-euse) / triste, etc.

> **Modèles:** les loups-garous
> **Ils me faisaient rire parce que je les trouvais ridicules.**
>
> le chevalier
> **Il m'intéressait parce qu'il avait toujours un cheval et que j'adorais les chevaux.**

1. les vampires
2. la licorne
3. la sorcière
4. la bonne fée
5. le géant
6. la marâtre
7. les nains
8. le dragon
9. les fantômes
10. les monstres

Lecture

ENTRONS EN MATIÈRE

Vous connaissez certainement quelques fables (d'Esope, par exemple). Quelles en sont les caractéristiques? Qui sont les personnages des fables? Quels adjectifs associez-vous aux différents personnages? A qui s'adressent les fables? Quel est le but *(purpose)* de la fable?

AVANT DE LIRE

Une image ou une illustration peut vous donner une idée du sujet, du thème, des personnages et même de l'intrigue d'un texte. Avant de lire la fable, regardez bien l'illustration a la page suivante. Qu'est-ce que vous voyez? Comment sont ces deux animaux? Comparez-les.

La Grenouille qui veut se faire aussi grosse que le Bœuf

Les fables françaises les plus connues sont celles de Jean de La Fontaine (1621–1695). Bien qu'il imite les fables de l'Antiquité (d'Esope, par exemple), il les adapte aussi pour plaire à ses contemporains. Très appréciées de Louis XIV, de l'aristocratie et de la bourgeoisie du XVII⁀ siècle, ses fables ne s'adressent pas seulement aux enfants, bien que les enfants aiment les lire encore aujourd'hui. On continue à les apprendre par cœur à l'école en France.

CD 1, track 7

Une grenouille vit un bœuf
Qui lui sembla de belle taille.
Elle, qui n'était pas grosse en tout
comme un œuf,
Envieuse, s'étend°, et s'enfle°
et se travaille,
Pour égaler l'animal en grosseur,
Disant: «Regardez bien, ma sœur;
Est-ce assez? dites-moi: n'y suis-je
point encore?
—Nenni°—M'y voici donc?
—Point du tout. —M'y voilà?
—Vous n'en approchez point.»
La chétive pécore°
S'enfla si bien qu'elle creva°
Le monde est plein de gens qui ne
sont pas plus sages.
Tout bourgeois veut bâtir comme les
grands seigneurs,
Tout petit prince a des ambassadeurs,
Tout marquis veut avoir des pages.

s'étend *expands itself /* 5
s'enfle *inflates itself*

Nenni Non, pas du tout 10

chétive pécore petit animal
faible / **creva** *burst, died* 15

20

Photos 12 / Alamy

From: "La Grenouille qui veut se faire aussi grosse que le bœuf" by Jean de la Fontaine in *Fables*

COMPRENEZ-VOUS?

1. Pourquoi la grenouille admire-t-elle le bœuf?
2. Quel adjectif montre sa réaction face au bœuf?
3. Qu'est-ce qu'elle fait pour «égaler» le bœuf?
4. Est-ce facile ou difficile pour la grenouille? Comment le savez-vous?
5. Qu'est-ce qui arrive à la grenouille?
6. Utilisez vos propres mots pour résumer la morale ou la leçon de cette fable en une ou deux phrases.

CHERCHEZ LA FORME

1. Trouvez les verbes au passé simple dans la fable et donnez leur infinitif.
2. Trouvez les pronoms relatifs dans la fable, donnez leur antécédent et expliquez leur fonction grammaticale.

ALLEZ PLUS LOIN

1. Comment La Fontaine caractérise-t-il la grenouille dans cette fable? Quel est le rapport entre la manière dont il la présente et les caractéristiques de cet animal dans la nature? Vocabulaire utile: coasser (*to croak*).
2. Dans la ligne 5, quel son est répété plusieurs fois? Comment s'appelle cette technique poétique?

Applications

RAPPEL The *subjunctive* is a verb form that appears in a subordinate clause when the verb in the main clause expresses *emotion, opinion, desire*, or *will*. The subjunctive suggests *subjectivity* or *possibility* rather than fact. When the subject of both clauses is the same, an infinitive replaces the subjunctive. For more details, see pages 210–211.

A Des ambitions. La grenouille explique ce qu'elle pense au bœuf. Donnez la réaction du bœuf en complétant ses réponses.

1. LA GRENOUILLE: Nous sommes sœurs.
   LE BŒUF: Je ne crois pas que…
2. LA GRENOUILLE: Je suis toute petite.
   LE BŒUF: Il est évident que tu…
3. LA GRENOUILLE: Etre grand est admirable.
   LE BŒUF: Il n'est pas vrai que…
4. LA GRENOUILLE: Je peux t'égaler en grosseur.
   LE BŒUF: Je doute que tu…
5. LA GRENOUILLE: Je fais un gros effort.
   LE BŒUF: Il est ridicule de…
6. LA GRENOUILLE: Regarde! Je réussis.
   LE BŒUF: Il n'est pas possible que tu…

B Vos réactions. Faites quelques remarques sur les fables et les contes de fées. Complétez les phrases en choisissant entre l'infinitif, l'indicatif et le subjonctif.

1. Dans une fable, il est important que les animaux…
2. Il faut que la morale…
3. Il est probable que les enfants actuels…
4. Et moi, j'espère que…
5. Dans des contes, les enfants veulent…
6. Il est important que les petites filles…
7. Parfois, les enfants ont peur…
8. Je crois que…

C Les contes de fées et les enfants: un débat. Certaines personnes pensent que les contes de fées sont trop violents pour être lus aux enfants, tandis que d'autres les trouvent importants pour leur éducation. Choisissez votre point de vue et, avec des camarades de classe qui pensent comme vous, complétez les phrases. Puis présentez-les sous forme de débat.

CONTRE: Il vaut mieux que…
CONTRE: Je regrette que…
CONTRE: Je doute que…
CONTRE: Il est essentiel de… ← infinitive

POUR: Il est important…
POUR: Il faut que les parents…
POUR: Je préfère que
POUR: Mes enfants veulent…

Continuez avec vos propres expressions.

RAPPEL Verbs or expressions that indicate certainty are followed by the indicative rather than the subjunctive. For more details, see pages 209–211.

D La reine et le marchand de potions magiques. Lisez le texte ci-dessous, puis complétez les phrases selon ce qui est demandé.

Il était une fois une reine veuve, mère de trois enfants, un fils de 17 ans et deux filles de 15 et 20 ans. Elle s'entendait bien avec sa famille, son peuple l'aimait, mais pendant les longues soirées d'hiver, elle s'ennuyait et se sentait seule. Un soir de janvier, pendant une tempête de neige, quelqu'un a frappé à la porte de son palais. Puisque ses demoiselles d'honneur *(ladies in waiting)* s'étaient déjà couchées, elle a ouvert la porte elle-même. Devant elle se trouvait un jeune homme d'une vingtaine d'années qui voulait lui vendre des potions magiques. Elle l'a prié d'entrer, ils se sont parlé toute la nuit, et le lendemain matin, la reine s'est dit «Je suis amoureuse de lui et je vais l'épouser».

Comment vont réagir ses demoiselles d'honneur et ses enfants? Imaginez leurs réactions lorsque la reine leur fait part de sa décision.

> **Modèle:** LA REINE: Je peux me marier avec lui.
> LES DEMOISELLES: **Il n'est pas évident que vous puissiez vous marier avec lui.**

LA REINE:	C'est le plus bel homme du monde.
LES DEMOISELLES:	Nous doutons que…
LA REINE:	Il m'aime à la folie.
LES DEMOISELLES:	Il est possible que…
LA REINE:	Nous voulons nous marier immédiatement.
LES DEMOISELLES:	Il est ridicule de…
LA REINE:	Il ne connaît pas mes enfants.
LES DEMOISELLES:	Mais il faut que…
LA REINE:	Nous leur en parlerons demain.
LES DEMOISELLES:	Nous espérons que…

L'histoire continue. Le couple se retrouve avec les enfants de la reine. Comment réagissent les enfants? Complétez leurs phrases.

LA FILLE DE 15 ANS:	Je veux…
LE FILS:	J'insiste pour que…
LA FILLE DE 15 ANS:	Il est probable…
TOUS LES ENFANTS:	Il est évident…

Maintenant, travaillez à trois pour trouver une fin à cette histoire. Quel groupe a la fin la plus amusante, réaliste, romantique ou tragique?

E Une question de points de vue. Vous connaissez certainement le conte du *Petit Chaperon rouge,* qui apporte une galette à sa grand-mère et se fait manger par le loup. Dans la version des frères Grimm—celle connue par les anglophones—il y a un bûcheron *(woodcutter)* qui sauve le Petit Chaperon rouge à la fin. Dans la version française, la petite fille meurt. Mettez-vous à la place des personnages (colonne A) et donnez votre réaction (colonne B) face aux événements (colonne C). Faites les changements nécessaires selon le personnage qui parle. N'hésitez pas à ajouter des expressions.

Modèle: LE PETIT CHAPERON ROUGE: **Je regrette que ma grand-mère soit malade.**
LE LOUP: **Je suis content qu'elle soit malade.**

A. Personnages	B. Réactions	C. Evénements
LA MÈRE	être content	La grand-mère est malade.
LE PETIT CHAPERON ROUGE	avoir peur	La mère envoie sa fille chez la grand-mère.
LA GRAND-MÈRE	regretter	Le Petit Chaperon rouge rend visite à sa grand-mère.
LE LOUP	vouloir	Le loup a faim.
LE BÛCHERON	être vrai	Il va vite chez la grand-mère.
	être dommage	Il la dévore.
	croire	Il met ses vêtements.
	Il faut	Le Petit Chaperon rouge ne comprend pas.
	??	Elle s'approche du lit.
		Le bûcheron peut la sauver.

F **Que de complications!** Voici des extraits de l'histoire d'une belle princesse et d'un beau chevalier qui s'aiment. Lisez-les, puis, avec un(e) partenaire, finissez les phrases pour créer un conte amusant, tragique ou heureux, au choix!

1. Une jeune et jolie princesse aime un beau chevalier quoique…
2. Son père, le roi, leur permet de se marier à condition que…
3. Le triste chevalier part pour…
4. Il voyage pendant un an avant de…
5. Il demande à un nain de l'aider afin de…
6. Mais le nain refuse, jusqu'à ce que…
7. Heureusement, le chevalier réussit, sans…
8. *(Inventez la fin vous-même.)*

G **Réactions et expériences personnelles.** Travaillez en groupes de trois et à tour de rôle, posez-vous les questions suivantes sur les contes de fées, le merveilleux, les films d'horreur, etc.

↳ subjonctive b/c superlative w/ opinion

1. Quel est le pire cauchemar que vous puissiez imaginer?
2. Quel est le plus beau rêve que vous puissiez faire?
3. Croyez-vous au merveilleux? Expliquez votre opinion.
4. Croyez-vous à la magie noire? Dans quel(s) pays est-ce qu'on y croit?
5. Quel est votre conte de fées favori? Pourquoi?
6. Connaissez-vous des histoires à dormir debout? Lesquels?
7. Aimez-vous les films d'horreur? Pourquoi ou pourquoi pas?

Saviez-vous que… ?

Pendant longtemps, certains folkloristes pensaient que la pantoufle qui joue un rôle si important dans *Cendrillon* n'était pas en «verre» mais en «vair», une fourrure grise venant d'un animal qui ressemble à un écureuil. A l'origine, le titre du conte de Perrault était *Cendrillon ou la pantoufle de vair*. Mais l'orthographe au XVIIe siècle n'était pas encore standardisée et aujourd'hui, on croit que Perrault voulait vraiment dire «verre».

Source: www.snopes.com

Lecture

L'histoire que vous allez lire a ses origines en Corse, une île située à moins de 200 km au sud-est de Nice, dans la Méditerranée. Cette «île de beauté», où est né Napoléon, est française depuis 1768 mais ses habitants se sont toujours sentis différents du reste des Français. La moitié d'entre eux continuent à parler corse (parallèlement au français), une langue qui ressemble beaucoup à l'italien. C'est pourtant en français qu'un vieux berger° de 90 ans raconte cette histoire qu'il a entendue au cours d'une veillée° quand il avait 20 ans.

berger la personne qui s'occupe des moutons /
veillée réunion le soir

ENTRONS EN MATIÈRE

Quelles qualités doit posséder la personne avec qui vous aimeriez passer le reste de votre vie?

POUR MIEUX COMPRENDRE

Vous allez lire un conte. Qu'attendez-vous de ce genre littéraire? Quelles en sont les caractéristiques? Lisez le conte, puis dites si ses caractéristiques correspondent à celles que vous aviez indiquées avant de l'avoir lu.

La fleur, le miroir et le cheval

PREMIÈRE PARTIE

fréquentaient voyaient souvent

Una volta era[2]... une fois il y avait trois jeunes gens. Ils fréquentaient° tous les trois la même jeune fille dans l'espoir de l'avoir en mariage. Depuis longtemps ils lui faisaient la cour de la sorte; alors, le plus jeune des trois garçons a dit:

—Mes camarades, il faut le dire! Nous ne pouvons pas continuer cette vie. Il faut
5   qu'elle nous dise celui qu'elle veut, de nous trois.

Alors, les voilà qui vont trouver la jeune fille, et lui demandent lequel d'entre eux elle souhaiterait avoir pour mari.

Elle a répondu:

—Partez tous les trois pendant un an; au bout de l'an, vous reviendrez me voir:
10   celui qui m'apportera le plus joli cadeau sera mon mari.

Un beau matin, ils sont donc partis tous les trois. Le soir, ils arrivent devant une maison, où ils restent pour coucher, la nuit. Le lendemain, de bonne heure, ils se sont quittés, après s'être dit:

—Au bout de l'an, nous nous retrouverons ici. Le premier arrivé attendra les autres.
15   Et puis, là-dessus, ils sont partis, chacun suivant son chemin.

Le premier est arrivé dans un endroit où on ne voyait que des fleurs. Il voit une

proposait offrait

femme qui proposait° une boîte bien fermée, à vendre. C'était une boîte contenant des fleurs. Il lui demande:

—Madame, combien cette boîte?
20   —Mille francs.

Alors le jeune homme lui dit:

—Mais pourquoi est-ce si cher?

Elle lui répond:

—Vous ouvrirez la boîte. Il y a dedans une fleur: si vous vous trouvez en face d'un

en... by rubbing
25   mort, en lui frottant° la fleur sur le visage, vous verrez qu'il vivra, et il ne mourra plus.

Le jeune homme a donné mille francs à la femme, et il a emporté la boîte avec lui. Puis il a repris le chemin de la maison où ils devaient se retrouver tous les trois.

Quant... En ce qui concerne le
bride bridle

Quant au° second des jeunes gens, il est arrivé dans un pays où il voit un homme tenant par la bride° un beau cheval. Tout de suite, il lui demande:

---

[2] *Una volta era...* (langue corse) Une fois il y avait: Il était une fois...

30   —Combien en voulez-vous?

—Trois mille francs.

—C'est cher!

—Mais c'est un cheval qui fait en une heure le chemin qu'on fait en un an!

Alors, le jeune homme lui achète le cheval, et l'emmène avec lui jusqu'au lieu fixé
35 pour le rendez-vous.

Le troisième, lui, arrive dans un endroit où il y avait des miroirs à vendre.
Il demande à un monsieur, qui en avait un dans une boîte:

—Bonjour, Monsieur! Vous vendez des miroirs?

—Oui.

40   —Combien celui-là?

—Quatre mille francs!

—C'était joliment cher! Pourquoi le faites-vous ce prix-là?

—Parce que, dans ce miroir, vous voyez la personne que vous demandez à voir, au
moment où vous le désirez.

45   Le jeune homme achète le miroir, et s'en retourne à la maison, où il devait retrouver
les deux autres. Et là, dans la maison où ils s'étaient quittés tous les trois, ils se retrouvent
tous les trois, avec chacun un cadeau pour la jeune fille qu'ils aimaient.

Mais ils n'étaient pas encore arrivés au village de leur fiancée! Ah, il leur faudrait
bien un an pour y aller![3]

---

[3] Le temps écoulé dans cette première partie est un peu ambigu. Il faut un jour aux jeunes gens pour aller
de chez eux à la maison d'où ils partent. La durée de leurs voyages pour chercher des cadeaux n'est pas
précisée. A la fin, on dit qu'il leur faudra un an pour retourner chez leur fiancée.

COMPRENEZ-VOUS?

1. Pourquoi les trois jeunes gens ne sont-ils pas contents?
2. Comment la jeune fille va-t-elle décider qui épouser?
3. Qu'est-ce que les trois jeunes hommes achètent?
4. Pourquoi les objets achetés sont-ils si chers?
5. Quand les trois hommes se retrouvent, sont-ils près ou loin de leur bien-aimée?
   Comment le savez-vous?

CHERCHEZ LA FORME

Le futur: identifiez les verbes au futur dans les paragraphes qui commencent par
les phrases suivantes: 1. «Partez tous les trois.» 2. «Vous ouvrirez la boîte.» Donnez
l'infinitif de ces verbes.

À DISCUTER

Avec un(e) ou deux camarade(s) de classe, imaginez maintenant avec quel jeune
homme la jeune fille se mariera. Justifiez votre choix.

DEUXIÈME PARTIE

de... encore

50 Enfin, ils font de nouveau° route ensemble. Le troisième, qui avait le miroir, le regardait sans cesse, pour y voir les traits de la jeune fille. Un beau jour, en le regardant, il se met à pleurer. Les deux autres lui demandent ce qu'il a, mais il ne voulait pas le dire.

—Mais pourquoi pleures-tu?

—Notre fiancée est morte! dit-il.

55 Alors, le premier, qui avait la boîte avec la fleur, dit aux autres:

—Si seulement nous pouvions y arriver avant son enterrement!

Son camarade voyait la jeune fille dans son miroir, mais lui pouvait la faire revivre avec sa fleur.

—Oh! dit celui qui avait le miroir, comment ferions-nous? Il y a un an à marcher

60 avant d'arriver chez elle!

—On peut y arriver quand même, dit le second, qui avait le cheval.

—Comment? dirent les autres.

Lui, il avait un cheval qui faisait en une heure le chemin qu'on fait en un an!

Alors, comme le cheval était prêt à partir, tous les trois montent dessus, et les voilà

65 en route. Il y avait un an à marcher, mais au bout d'une heure les voilà arrivés!

Tous les trois, ils montent dans la maison de leur fiancée. Les parents et toute la famille de la jeune fille étaient réunis là, en train de pleurer.

Alors, le premier, qui avait la fleur, leur a dit:

—Retirez-vous tous, et laissez-moi seul avec la jeune fille.

70 Tous se retirent de la chambre où elle reposait.

Lui prend la fleur, dans sa boîte, et la passe sur la figure de sa fiancée. Et voilà qu'elle vit!

Alors, les gens rentrent dans la chambre, et la voient debout!

Maintenant, quant à savoir lequel des trois jeunes gens sera son mari, cherchez donc! L'un avait la fleur, qui l'a fait vivre, mais l'autre avait le cheval, qui les a fait

auprès près   75 arriver auprès° d'elle, et le troisième, le miroir, où il l'avait vue!

Geneviève Massignon, ed., *Contes corses* (Gap: Edition Ophrys, 1963), pages 139–140.

COMPRENEZ-VOUS?

1. Pourquoi le jeune homme au miroir se met-il à pleurer?

2. Qu'est-ce qu'ils font pour arriver vite chez «leur fiancée»?

3. Combien de temps dure leur voyage?

4. Que fait le jeune homme avec la fleur?

5. Quel est le résultat de cette action?

6. Quel est le dilemme à la fin du conte? Comparez la situation à la fin de l'histoire à celle qui existait au début. Y a-t-il maintenant un favori parmi les jeunes hommes?

CHERCHEZ LA FORME

Que de pronoms! Relisez les paragraphes qui commencent par les phrases suivantes. Faites la liste des pronoms (personnels et relatifs) qui s'y trouvent, et donnez la fonction et l'antécédent de chacun d'entre eux. **1.** (lignes 6–7): «Alors, les voilà… avoir pour mari.» **2.** (lignes 50–52) «Enfin, ils font de nouveau… il ne voulait pas le dire.»

À DISCUTER

Avec qui la jeune fille devrait-elle se marier à la fin? Donnez votre opinion et justifiez-la.

ALLEZ PLUS LOIN

1. **La répétition.** Cette histoire, racontée par un vieux berger, fait partie de la tradition orale. La répétition est une caractéristique typique de la littérature orale. Soulignez les répétitions que vous avez remarquées en lisant. Selon vous, pourquoi y a-t-il des répétitions dans un texte oral?

2. **Le merveilleux.** Vous avez certainement remarqué que ce qui se passe dans ce conte ne correspond pas à la réalité. Soulignez les éléments du merveilleux que vous avez remarqués. Pourquoi veut-on s'échapper de la réalité?

Activités d'expansion

Ⓐ Les conseils de la famille. Mettez-vous à cinq et jouez les rôles de la jeune fille et de quatre membres de sa famille (la mère, le père, le frère, la sœur, la grand-mère). Ceux-ci essaient de la conseiller après le retour des jeunes hommes et elle réagit à leurs suggestions. Attention à l'usage de l'infinitif, du subjonctif et de l'indicatif.

Pour exprimer votre opinion:

Je crois…	Je ne crois pas…	Je souhaite…
Il faut…	Il est nécessaire…	Je veux…
Il vaut mieux…	Il est préférable…	Je refuse…

Ⓑ Le courrier du cœur. Mettez-vous à la place d'un des trois jeunes hommes. D'abord, écrivez une lettre au courrier du cœur (**Chère Françoise**) dans laquelle vous expliquez votre dilemme: ce que vous avez fait et ce qui est arrivé. Demandez des conseils. Ensuite, mettez-vous à la place de Françoise et répondez à la lettre.

Robert Creigh/Istockphoto

Ⓒ Mon conte favori. Voici les noms français de quelques contes célèbres: *Blanche-Neige, Cendrillon, Le Petit Chaperon rouge, La Belle au bois dormant, Barbe-Bleue, Le Chat botté, La Belle et la Bête.* Les connaissez-vous? Résumez brièvement un de ces contes (ou un autre conte très connu de votre choix) à deux camarades qui vont deviner de quel conte il s'agit. Puis celui qui a deviné résume un autre conte, et ainsi de suite.

En famille

Stephen Simpson / Taxi / Getty Images

A LA FAMILLE MODERNE

le beau-père	father-in-law, step-father
la belle-mère	mother-in-law, step-mother
le père (la mère) célibataire	single father (mother)
le demi-frère	step-brother, half-brother
la demi-sœur	step-sister, half-sister
aîné(e) adj./n.	older, oldest (brother/sister/child)
cadet(-te) adj./n.	younger, youngest (brother/sister/child)
l'enfant adopté(e) m./f.	adopted child
le fils adoptif	adopted son
la fille adoptive	adopted daughter
la famille...	
éclatée	broken family
monoparentale	single-parent family
nombreuse[1]	family with many children
recomposée	blended family

la femme au foyer	housewife, woman who does not work outside the home
le foyer, le ménage	household
l'union libre f.	living together without being married
vivre ensemble	to live together

B LES AMIS

le copain (la copine)	friend, buddy, chum
mon copain, ma copine	my boyfriend, my girlfriend
le (la) petit(e) ami(e)[2]	boyfriend, girlfriend

C LES RAPPORTS

s'entendre (bien/mal)	to get along (well/badly)
se comprendre	to understand each other
se disputer (avec)	to argue, to disagree, to fight (with)
se fâcher (contre)	to get angry (with)
en vouloir à	to be mad at
Ma sœur m'en veut.	My sister is mad at me.
gronder	to scold (parent/child)
(s')engueuler (fam.)	to yell at (each other)
s'inquiéter (de), se faire du souci (pour quelqu'un)	to worry (about)
se calmer	to calm down

[1] En 2009, toutes les familles de deux enfants de moins de 20 ans ont droit à des allocations familiales: 2 enfants = 123,92 €, 3 enfants = 282,70 €, etc. En plus, les familles nombreuses (une famille d'au moins trois enfants) qui ont des revenus modestes reçoivent des allocations de rentrée scolaire (de 280,76 € pour un enfant âgé de 6 à 10 ans jusqu'à 306,51 € pour un enfant âgé de 15 à 18 ans), une réduction d'impôts, des tarifs réduits pour les transports, etc.

[2] On peut dire les deux, mais les jeunes Français d'aujourd'hui préfèrent parler de leur «copain» ou «copine».

Pour obtenir des exercices et activités supplémentaires sur le contenu de ce chapitre, rendez-vous sur le site www.cengage.com/login.

Clare Tufts

(s')embrasser	*to kiss (each other)*
faire confiance à (quelqu'un)	*to trust (someone)*
se marier (avec)	*to get married (to)*
divorcer	*to get divorced*
verser une pension alimentaire	*to pay alimony*
se sentir à l'aise/mal à l'aise	*to feel (be) comfortable / uncomfortable*
soutenir	*to support, to stand by*
Mes parents me soutiennent (moralement / financièrement).	*My parents support me (emotionally / financially).*
supporter	*to put up with, to stand*
Je ne le supporte pas.	*I can't stand him (it).*

D DES TRAITS DE CARACTÈRE

autoritaire	*authoritarian*
juste	*fair*
impartial(e)	*impartial, unbiased*

être de bonne / mauvaise humeur	*to be in a good / bad mood*
être facile / difficile à vivre	*to be easy / hard to get along with*
super	*neat, great, terrific*
génial(e)	*fantastic, great*
sympathique (sympa)	*nice*

E AU FOYER

l'intimité *f.*	*privacy*
le (la) colocataire coloc *(fam.)*	*housemate*
déménager	*to move (out)*
emménager	*to move in*
louer	*to rent*
le loyer	*(the) rent*
les charges *f.*	*utilities, maintenance or service costs*
la facture	*bill (phone, electric, etc.)*
les frais *m.*	*expenses*
s'occuper de	*to take care of*
faire...	
les tâches ménagères	*to do house chores*
les courses	*to go grocery shopping, to run errands*
la cuisine	*to cook*
la lessive	*to do (the) laundry*
le ménage	*to do (the) housework, to clean*
la vaisselle	*to do (the) dishes*
passer l'aspirateur	*to vacuum*
ranger	*to pick up, to straighten up (house, room)*
repasser	*to iron*
sortir la poubelle	*to take out the trash*
tondre le gazon/la pelouse	*to mow the lawn*

Vocabulaire

PRÉPARATION GRAMMATICALE

Avant de commencer ce chapitre, révisez la formation et l'usage des adverbes, pages 213-215.

A Devinettes. Choisissez un des mots de la liste de vocabulaire. Donnez-en une définition pour que vos camarades de classe puissent deviner quel mot vous avez choisi.

> **Modèle:** Vous: **C'est une famille où les parents ne vivent plus ensemble et ne se parlent plus.**
> Camarade: **C'est une famille éclatée.**

B C'est tout le contraire. Une copine idéaliste voit la vie familiale en rose, mais vous, vous croyez qu'elle rêve. Répondez à ce qu'elle vous dit en la contredisant. Utilisez le vocabulaire du chapitre autant que possible.

> **Modèle:** Elle: Dans ma famille, tout le monde s'entend toujours bien.
> Vous: Tu exagères! **Tout le monde se dispute de temps en temps.**

1. Elle: Je me marierai pour la vie.
   Vous: Tu rêves!…
2. Elle: Les femmes au foyer sont toujours de bonne humeur.
   Vous: Tu plaisantes!…
3. Elle: Un père doit être un peu autoritaire pour que ses enfants lui obéissent.
   Vous: Quelle horreur!…
4. Elle: Une famille nombreuse, c'est l'idéal.
   Vous: Mais non!…
5. Elle: Les grands-parents ne grondent jamais leurs petits-enfants.
   Vous: Ce n'est pas réaliste!…

C Positive ou négative? Il y a des personnes pour qui le mot «famille» évoque le bonheur, pour d'autres, l'horreur. Mettez-vous en groupes de trois ou quatre. Chaque personne fait deux listes d'au moins cinq mots tirés du vocabulaire du chapitre: (1) des mots ou expressions à connotation positive et (2) des mots ou expressions à connotation négative. Comparez vos listes à celles des membres de votre groupe. Si vous n'avez pas les mêmes mots, échangez vos points de vue.

Saviez-vous que… ?

En France, on se marie de plus en plus tard. En 2008, le marié avait 31,5 ans en moyenne et la mariée 29,5 ans. La fécondité en France dépasse les deux enfants par femme en âge de procréer et en 2006, les naissances hors mariage sont devenues majoritaires (plus de 50%). Depuis 2005, les droits des enfants nés hors mariage sont les mêmes que ceux des enfants nés de couples mariés.

Source: www.insee.fr, 2009

D Des portraits. A trois ou à quatre, faites un portrait détaillé (positif ou négatif) d'un des foyers de la liste suivante. N'hésitez pas à exagérer. Inventez les membres de chaque famille (âge, sexe, profession, etc.). Que fait chaque personne? Comment sont leurs rapports?

1. une famille monoparentale
2. une famille nombreuse
3. deux jeunes gens vivant ensemble
4. une famille recomposée
5. une famille éclatée

E **Avec mon (ma) coloc.** Les jeunes vivent souvent avec des colocataires. Quels sont les avantages et les inconvénients de la colocation? Comment est le (la) colocataire idéal(e)? Comparez vos idées à ce sujet à celles de deux autres camarades de classe. Est-ce que la colocation marcherait bien pour vous trois?

PRÉPARATION GRAMMATICALE

Avant de continuer, révisez la comparaison des adverbes et des noms, pages 215–216.

Lecture

Les colocataires sont une sorte de nouvelle famille, celle qu'on peut choisir. Quand on ne vit plus chez ses parents, mais qu'on ne veut pas habiter seul(e) car les loyers sont chers, la colocation peut être la solution. Cela fait longtemps que les Anglais et les Américains pratiquent ce mode de vie, qui devient aussi de plus en plus populaire en France. On estime aujourd'hui qu'entre 6 et 10% des locataires français ont des colocataires. Organiser une colocation n'est pas toujours facile, comme vous allez vous en rendre compte en lisant ces extraits d'un article de *Marie-Claire Maison*.

ENTRONS EN MATIÈRE

Selon vous, comment doit-on choisir son (ses) colocataire(s)? Qu'est-ce qui est important de savoir sur les personnes avec qui on va partager un appartement?

Colocation, la solution

Une colocation réussie, c'est un bon casting

Vous l'avez compris: tout se joue sur le choix des colocataires. Imaginez un entretien d'embauche mené par le dirigeant d'une grande chaîne de télévision privée (synonyme de dictateur). Eh bien, c'est exactement ce que je vais faire subir à° mes
5   propres candidats. Voici, à titre d'exemple, un extrait de mon questionnaire: «Es-tu plutôt polard° ou fêtard°? Techno ou Star Ac³? MacDo ou resto? M6 ou Arte⁴? Yoga ou jogging? Slip ou caleçon°?» (j'ai 150 questions du même acabit°). Car il ne faut surtout pas y aller «au feeling», du style, il a l'air sympa et très drôle, ce petit brun roux à lunettes (qui se révélera avoir des pulsions de mort). D'ailleurs, il est déconseillé
10   d'emménager avec des amis, car il est plus facile d'être en désaccord avec un inconnu (on a plus de retenue°). Dans mon cas, quand mon amie Cécile a averti mon amie Sarah que si elle ne rangeait pas ses bigoudis chauffants° elle allait les lui coller°... , bref, j'ai compris que je devrais bientôt me trouver de nouveaux colocataires, et de nouvelles amies. Il est également déconseillé d'emménager avec un couple: s'ils se disputent ou
15   se séparent, ça me plombe°. S'ils sont trop amoureux, ça me plombe encore plus. En revanche, il est conseillé de choisir des colocataires étrangers: le choc des cultures incite à la tolérance, paraît-il.

faire subir *subject . . . to*

polard *qui ne s'intéresse qu'à ses études* / **fêtard** *qui aime faire la fête* / **slip...** *brief or boxer* / **acabit** *style*

retenue *réserve*
bigoudis chauffants *electric hair curlers* / **coller** *mettre "stick it (vulgar)"*
plombe *rend triste*

---

³ **techno ou Star Ac:** distinction entre ceux qui préfèrent les ordinateurs et ceux qui regardent l'émission Star Academy (émission de télévision qui ressemble à *American Idol*)
⁴ Deux chaînes de télévision françaises. Sur Arte, une chaîne franco-allemande, on voit surtout des émissions culturelles et intellectuelles, tandis que M6 est une chaîne plus populaire, avec des émissions de télé-réalité, des séries, des émissions de musique, etc.

redoutable effrayante	

| | |

redoutable effrayante

Une colocation réussie, c'est une organisation redoutable° au quotidien

La différence entre un couple et une colocation, c'est que dans un couple, on fait
20 des concessions par amour et par tradition. Pas dans une colocation. Et comme j'ai
la vague impression que mon nouveau coloc Mathieu confond les mots «femme» et

Ordnung *(allemand)* de l'ordre

«femme de ménage», je dois remédier à ce petit souci. Un seul mot: Ordnung°! Cela
fait peur, n'est-ce pas? C'est fait pour. Il faut absolument fixer des règles strictes et tout
prévoir en détail et par écrit: la répartition des parties communes et des chambres, les

corvées travaux pénibles

25 dépenses, les corvées° ménagères (le sujet de disputes, de l'avis général), le bruit, le
frigo et le droit ou non de recevoir son (sa) petit(e) ami(e) pour la nuit: ceci constitue
le pacte de colocation, qui doit être signé par tous.

Donc voilà: la colocation, c'est à la fois compliqué, risqué, aventureux même, mais
aussi, à condition d'être cool, économique, convivial et enrichissant. Et un moyen
30 extraordinaire de se faire de nouveaux amis. C'est exactement ce dont j'ai besoin.

© Editions *Marie Claire*

COMPRENEZ-VOUS?

1. Qu'est-ce qu'on doit faire, selon l'article, pour choisir le bon colocataire? En quoi cela ressemble-t-il à un entretien d'embauche?
2. Pourquoi ne doit-on pas se fier aux apparences?
3. Pourquoi est-il déconseillé de vivre en colocation avec des amis? Et avec un couple?
4. Quels sont les avantages de partager un appartement avec des étrangers?
5. Comment résout-on ses problèmes de vie commune quand on vit en couple?
6. Sur quels aspects de la colocation doit-on fixer des règles?

CHERCHEZ LA FORME

1. Dans les passages ci-dessus, il y a trois adverbes basés sur des adjectifs: **exactement, également, absolument.** Quels sont les adjectifs correspondants? Donnez-en la forme masculine et féminine.
2. Trouvez trois exemples de prépositions suivies par un infinitif dans les extraits ci-dessus.

Mode de cohabitation des 15–29 ans (en %)

	15–19 ans	20–24 ans	25–29 ans	Ensemble
Chez les parents	90,0	54,2	16,8	53,8
A l'extérieur mais pas en couple	7,9	22,9	23,6	18,1
En couple non marié	1,1	19,6	39,6	20,2
En couple marié	0,1	3,3	20,0	7,9

Source: INSEE, 2007

ALLEZ PLUS LOIN

Quelles sont les similarités de la vie en colocation et de la vie de famille? En quoi ces deux modes de vie sont-ils différents? Parlez des avantages et des inconvénients de ces situations pour une jeune personne et pour ses parents.

Banana Stock / Alamy

Saviez-vous que... ?

Depuis 1999, les couples en France ont le choix entre se marier ou se «pacser». Le PACS (pacte civil de solidarité) est un contrat conclu entre deux personnes majeures, de sexe différent ou de même sexe, pour organiser leur vie. Le PACS est sans effet sur les règles de la filiation et de l'autorité parentale. Il ne vous confère pas le droit d'adopter ensemble un enfant ou, si vous vivez avec un partenaire de même sexe, de recourir à une procréation médicalement assistée. Le nombre total de pacs conclus en 2008 approche les 140 000. Près de 94% des pacs conclus en 2008 l'ont été par des partenaires de sexe opposé. Il y a un pacs pour deux mariages.

Source: www.affection.org, 2009; www.insee.fr, 2009

Applications

RAPPEL Many adverbs are made by adding **-ment** to a form of the adjective (usually feminine). Most adverbs *immediately follow the verb* they modify. Certain adverbs (for instance, adverbs of time and place) can take other positions in the sentence. For more details, see pages 213–216.

A Les tâches ménagères. En utilisant des adverbes variés, créez des phrases qui expliquent comment ou quand les personnes indiquées font les activités suivantes.

> **Modèle:** (repasser) votre mère / votre frère / vous
> **Ma mère repasse constamment.**
> **Mon frère repasse mal.**
> **Moi, je repasse rarement.**

1. (tondre le gazon) vous / votre mère / votre grand-père
2. (passer l'aspirateur) vos colocataires / votre petit(e) frère (sœur) / vous
3. (faire la lessive) votre professeur / un étudiant de première année / vous
4. (sortir la poubelle) vous / votre père / vos colocataires
5. (faire la vaisselle) vos parents / le président des Etats-Unis / vous

B Les rapports. Trouvez trois adverbes pour modifier chacun des verbes, puis faites trois phrases—la première au présent, la deuxième au passé et la troisième au futur—en utilisant le verbe donné et vos adverbes. Variez les sujets et ajoutez des détails pour rendre les phrases plus intéressantes.

> **Modèle:** (crier) fort, tout le temps, jamais
> **Mon petit frère crie très fort quand on lui refuse quelque chose. Quand j'étais petit(e), je criais tout le temps quand je me mettais en colère. Nous ne crierons jamais quand nous aurons des enfants.**

1. se fâcher contre quelqu'un
2. soutenir
3. être de bonne humeur
4. faire confiance (à)
5. s'habituer (à)
6. s'embrasser
7. divorcer

RAPPEL To compare how something is done, one uses **plus / aussi / moins +** *adverb* **+ que.** To make a superlative statement, one uses **le plus / le moins +** *adverb.* For more details, see page 215.

C Qui le fait le mieux? Présentez votre famille (parents, frères, sœurs, oncles, tantes, cousins, grands-parents, etc.) en les comparant. Suivez les indications données. Exagérez, si vous voulez. Si personne de votre famille ne fait l'activité mentionnée, remplacez-la par une autre activité qui vous semble plus appropriée. Variez les adverbes!

> **Modèle:** chanter
> **Dans ma famille, mon père chante mieux que ma mère, mais c'est ma cousine qui chante le mieux.**

1. faire du vélo
2. regarder la télé
3. jouer de la guitare
4. parler français
5. faire du ski
6. travailler
7. dormir
8. *au choix*

RAPPEL To compare nouns, one uses **plus de / autant de / moins de +** *noun* **+ que.** To make a superlative statement, one uses **le plus de / le moins de +** *noun* **+ de.** For more details, see page 216.

D Ce n'est pas pareil. En utilisant les éléments donnés, comparez la vie d'une jeune personne qui habite chez ses parents à celle d'une personne qui vit seule dans son propre appartement. Utilisez le verbe indiqué.

> **Modèle:** le loyer
> **On paie moins de loyer quand on vit chez ses parents que lorsqu'on vit seul.**

1. les tâches ménagères (faire)
2. les factures (payer)
3. la liberté (avoir)
4. les fêtes (organiser)
5. l'argent (dépenser)
6. le temps libre (avoir)
7. les repas (préparer)
8. les courses (faire)

RAPPEL One way to avoid repetition in French is to use *demonstrative pronouns* (**celui, ceux, celle, celles**). These are often combined with relative pronouns (**qui, que, dont**) to define or explain, or followed by **de** + *noun phrase*. See pages 216–217 for more details.

E Qui est-ce? Voici deux listes: une liste de personnes et une liste de définitions ou d'explications. Créez des phrases logiques en associant chaque personne avec la définition ou l'explication qui convient. Employez un pronom démonstratif et le pronom relatif qui convient pour relier les deux parties. Commencez chaque phrase par: **Dans une famille…**

PRÉPARATION GRAMMATICALE

Avant de continuer, révisez les pronoms démonstratifs, pages 216–217.

> **Modèle:** le fils aîné / se quereller parfois avec ses sœurs
> **Dans une famille, le fils aîné est celui qui se querelle parfois avec ses sœurs.**

Personnes	Définitions ou explications
1. une belle-mère	savoir s'amuser seul
2. un père célibataire	les enfants ont peur (de)
3. de bons parents	être décrit(e) de manière stéréotypée
4. une mère compréhensive	soutenir leurs enfants
5. un enfant unique	écouter ses enfants
6. un grand-père autoritaire	élever son enfant seul

F Leurs rôles. Comparez de deux façons différentes les membres de chaque type de famille, en utilisant des adverbes et des pronoms démonstratifs.

> **Modèle:** (la mère) une famille nombreuse / une famille avec un seul enfant
> **La mère d'une famille nombreuse dort moins que celle d'une famille avec un seul enfant.**
> **La mère d'une famille nombreuse s'énerve plus souvent que celle d'une famille avec un seul enfant.**

1. (le père) une famille traditionnelle / une famille moderne
2. (les frères et les sœurs) une famille recomposée / une famille nombreuse
3. (la grand-mère) une famille monoparentale / une famille traditionnelle
4. (l'homme) une union libre / une famille monoparentale
5. (l'enfant unique) une famille monoparentale / une famille traditionnelle
6. (les filles) une famille traditionnelle / une famille moderne

G Parlons de nos familles et de nos amis. Avec un(e) camarade de classe, posez-vous des questions sur vos rapports avec vos amis et votre famille.

1. Est-ce que tu t'entends bien avec tous les membres de ta famille? Est-ce qu'il y a quelqu'un avec qui tu te disputes de temps en temps? Explique.
2. Qu'est-ce qui provoque des disputes chez toi?
3. De quoi est-ce que tu parles avec tes parents? De quoi est-ce que tu ne leur parles pas?
4. Est-ce que tu demandes des conseils à tes parents? Si oui, à propos de quoi? Est-ce que tu consultes tes amis quand tu as besoin de conseils? Est-ce que tu suis leurs conseils?
5. Est-ce que tes parents connaissent tes amis? Comment les trouvent-ils? Et que pensent tes amis de tes parents?

Lecture

Les passages suivants sont extraits d'une œuvre autobiographique de Simone de Beauvoir (1908–1986). Romancière et philosophe, ses œuvres les plus connues sont *Le Deuxième Sexe* (1949), devenu l'ouvrage de référence du mouvement féministe, son roman *Les Mandarins* (1954), qui a gagné le Prix Goncourt et sa série autobiographique: *Mémoires d'une jeune fille rangée, La Force de l'âge* et *La Force des choses*. Elle rencontre Jean-Paul Sartre (1905–1980) à la Sorbonne en 1929 et lui reste unie jusqu'à sa mort. La première partie de la lecture vous présente le début de ses mémoires. Dans la deuxième partie, elle parle de son adolescence.

Culver Pictures

ENTRONS EN MATIÈRE

Qu'est-ce que vous voyez sur cette photo? Décrivez les personnes et imaginez leurs rapports. Selon vous, de quand date cette photo?

POUR MIEUX COMPRENDRE

Faites des prédictions avant de lire les passages qui suivent. Vous savez que vous allez lire le début des mémoires de Simone de Beauvoir. D'habitude, par quoi commence-t-on une autobiographie? A quel moment de sa vie commence-t-on? De qui parle-t-on? Maintenant, lisez les premières phrases de chaque paragraphe. Vos prédictions sont-elles correctes?

PREMIÈRE PARTIE

Je suis née à quatre heures du matin, le 9 janvier 1908, dans une chambre aux meubles laqués° de blanc qui donnait sur le boulevard Raspail[5]. Sur les photos de famille prises l'été suivant, on voit de jeunes dames en robes longues, aux chapeaux empanachés de plumes d'autruche°, des messieurs coiffés de canotiers° et de panamas qui sourient à un

5   bébé: ce sont mes parents, mon grand-père, des oncles, des tantes, et c'est moi. Mon père avait trente ans, ma mère vingt-et-un, et j'étais leur premier enfant. Je tourne une page de l'album; maman tient dans ses bras un bébé qui n'est pas moi; je porte une jupe plissée°, un béret, j'ai deux ans et demi, et ma sœur vient de naître. Je fus, paraît-il, jalouse, mais pendant peu de temps.

10   Aussi loin que je me souvienne, j'étais fière d'être l'aînée: la première. Déguisée en chaperon rouge, portant dans mon panier galette et pot de beurre, je me sentais plus intéressante qu'un nourrisson° cloué dans son berceau°. J'avais une petite sœur: ce poupon° ne m'avait pas…

Ma mère m'inspirait des sentiments amoureux; je m'installais sur ses genoux, dans

15   la douceur parfumée de ses bras, je couvrais de baisers sa peau de jeune femme; elle apparaissait parfois la nuit, près de mon lit, belle comme une image, dans sa robe de verdure mousseuse° ornée° d'une fleur mauve, dans sa scintillante robe de jais° noir. Quand elle était fâchée, elle me «faisait les gros yeux»; je redoutais° cet éclair orageux° qui enlaidissait son visage; j'avais besoin de son sourire.

20   Quant à mon père, je le voyais peu. Il partait chaque matin pour «le Palais»[6] portant sous son bras une serviette° pleine de choses intouchables qu'on appelait des dossiers°. Il n'avait ni barbe ni moustache, ses yeux étaient bleus et gais. Quand il rentrait le soir, il apportait à maman des violettes de Parme. Papa riait aussi avec moi; il me faisait chanter; il m'ébahissait° en cueillant au bout de mon nez des pièces de cent sous[7].

25   Il m'amusait et j'étais contente quand il s'occupait de moi, mais il n'avait pas dans ma vie de rôle bien défini.

laqués *laquered*

plumes… *ostrich feathers /*
canotiers *boaters (hats)*

plissée *pleated*

nourrisson tout petit bébé /
cloué… *stuck in her crib*
poupon petit bébé

mousseuse *soft /* ornée décorée
jais noir profond
redoutais craignais /
éclair… *stormy flash*
serviette *briefcase /*
dossiers *files*

m'ébahissait m'étonnait

---

[5] nom d'une rue à Paris
[6] palais de Justice
[7] *magic trick, when coins, here franc pieces, appear at the tip of the nose*

COMPRENEZ-VOUS?

1. Que voit l'auteur sur la première photo? Qu'est-ce qui a changé sur la deuxième photo?
2. Quelle a été la réaction de Simone à la naissance de sa petite sœur? Pourquoi ce sentiment n'a-t-il pas duré longtemps?
3. Décrivez ses rapports avec sa mère et comparez-les à ceux qu'elle avait avec son père.

CHERCHEZ LA FORME

Dans le deuxième paragraphe ci-dessus, Simone de Beauvoir décrit sa mère. Trouvez cinq adjectifs à la forme féminine et donnez-en la forme masculine.

ALLEZ PLUS LOIN

D'après les trois paragraphes de la première partie de la lecture, avez-vous l'impression que Simone de Beauvoir a eu une enfance heureuse? Justifiez votre réponse avec des exemples tirés du texte.

POUR MIEUX COMPRENDRE

Comment l'attitude d'un enfant envers ses parents change-t-elle à l'adolescence? Pourquoi y a-t-il un tel changement?

Dans l'extrait qui suit, Simone de Beauvoir décrit ses rapports avec ses parents, surtout avec sa mère, à l'âge de 13 ans.

Charles Hewitt / Picture Post / Getty Images

Simone de Beauvoir en 1947

Mémoires d'une jeune fille rangée

Deuxième partie

fléchi *weakened* / s'éveillait *was awakening* / corvées tâches pénibles

pesait *weighed me down*

missel livre de prières de la messe / cuir... *fawn-colored leather* / toile *canvas*

tirelire *piggy bank*

je... *I stood up to her*
céder *to give in*
qu'elle... *she would have made me rebel*

menus petits / moudre *grind* / caisse... poubelle

J'avais perdu la sécurité de l'enfance; en échange je n'avais rien gagné. L'autorité de mes parents n'avait pas fléchi° et comme mon esprit critique s'éveillait°, je la supportais de plus en plus impatiemment. Visites, déjeuners de famille, toutes ces corvées° que mes 30 parents tenaient pour obligatoires, je n'en voyais pas l'utilité. Les réponses: «Ça se doit. Ça ne se fait pas» ne me satisfaisaient plus du tout. La sollicitude de ma mère me pesait°. Elle avait «ses idées» qu'elle ne se souciait pas de justifier, aussi ses décisions me paraissaient-elles souvent arbitraires. Nous nous disputâmes violemment à propos d'un missel° que j'offris à ma sœur pour sa communion solennelle: je le voulais relié 35 de cuir fauve° comme celui que possédait la plupart de mes camarades; maman estimait qu'une couverture de toile° bleue serait bien assez belle; je protestai que l'argent de ma tirelire° m'appartenait; elle répondit qu'on ne doit pas dépenser vingt francs pour un objet qui peut n'en coûter que quatorze. Pendant que nous achetions du pain chez le boulanger, tout au long de l'escalier et de retour à la maison, je lui tins tête°. 40 Je dus céder°, la rage au cœur, me promettant de ne jamais lui pardonner ce que je considérais comme un abus de pouvoir. Si elle m'avait souvent contrariée, je crois qu'elle m'eût précipitée dans la révolte°. Mais dans les choses importantes—mes études, le choix de mes amies—elle intervenait peu; elle respectait mon travail et même mes loisirs, ne me demandant que de menus° services: moudre° le café, descendre la caisse 45 à ordures°. J'avais l'habitude de la docilité, et je croyais que, en gros, Dieu l'exigeait de moi; le conflit qui m'opposait à ma mère n'éclata pas; mais j'en avais sûrement conscience. Son éducation, son milieu l'avaient convaincue que pour une femme la maternité est le plus beau des rôles: elle ne pouvait le jouer que si je tenais le mien°, mais je refusais d'entrer dans la comédie des adultes. [...] Ma mère devinait en moi des réticences qui lui donnaient de l'humeur°, et elle me grondait souvent. Je lui en voulais de me maintenir dans la dépendance et d'affirmer sur moi des droits. En outre, j'étais jalouse de la place qu'elle occupait dans le cœur de mon père car ma passion pour lui n'avait fait que grandir.

si.... *if I played my role*

lui... *put her in a bad mood*

Simone de Beauvoir, *Mémoires d'une jeune fille rangée* © Editions Gallimard; www.gallimard.fr

COMPRENEZ-VOUS?

1. Qu'est-ce que l'auteur a du mal à accepter quand elle arrive à l'adolescence?
2. Que pense-t-elle maintenant des «obligations» de famille?
3. Pourquoi se dispute-t-elle avec sa mère à propos d'un cadeau pour sa sœur?
4. Diriez-vous que Simone de Beauvoir est têtue *(stubborn)*? Pourquoi?
5. Quelles tâches ménagères doit-elle faire à l'époque?
6. Pourquoi ne se révolte-t-elle pas ouvertement contre sa mère?
7. Quel est le rôle le plus important pour une femme, selon la mère? Qu'en pense la fille?
8. Qu'est-ce qui suggère que la mère se rend compte des opinions de sa fille?

CHERCHEZ LA FORME

1. **Le passé.** Relisez le deuxième et le troisième paragraphes (de la première partie). Identifiez et justifiez le temps de tous les verbes. Pourquoi est-ce que l'auteur utilise ce temps?
2. **Des adverbes.** Dans la deuxième partie, on trouve trois adverbes formés à partir d'adjectifs: **impatiemment** (ligne 29), **violemment** (ligne 33) et **sûrement** (ligne 46). Quel est l'adjectif qui correspond à chaque adverbe et quel verbe ou quelle expression verbale cet adverbe modifie-t-il?

ALLEZ PLUS LOIN

Qu'est-ce que nous apprenons dans la dernière phrase de cet extrait (lignes 51–53)? Est-ce une réaction assez typique pour une jeune fille de cet âge? Expliquez votre réponse.

Activités d'expansion

A **Solidarités** A votre avis, qui sont les membres de la famille les plus aidés par leurs proches, c'est-à-dire par leurs parents, sœurs, frères, grands-parents, etc.? Les personnes âgées? Les parents? Pas du tout. Les 18–24 ans constituent la tranche d'âge *(age group)* la plus soutenue. Mais c'est aussi une tranche d'âge généreuse quant au temps et au soutien moral. Regardez les tableaux ci-dessous.

LA FAMILLE SOLIDAIRE EN CHIFFRES

Les aides reçues en fonction de l'âge

	18–24 ans	25–39 ans	40–59 ans	60–69 ans
Don d'argent	32%	16%	11%	5%
Aide administrative	39%	14%	8%	6%
Participation à des frais	38%	21%	7%	4%

Le type d'aide que l'on donne selon l'âge

	18–24 ans	25–39 ans	40–59 ans	60–69 ans
Présence	71%	62%	65%	68%
Coup de téléphone	65%	67%	68%	66%
Bricolage	43%	40%	40%	39%
Travaux ménagers	38%	36%	33%	23%
Garde d'enfants	27%	25%	25%	37%
E-mail, chat, MSN...	20%	19%	12%	14%

Source: *Phosphore,* mars 2007

Et dans votre famille? Comparez ces chiffres à ce que vous savez sur les types d'aide que chacun procure ou reçoit dans votre famille ou dans des familles que vous connaissez. Pour vous, quelle est l'aide la plus importante? Expliquez ce qui change avec l'âge.

B **L'indépendance.** Le tableau à la page 116 montre que la majorité des jeunes entre 15 et 29 ans vivent encore chez leurs parents. A votre avis, que se passe-t-il quand l'enfant annonce son départ à ses parents ou bien son retour au foyer? Mettez-vous en groupe de trois (le père, la mère et le jeune) et jouez les scènes suivantes.

1. Une jeune personne de 18 ans veut quitter le foyer familial. Ses parents ne sont pas d'accord, alors leur enfant essaie de les convaincre. Quels sont les arguments des parents et ceux de l'adolescent(e)?
2. La situation a maintenant changé. Après avoir fini ses études, l'enfant décide de revenir habiter chez ses parents. Mais cette fois-ci, les parents préféreraient qu'il/elle cherche son propre appartement. Expliquez les raisons de chacun.

C On cherche un(e) coloc. Toute la classe participe au jeu de rôle suivant. On désigne trois ou quatre étudiants qui cherchent un appartement. Ceux-ci doivent faire une liste de questions à poser aux groupes de colocataires éventuels. Les autres membres de la classe se mettent en groupes de deux ou trois: ils vivent déjà ensemble en colocation. Pour choisir un nouveau (une nouvelle) coloc, ils discutent d'abord des qualités «essentielles» recherchées, puis ils font une liste de questions à poser aux «candidats». Faites preuve de créativité et d'imagination. Il se peut que les «candidats» doivent passer plusieurs entretiens avant de trouver un appart.

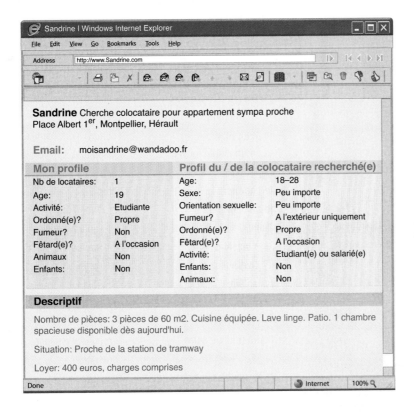

Sandrine | Windows Internet Explorer

File   Edit   View   Go   Bookmarks   Tools   Help

Address   http://www.Sandrine.com

Sandrine Cherche colocataire pour appartement sympa proche
Place Albert 1ᵉʳ, Montpellier, Hérault

Email: moisandrine@wandadoo.fr

Mon profile		Profil du / de la colocataire recherché(e)	
Nb de locataires:	1	Age:	18–28
Age:	19	Sexe:	Peu importe
Activité:	Etudiante	Orientation sexuelle:	Peu importe
Ordonné(e)?	Propre	Fumeur?	A l'extérieur uniquement
Fumeur?	Non	Ordonné(e)?	Propre
Fêtard(e)?	A l'occasion	Fêtard(e)?	A l'occasion
Animaux	Non	Activité:	Etudiant(e) ou salarié(e)
Enfants:	Non	Enfants:	Non
		Animaux:	Non

Descriptif

Nombre de pièces: 3 pièces de 60 m2. Cuisine équipée. Lave linge. Patio. 1 chambre spacieuse disponible dès aujourd'hui.

Situation: Proche de la station de tramway

Loyer: 400 euros, charges comprises

Done   Internet   100%

Sans frontières

Marie de Paris

A L'ÉCOLOGIE

Mots apparentés: l'environnement, l'écotourisme (*m.*), conserver, la biodiversité, recycler, le recyclage, consommer, la pollution, polluer, l'émission (*f.*)

le(la) militant(e)	*activist*
la campagne	*countryside, campaign*
le combustible fossile	*fossil fuel*
le pétrole	*oil*
le charbon	*coal*
le biocarburant	*bio fuel*
l'énergie...	*. . . energy, power*
nucléaire	*nuclear*
hydraulique	*water*
solaire	*solar*
éolienne	*wind*
renouvelable	*renewable*
l'effet (*m.*) de serre	*greenhouse effect*
le gaz à effet de serre	*greenhouse gas*
le réchauffement climatique	*global warming*
les déchets (*m.*)	*trash, refuse, waste*
la décharge municipale	*city dump*
trier	*to sort*
le tri	*sorting*
gaspiller	*to waste*
la propreté	*cleanliness*
bio (biologique) (*adj.*)	*organic*
les produits bio	*organic food*
le développement durable	*sustainable development*
le commerce équitable	*fair trade*

Pour obtenir des exercices et activités supplémentaires sur le contenu de ce chapitre, rendez-vous sur le site www.cengage.com/login.

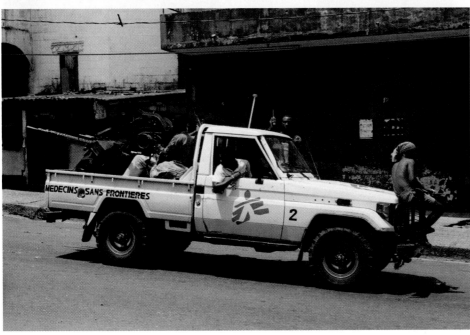

Patrick Robert/Sygma/Corbis

B LES RELATIONS INTERNATIONALES

Mots apparentés: la nation, le nationalisme, la diplomatie, le (la) diplomate, négocier, la négociation, le gouvernement, neutre, l'économie *f.*, la politique, le parti politique, le consulat, l'ambassade *f.*, le passeport, le visa, le (la) déplacé(e), le (la) réfugié(e), le camp, le pacifisme, le (la) pacifiste

la guerre...	. . . war
civile	civil
mondiale	world
le but	aim, goal, objective
atteindre (un but)	to reach (a goal)
la frontière	border
la patrie	native country
le (la) citoyen(ne)	citizen
l'homme (la femme) politique	politician

les affaires étrangères *f.*	foreign affairs
l'UE (l'Union européenne) *f.*	EU (European Union)
l'ONU (l'Organisation des Nations Unies) *f.*	UN (United Nations)
l'OTAN (l'Organisation du Traité de l'Atlantique Nord) *f.*	NATO (North Atlantic Treaty Organization)
l'asile politique *m.*	political asylum
l'aide humanitaire *f.*	humanitarian aid
l'ONG (l'organisation non gouvernementale) *f.*	NGO (non-governmental organization)
le (la) bénévole	volunteer
le tiers-monde	Third World
le pays en voie de développement	developing country

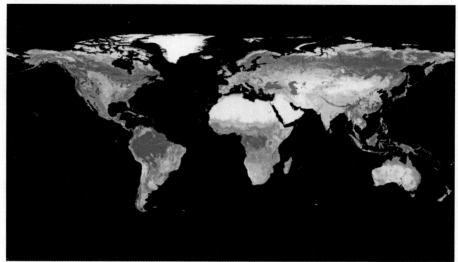

European Space Agency

Vocabulaire

(A) Devinettes. Choisissez un des mots de la liste A du vocabulaire. Donnez-en une définition ou expliquez le mot sans le révéler, afin que vos camarades de classe puissent le deviner.

> **Modèle:** Vous: **ne rien jeter, trouver une autre façon d'utiliser un objet**
>
> Vos camarades: **recycler**

(B) Des familles de mots. Voici quelques mots apparentés au vocabulaire de ce chapitre. Trouvez les mots correspondants dans les listes A et B. Identifiez la partie du discours (nom, verbe, adjectif, etc.) du mot de la liste et du mot apparenté.

1. réchauffer
2. le gaspillage
3. le soleil
4. la consommation
5. diplomatique
6. la neutralité
7. déplacer
8. l'atteinte
9. émettre
10. le bénévolat

(C) Qu'est-ce qu'on fait? Avec un(e) partenaire, finissez les phrases suivantes de façon logique. Faites autant de phrases que possible en utilisant le vocabulaire du chapitre ou votre propre vocabulaire. Comparez vos phrases à celles d'autres groupes.

> **Modèle:** Quelqu'un qui est persécuté pour ses opinions politiques...
> **peut demander l'asile politique dans un autre pays.**

1. Si un touriste perd son passeport dans un pays étranger, il...
2. Quand on veut passer une frontière,...
3. Une personne qui veut changer le monde mais qui n'aime pas la politique...
4. Quand il y a une guerre civile dans un pays,...
5. Un diplomate qui doit résoudre un conflit...
6. Une femme politique qui veut être élue...
7. Les jeunes qui veulent s'engager pour l'environnement...
8. Ceux qui font très attention à ce qu'ils mangent...

D Trouvez le mot. Voici dix définitions qui correspondent à dix mots tirés des listes de vocabulaire. Quel est le mot défini?

1. combustible solide, de couleur noire
2. endroit où on met des déchets
3. acheter des produits dont on n'a pas vraiment besoin, consommer avec excès
4. un aliment produit sans pesticide, sans herbicide chimique, sans fertilisant artificiel
5. l'énergie qui vient du vent
6. ce que cherche une personne en danger pour des raisons politiques
7. conflit armé entre groupes sociaux ou entre pays
8. absence de trouble, de violence
9. état d'une nation qui ne participe pas à une guerre
10. pays auquel on appartient

E Que font-ils? Expliquez brièvement les tâches des personnes ou les buts des organismes de la liste suivante.

1. un homme politique
2. un(e) diplomate
3. l'ONU
4. un(e) ambassadeur(-trice)
5. un(e) bénévole
6. l'Union européenne
7. une ONG

RAPPEL Interrogative forms allow you to *request information*. To review question formation, see **Structures,** Chapter 2, pages 160–163.

F Le ministre. Vous avez l'occasion d'interviewer le nouveau ministre de l'Ecologie, de l'Energie, du Développement durable et de l'Aménagement du territoire (voir **Saviez-vous que... ?** page 128) Avec un(e) ou deux camarade(s) de classe, préparez des questions à lui poser sur son ministère ou sur les problèmes de l'environnement en France. Commencez par l'expression interrogative donnée et utilisez le pronom **vous.**

1. combien
2. depuis quand
3. que
4. avec qui
5. pourquoi
6. de quoi
7. qui
8. quel(le)(s)
9. où

G Une table ronde d'experts. Avec un(e) partenaire, préparez cinq questions que vous pourriez poser à une des personnes suivantes sur le sujet indiqué.

1. une infirmière: son séjour en Somalie avec Médecin sans frontières (au passé)
2. une femme politique membre des Verts (parti écologiste): la politique environnementale (au futur)
3. un ingénieur: l'énergie nucléaire dans le monde (temps au choix)
4. un employé de la Banque de France: l'euro (au futur)
5. un ancien volontaire du *Peace Corps*: le travail des associations humanitaires

Lecture

Actuellement, l'écologie, une question qui préoccupe le monde entier, est aussi un thème d'excellence pour les poètes et artistes de la chanson française. Pierre Perret est l'un de ces chanteurs engagés. Né en 1934, il est considéré une légende de la chanson française. Il maîtrise les subtilités de la langue française et de l'argot (il a réécrit les fables de La Fontaine), et interprète avec un sourire malicieux des thèmes sérieux et pertinents sur un ton enfantin qui peut sembler naïf. Ses plus grands succès datent des années 1960 et 1970, mais il continue d'écrire et d'interpréter aujourd'hui. La chanson que vous allez lire et écouter est sortie en 1998 mais reste très actuelle.

AVANT DE LIRE

Les couleurs s'associent souvent aux émotions. On peut être rouge de honte, ou voir tout en rose, si on est trop optimiste. Une peur bleue est une peur violente, par exemple. Quand on est très fâché, on peut dire qu'on est vert de rage. Mais le vert fait aussi allusion à la protection de l'environnement ou au parti écologiste, les Verts. En tout cas, si quelqu'un vous dit qu'il est vert, cela veut probablement dire qu'il soutient le mouvement écologiste. Lisez la première strophe de la chanson qui est aussi le refrain. Comment le chanteur associe-t-il les différents sens du mot **vert**?

European Communities, 1995–2009

L'ecolabel europeen

POUR MIEUX COMPRENDRE

Parcourez le texte de la chanson qui est présenté comme le chanteur l'a écrit. Vous verrez qu'il y a des apostrophes qui remplacent certaines lettres pour reproduire la façon dont le chanteur les prononce. De quelle lettre s'agit-il la plupart du temps?

Je suis vert de colère

 CD 1, track 8

bousillent *wreck*

Refrain
Je suis vert, vert, vert,
Je suis vert de colère
Contre ces pauv'typ's
Qui bousillent° la terre,

5 Cette jolie terre
Que nos pères, nos
grands-pères
Avaient su préserver
Durant des millénaires.

10 Les rivières écument°.
Les usines fument.
Les moutons mang'leurs papas
Changés en granulés[1].
Les déchets ultimes,
15 La vach'folle° en prime,
Sont un p'tit cadeau du ciel
De nos industriels.

Refrain

De Brest aux Maldives[2],
Vont à la dérive°
20 Des poubell's radio-activ's
Jusqu'au fond des lagunes
Et, mêm'sans tapage°,
Des maires de village
En enterr'dans leur commun'
25 Pour faire entrer des thunes°.

Refrain

Les blés, les patates°
Sont bourrés d'nitrates.
On shoote° aussi bien les veaux°
Qu'les champions haut-niveau[3].
30 On s'fait des tartines
Au beurr'de dioxine.
En voiture, on a l'point vert
Pour doser nos cancers.

Refrain

Sous la couch'd'ozone,
35 L'oxyd'de carbone°
Tue nos forêts si précieus's
Autant qu'les tronçonneus's°.

L'air pur s'amenuise°.
Nos sources° s'épuisent°
40 Mais colorants, salmonelloses
Nous font la vie en rose.

Refrain

Pour qu'y ait pas d'panique,
Leurs poisons transgéniques,
Ils les nomment «sciences de la vie»
45 Ou «biotechnologies».
Leur's gènes font la nique°
Aux antibiotiques.
Pour guérir nos infections,
Faudra d'l'inspiration.

Refrain

50 Tous les ans, bonhomme,
Sept milliards de tonnes
De gaz mortel CO_2
S'envolent dans les cieux.
L'effet d'serr'menace.
55 Ça fait fond'les glaces.
La mer mont': c'est sans danger,
Y aura qu'à éponger°.

Je suis vert, vert, vert,
Je suis vert de colère
60 Contre ces pauv'typ's
Qui bousillent la terre.
Il y a ceux qui chantent
La chanson du profit
Contre tous ceux qui aiment
65 La chanson de la vie.

écument *foam* /
s'amenuise *devient plus petit* /
sources *springs (water)* /
s'épuisent *dry up*

vach'folle *mad cow (disease)*

font la nique *thumb their nose at*
à la dérive *adrift*

tapage *bruit*

thunes *argent*

patates *pommes de terre*

shoote *injecte de la drogue* /
veaux *petits de la vache* /
éponger *mop up*

l'oxyd'de carbone *carbon monoxide*
tronçonneus' *chain saw*

"Vert de Colère" de Pierre Perret

[1] La maladie de la vache folle est une infection dégénérative du système nerveux central des vaches, des moutons, etc. Elle était très répandue entre 1986 et les années 2000, touchant plus de 190 000 animaux. Cette épidémie trouve son origine dans les farines animales incorporées à l'alimentation des bovins. Ces farines animales étaient obtenues à partir de parties non consommées des carcasses bovines et de cadavres d'animaux.

[2] Les Maldives, officiellement la République des Maldives, sont un pays d'Asie du Sud-Ouest, constitué de 1 199 îles, dont 202 habitées, situées à environ 451 km au sud de l'Inde.

[3] On injecte des hormones de croissance aux veaux pour qu'ils grandissent plus vite, comme le font certains sportifs pour se donner plus de force ou de muscles.

COMPRENEZ-VOUS?

1. Dans chaque strophe le chanteur mentionne plusieurs problèmes de l'environnement. Identifiez-en autant que possible.

2. Qui sont les responsables ou les coupables, mentionnés dans la chanson?

3. Quels sont les résultats de ces formes de pollution?

CHERCHEZ LA FORME

1. Trouvez les verbes pronominaux dans la chanson et mettez-les au passé composé.
2. Relisez les quatre derniers vers de la chanson. Qui sont les «ceux» dont il parle?

ALLEZ PLUS LOIN

Trouvez des exemples d'humour noir, de cynisme ou d'ironie dans cette chanson.

RAPPEL To make *hypotheses,* that is, to suggest what might happen or how things would be or how they could have been, use the *conditional* mood in French. See **Structures,** Chapter 5, pages 186–190.

Applications

Matthew71/istockphoto.com

Saviez-vous que… ?

Selon un sondage d'Eurobaromètre en 2008, 68% des citoyens de l'Union europénne pensent que «la pauvreté, le manque de nourriture et d'eau potable» est un des problèmes les plus sérieux auxquels notre monde est confronté. 62% ont le sentiment que le «réchauffement de la planète/changement climatique» fait aussi partie des problèmes les plus sérieux. Le «terrorisme international» est considéré comme un des problèmes les plus sérieux par 53% des répondants, alors que 38% mentionnent les «conflits armés». Un quart pensent que cela s'applique à «l'important recul de l'économie».

Source: www.europa.eu, 2009

Ⓐ Si elle/il pouvait tout changer. Si les personnes suivantes avaient le pouvoir de résoudre les problèmes du monde (voir **Saviez-vous que… ?**), que feraient-elles? Quels seraient les résultats? Comment serait le monde? Utilisez le conditionnel dans vos réponses.

1. un ingénieur
2. une agricultrice
3. une maîtresse d'école
4. un infirmier
5. une star du cinéma
6. un éboueur *(trash collector)*

Falconia/istockphoto.com

Ⓑ Un tout autre monde. Décrivez les résultats probables ou possibles dans chaque cas suggéré. Comparez vos idées à celles de vos camarades de classe.

1. Si l'UE n'existait pas,…
2. Si le Royaume-Uni adoptait l'euro,…
3. Si le mur de Berlin n'était pas tombé en 1989,…
4. Si on n'arrive pas à arrêter le réchauffement climatique,…

5. S'il n'y avait plus de pétrole dans le monde,...
6. Si la frontière entre le Mexique et les Etats-Unis n'existait plus,...
7. S'il n'y avait pas eu de guerre en Irak,...
8. Si les Etats-Unis envahissaient le Canada,...

RAPPEL To *describe* people, places, events, review *adjectives* and *comparisons* (**Structures,** Chapter 2, pages 154–158), *adverbs* (**Structures,** Chapter 8, pages 213–215), and *relative pronouns* (**Structures,** Chapter 6, pages 200–202).

C) Optimiste ou pessimiste? Décrivez, au futur, comment vous imaginez l'avenir, dans vingt ans. Utilisez les thèmes indiqués ou d'autres de votre choix. Comparez vos réponses à celles de vos camarades.

Modèle: la guerre

PESSIMISTE: **La guerre sera encore plus atroce parce qu'on utilisera des armes biologiques qui tueront encore plus de personnes et qui détruiront l'environnement pour ceux qui survivront. Les hommes seront encore plus méchants.**

OPTIMISTE: **Il n'y aura plus de guerre parce que nous nous comprendrons mieux. Les hommes seront plus pacifistes et ils ne voudront plus se battre. Il y aura un seul gouvernement mondial, et on sera tous des citoyens du monde.**

1. l'environnement
2. le statut de la femme
3. le statut des groupes minoritaires
4. la technologie
5. l'économie
6. les médias
7. l'énergie

D) La France et votre pays. Décrivez et comparez les deux pays et leurs habitants en utilisant ce que vous avez appris sur les catégories indiquées dans les chapitres précédents de *Sur le vif.*

Modèle: l'immigration

L'immigration est un aussi gros problème en France qu'aux Etats-Unis. Pendant longtemps en Amérique, les immigrés trouvaient assez facilement du travail mais depuis quelques années, c'est devenu plus difficile. Aujourd'hui, il y a moins d'immigrés d'Amérique centrale, et certains des autres immigrés, comme les informaticiens indiens, rentrent dans leur pays d'origine pour y travailler. En France, où le taux de chômage est plus élevé, c'est encore plus compliqué. La plupart des immigrés qui sont francophones viennent d'Afrique. Il n'y a pas de travail chez eux. Dans les deux pays, on n'accepte pas toujours très bien les immigrés, surtout ceux qui ne parlent pas la langue, et ils ont parfois du mal à s'intégrer.

1. les langues étrangères
2. les écoles et les universités
3. les jeunes
4. les voitures
5. les vacances
6. le cinéma et la télévision
7. la famille

To express *opinions*, certain verbs or expressions followed by the **subjunctive**, *indicative,* or *infinitive* can be used (review **Structures,** Chapter 7, pages 207–211), as well as *negative constructions* when you disagree (review **Structures,** Chapter 6, pages 197–200).

E C'est vrai? Votre sœur, qui a 12 ans, commence à s'intéresser à ce qui se passe dans le monde; donc elle est toujours en train de poser des questions. En jouant le rôle du membre de la famille indiqué, utilisez les expressions données pour lui répondre et des pronoms pour éviter la répétition.

1. VOTRE SŒUR: Est-il vrai que la France et l'Allemagne sont encore ennemies?
   VOUS : Non, il n'est pas vrai que…
2. VOTRE SŒUR: Si on est français, est-ce qu'on a besoin d'un passeport pour aller en Italie?
   PAPA : Si on est français, ie n'est pas nécessaire de…
3. VOTRE SŒUR: Est-ce que les Européens veulent tous parler anglais?
   MAMAN : Je doute que…
4. VOTRE SŒUR: Les Européens savent beaucoup de choses sur l'Amérique?
   VOUS : Il est possible que…
5. VOTRE SŒUR: Et nous, est-ce que nous nous intéressons au tiers-monde?
   PAPA : Pas beaucoup. C'est dommage que…
6. VOTRE SŒUR: Les Chinois ont-ils accepté le capitalisme?
   VOUS : Je ne crois pas que…
7. VOTRE SŒUR: Est-ce que la prospérité s'établit rapidement en Russie?
   MAMAN : Il est peu probable que…
8. VOTRE SŒUR: Avons-nous encore besoin d'une armée?
   VOUS : Oui, je crois que…
9. VOTRE SŒUR: Est-ce que les Américains parlent beaucoup de langues?
   MAMAN : Je ne pense pas que…
10. VOTRE SŒUR: Penses-tu que je devrais apprendre à parler plusieurs langues?
    MAMAN : Oui, il faut que…
11. VOTRE SŒUR: Vous aimez répondre à mes questions?
    TOUS : Bien sûr, nous sommes contents de…

F Des images stéréotypées? Préparez une description détaillée des groupes ou des concepts de la liste, en tenant compte du point de vue indiqué entre parenthèses. Votre partenaire trouve que vous exagérez et vous contredit en faisant le portrait opposé.

Modèle: les hommes politiques (portrait négatif)

> VOUS: **Moi, je crois que tous les hommes politiques sont corrompus. Ils veulent tous avoir du pouvoir et de l'argent. Ils mentent pour être élus et ne pensent jamais au bien-être des citoyens.**
>
> VOTRE PARTENAIRE: **Je ne suis pas d'accord. Il est vrai que certains hommes politiques sont corrompus, mais je ne crois pas qu'ils soient tous corrompus. Ils ne cherchent qu'à aider les citoyens, ce qui n'est pas toujours facile.**

1. les réfugiés politiques (portrait positif)
2. les écolos (portrait négatif)
3. les partis politiques (portrait positif)
4. l'Union européenne (portrait négatif)
5. l'aide humanitaire (portrait positif)

RAPPEL To *narrate in the past*, review the uses of the *imperfect*, **passé composé**, and *pluperfect* (**Structures**, Chapter 3, pages 167–171).

G Tout le monde exagère! Avec un(e) partenaire, imaginez que vous vous êtes trouvé(e) dans une des situations de la liste suivante. Racontez en trois ou quatre phrases ce qui s'est passé en exagérant beaucoup. Comparez votre récit à ceux de vos camarades de classe.

1. A Paris: Vous avez dîné au Palais de l'Elysée avec le président de la République française.
2. A Moscou: Vous avez servi d'interprète au président des Etats-Unis.
3. En Turquie: Vous visitiez le pays quand il y a eu un tremblement de terre.
4. En Afrique du Sud: Vous avez participé aux préparations pour la Coupe du monde de football en 2010.
5. A Washington: Le vice-président des Etats-Unis vous a invité(e) à visiter la ville.
6. A Londres: Vous êtes allé(e) au théâtre et un des membres de la famille royale était assis à côté de vous.
7. En France: Vous avez participé au Tour de France.
8. En Chine: Vous avez participé à une manifestation et on n'a pas voulu vous laisser quitter le pays.

H Leurs rêves de jeunesse. Imaginez les rêves et les activités des personnes de la liste quand elles avaient l'âge indiqué.

Modèle: Napoléon, à 7 ans
> **Il voulait être officier et commander beaucoup d'hommes.**
> **Il n'obéissait plus à ses parents mais il voulait que ses amis le**
> **suivent. Il montait souvent à cheval et jouait avec des petits**
> **soldats de plomb.**

1. Nelson Mandela, à 14 ans
2. Einstein, à 12 ans
3. le pape, à 15 ans
4. Jeanne d'Arc, à 10 ans
5. Gustave Eiffel[4], à 7 ans

6. Martin Luther King Jr., à 9 ans
7. Fidel Castro, à 10 ans
8. vous, à 13 ans
9. votre professeur de français, à 15 ans

---

[4] l'ingénieur qui a fait construire la Tour Eiffel (en 1889)

Lecture

En 1999, le prix Nobel de la paix a été remis à l'organisation non gouvernementale française Médecins sans frontières (MSF), pour avoir mis, depuis 28 ans, la «planète dans sa salle d'attente *(waiting room)*». L'organisation, fondée à Paris en décembre 1971 par un petit groupe de médecins, apporte son aide à des populations en danger et offre des soins médicaux sans discrimination et en toute indépendance. Le texte que vous allez lire est le témoignage *(account, story)* de Jean-François, 30 ans, médecin généraliste, qui parle de ses expériences avec MSF.

ENTRONS EN MATIÈRE

Y a-t-il des associations humanitaires sur votre campus? Quels sont leurs buts? Ces associations organisent-elles parfois des actions à l'étranger? Qu'est-ce qu'elles y font?

POUR MIEUX COMPRENDRE

Pourquoi un jeune médecin choisirait-il de partir avec une ONG telle que Médecins sans frontières? Trouvez quelques raisons d'ordre personnel et d'ordre professionnel.

Médecins sans frontières

PREMIÈRE PARTIE

engagement *commitment*

Engagement° associatif

J'ai fait des études de médecine parce que je souhaitais travailler dans l'action humanitaire. Et j'ai choisi de travailler pour MSF à cause de son cadre associatif indépendant, afin de pouvoir y effectuer une démarche° «politique-apolitique», c'est-à-dire qui ne s'inscrit pas dans un cadre partisan. Dans les années 90, j'ai assisté à plusieurs

5 réunions de l'Antenne° MSF à Toulouse, où des volontaires de retour de mission racontaient leur travail sur le terrain. Puis, j'ai toujours suivi l'évolution de l'association, au travers de ses publications et surtout de ces rencontres avec les volontaires: car ce sont eux, les hommes et les femmes de terrain, qui font MSF.

Après ma thèse de médecine, j'ai également suivi un cursus universitaire (maîtrise

10 de sciences politiques et DEA d'anthropologie politique). Car l'action humanitaire médicale dépasse largement le strict cadre médical. Il est ainsi nécessaire d'être conscient que nous évoluons dans le champ du politique, des relations internationales. C'est pourquoi j'ai voulu suivre ce cursus complémentaire, afin de mieux comprendre et connaître notre environnement de travail. Enfin, avant de partir pour MSF, je me

15 suis beaucoup investi dans le monde associatif. Au cours de ma troisième année de médecine, j'ai créé une association médicale et culturelle pour partir au Népal, puis j'ai travaillé dans une association pour promouvoir° la culture en milieu hospitalier et à l'université. Je me suis également impliqué dans une association qui a créé un festival pluri-artistique en Bosnie. La médecine ou les arts sont, pour moi, des moyens qui

20 permettent de toucher les autres. Avec une démarche d'ouverture, d'altérité°.

démarche *action*

Antenne *branch*

promouvoir *promote*

altérité la reconnaissance de l'autre dans la différence

A la fin de mes stages d'interne, j'ai voulu poursuivre mon engagement associatif dans le cadre d'une association quasi-professionnelle, en termes de moyens, d'influence et d'opérationnalité. Je me suis mis en disponibilité° pour trois mois. J'étais prêt à partir pour n'importe quel programme. On m'a proposé une mission en Erythrée, au

25 moment de la guerre avec l'Ethiopie. Il s'agissait donc d'une mission d'urgence pour la prise en charge de déplacés érythréens suite au conflit. L'armée éthiopienne avait pénétré en Ethiopie et cela avait généré d'importants déplacements de populations, qui s'étaient réfugiées dans les montagnes. Je travaillais dans la ville d'Adi Khei, au pied des grands plateaux où MSF avait installé un camp pour accueillir ces déplacés. Mon

30 activité consistait à superviser leur prise en charge dans le camp, avec deux infirmiers locaux. Des «cliniques mobiles» ont également été mises en place, ce qui nous permettait de réaliser des consultations à l'extérieur du camp. On se rendait auprès des populations isolées à dos de chameaux° ou de mulets, les sacs remplis de médicaments.

disponibilité *availability*

chameaux *camels*

COMPRENEZ-VOUS?

1. Pourquoi Jean-François a-t-il décidé de faire des études de médecine?
2. Quels aspects de MSF l'attirent? Comment s'est-il renseigné sur cette ONG?
3. A part la médecine, quelles autres études a-t-il faites? Pourquoi?
4. A quelles activités culturelles a-t-il participé? Pourquoi?
5. Qu'est-ce qu'il a fait en Erythrée?

CHERCHEZ LA FORME

1. Dans les passages ci-dessus on trouve: **au** Népal, **en** Bosnie, **en** Erythrée et **en** Ethiopie. Expliquez le choix de ces prépositions.
2. Quel temps du passé se trouve dans la phrase: «L'armée éthiopienne avait pénétré en Ethiopie et cela avait généré d'importants déplacements de populations, qui s'étaient réfugiées dans les montagnes.» Expliquez pourquoi Jean-François l'a choisi.

Médecins sans frontières

DEUXIÈME PARTIE

Nouvelle expérience au Libéria

Après l'Erythrée, je suis parti au Libéria, au cours de l'été 2001. Toujours un contexte

35 de guerre civile. Là encore, nous intervenons auprès de populations déplacées par le conflit, dans le sud de Lofa[5]. Le contexte peut sembler identique, mais tout était différent. La violence des combats était plus accrue° et, de fait, les pathologies rencontrées étaient différentes: un nombre plus important de diarrhées sanglantes, beaucoup de cas de paludisme° aussi. Je travaillais au sein de cliniques mobiles, ainsi que dans le

40 camp de déplacés de Cari, qui comptait près de 4 000 personnes. Un autre camp a été construit à Belefane, lorsque la situation s'est un peu «stabilisée». Avec une équipe

accrue *grande*

paludisme *malaria*

---

[5] comté au nord du Libéria

locale—deux infirmiers, un superviseur, un chargé de la pharmacie et bien sûr le chauffeur—la clinique mobile se rendait deux fois par semaine dans des camps plus ou moins constitués de déplacés. Le premier contact se faisait auprès du chef du village—
45 il est important de respecter la hiérarchie…—, puis nous cherchions un lieu où effectuer les consultations, un lieu «en dur°» si possible, ou bien nous installions une tente. Nous réalisions entre 100 et 120 consultations par jour. Pour les cas graves, les enfants déshydratés ou les cas de paludisme sévère, nous transportions les malades dans la voiture MSF vers la clinique que nous avions installée à Cari.

en dur dans une structure permanente

Une médecine de qualité

50 D'une manière plus générale, un médecin MSF doit faire preuve d'une réelle capacité d'adaptation quel que soit le contexte dans lequel on travaille. Car MSF ne pratique pas de médecine au rabais°. Nous sommes très bien équipés, nous disposons des médicaments dont nous avons besoin, ce qui nous permet de traiter de manière assez large un grand nombre de pathologies, des plus courantes (le paludisme) à celles qui le sont
55 moins (la tuberculose). En revanche°, nous ne disposons pas de moyens de diagnostic: pas de radios, ni de laboratoire, encore moins de scanners. Nous devons travailler avec des arguments° cliniques, sans avoir peur de demander leur avis aux médecins locaux. Et même s'ils ne sont pas formés comme nous. Encore une fois, nous avons beaucoup à apprendre.

rabais *on the cheap*

en revanche au contraire

arguments raisonnements, discussions

www.msf.fr

COMPRENEZ-VOUS?

1. Comment le travail au Libéria ressemblait-il à celui que Jean-François avait fait en Erythrée? Quelles étaient les différences?
2. Que faisait la clinique mobile?
3. Pourquoi consultait-on d'abord le chef du village?
4. Quelle est la qualité la plus importante pour un médecin qui travaille pour MSF, selon Jean-François? Pourquoi, selon vous?
5. Comment Jean-François prouve-t-il que MSF ne pratique pas de médecine au rabais? Mais qu'est-ce qui manque?

CHERCHEZ LA FORME

1. Trouvez trois expressions de comparaison dans les deux paragraphes. Dans chaque cas, s'agit-il d'une comparaison de nom, d'adjectif ou d'adverbe?
2. Identifiez et expliquez les pronoms relatifs dans la première (lignes 50–51) et la troisième phrase (lignes 52–55) du deuxième paragraphe.

ALLEZ PLUS LOIN

Selon vous, pourquoi la neutralité politique, le fait de ne pas être «partisan», est-elle essentielle au travail de Médecins sans frontières?

Activités d'expansion

A Des entretiens d'embauche. Avec un(e) partenaire, choisissez une des situations suivantes et jouez la scène de l'entretien d'embauche. Un(e) étudiant(e) est le (la) candidat(e) et l'autre fait passer l'entretien.

1. un poste à l'UE
2. un poste à l'ONU à Genève
3. un poste avec Médecins sans frontières
4. un poste avec le *Peace Corps*

B Je veux partir. On vous a offert un poste à l'étranger et vous voulez partir mais certaines personnes n'acceptent pas facilement votre décision. En groupe de deux ou trois, selon le cas, jouez les rôles.

1. Six mois en Afghanistan avec Médecins sans frontières: Vos parents s'inquiètent.
2. Deux ans à Bruxelles avec l'UE: Vous manquerez à votre copain (copine).
3. Un an à Genève avec la Croix-Rouge: Vos amis ne comprennent pas pourquoi.
4. Six mois au Guatemala avec *Habitat for Humanity:* Vos grands-parents ne savent pas ce que c'est.
5. Deux ans au Togo avec le *Peace Corps:* Votre employeur n'est pas content.

C Un monde sans frontières. Quels sont les avantages et les inconvénients d'un monde sans frontières? Mettez-vous en groupes de deux ou trois et décidez si vous êtes oui ou non en faveur d'un monde sans frontières. Justifiez votre opinion en énumérant les avantages ou les inconvénients. Quelle est l'opinion de la majorité des étudiants de la classe?

Postlude

Les Cajuns

De la musique cajun: Bruce Daigrepont à la guitare avec sa femme Sue au frottoir.

David Redfern / Redferns

POSTLUDE

Deco / Alamy

Lecture

AVANT DE LIRE ET D'ÉCOUTER

Dans quelles régions de l'Amérique essaie-t-on de conserver l'héritage français? Quels aspects de cet héritage veut-on garder?

QUE VEUT DIRE «CAJUN» ET QUI SONT LES CAJUNS?

Le mot «cajun» est une altération du mot anglais *acadian*. C'est en 1755 que les autorités britanniques entreprennent la déportation des Acadiens (habitants de langue française de la Nouvelle-Ecosse et du Nouveau-Brunswick au Canada). Durant les huit années suivantes, plus de 10 000 Acadiens ont été déportés en France, sur l'Ile-du-Prince-Edouard, sur la côte est des Etats-Unis et vers la Louisiane où il y avait aussi des Français (qui s'appelaient «créoles») depuis le début du XVIIIe siècle.

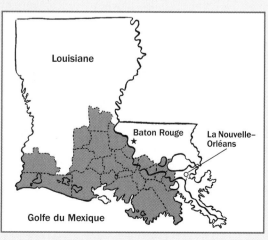

Plus tard, en 1968, la Louisiane s'est déclarée officiellement bilingue et s'est dotée d'un *(created)* ensemble de lois destinées à promouvoir le français comme seconde langue de tout l'Etat. De nos jours, les Cajuns sont toujours fiers de leurs origines françaises et essaient de préserver leur héritage linguistique, gastronomique et musical. La musique cajun est un mélange de traditions variées. A la base, il y a surtout l'influence de la France (en particulier des régions comme la Normandie, la Bretagne, le Poitou et la Picardie), du Québec et du Nouveau-Brunswick (influences anglaises, écossaises et irlandaises). Les Noirs et les Espagnols des Antilles ont apporté leur propre accent et ont créé la variation qui s'appelle le zydeco. Les instruments typiques de la musique cajun sont l'harmonica, le violon, la guitare, l'accordéon, le triangle et les cuillères. Dans la musique zydeco on trouve aussi le frottoir *(washboard)*.

Voici les paroles d'une chanson cajun, écrite et chantée par Bruce Daigrepont, un musicien de La Nouvelle-Orléans. Cette chanson exprime la nostalgie que ressent le chanteur pour son «pays». En lisant, essayez d'imaginer la musique qui accompagne les paroles.

---

fais do-do *to go to sleep, night-night*

Disco et fais-do-do°

je... j'étais impatient

🔊 CD 1, track 9

A peu près cinq ans passés, je pouvais pas espérer°
Pour quitter la belle Louisiane;
Quitter ma famille, quitter mon village,
Sortir de la belle Louisiane.
5 J'aimais pas l'accordéon, j'aimais pas le violon.
Je voulais pas parler le français.
A cette heure, je suis ici dans la Californie.
J'ai changé mon idée.
Je dis: Hé yaie yaie. Je manque la langue Cadjin.
10 C'est juste en anglais parmi les Américains.
J'ai manqué Mardi Gras. Je mange pas du gombo.

fais... soirées pour danser et faire la fête

Et je va au disco, mais je manque le fais do-do°.
J'avais l'habitude de changer la station
Quand j'entendais les chansons Cadjins.
15 Moi, je voulais entendre la même musique
Pareil comme les Américains.
A cette heure, je m'ennuie de les vieux Cadjins.
C'est souvent je joue leurs disques.
Et moi, je donnerais à peu près deux cents piastres

livre *pound* / **écrevisses** *crayfish* 20 Pour une livre° des écrevisses°.
Je dis: Hé yaie yaie. Je manque la langue Cadjin.
C'est juste en anglais parmi les Américains.
J'ai manqué Mardi Gras. Je mange pas du gombo.
Et je va au disco, mais je manque le fais do-do.
25 (bis)

"Disco et fais do-do" by Bruce Daigrepont in *Stir up the Roux,* 1987.

COMPRENEZ-VOUS?

1. Depuis combien de temps le chanteur n'habite-t-il plus en Louisiane?
2. Pourquoi a-t-il quitté son «pays»?
3. Qu'est-ce qui lui manque?
4. Quelle sorte de musique aimait-il écouter quand il était encore en Louisiane?
5. Quelle sorte de musique aime-t-il écouter en Californie?
6. Pour quel plat payerait-il 200 dollars?
7. Dans la chanson, qu'est-ce qui montre qu'il ne se sent pas tout à fait «américain»?

QUESTIONS DE LANGUE

Vous avez certainement remarqué que le français de cette chanson ne ressemble pas tout à fait au français standard. Réécrivez les phrases ou propositions suivantes comme si vous étiez professeur de français.

1. A peu près cinq ans passés…
2. Je manque la langue Cadjin.
3. Je mange pas du gombo.
4. Je va au disco…
5. Pour une livre des écrevisses…
6. … dans la Californie

ET LA MUSIQUE?

Selon vous, comment est la musique de cette chanson? Maintenant, écoutez-la. Comment réagissez-vous à cette musique?

Structures

TOPICS

I. VERB REVIEW: *payer, s'ennuyer*

II. PRESENT INDICATIVE

III. INFINITIVES

IV. IMPERATIVES

V. *FAIRE CAUSATIF*

I. Verb Review

A. Payer and other verbs that end in **-ayer** can be conjugated two ways: they can retain the **y** throughout, or the **y** can change to **i** before the unpronounced verb endings **-e, -es, -ent** and before all forms of the future and conditional.

Present

je pa**ie** (paye)	nous payons
tu pa**ies** (payes)	vous payez
il/elle/on pa**ie** (paye)	ils/elles pa**ient** (payent)

Future

je pa**ierai** (payerai)	nous pa**ierons** (payerons)
tu pa**ieras** (payeras)	vous pa**ierez** (payerez)
il/elle/on pa**iera** (payera)	ils/elles pa**ieront** (payeront)

Subjunctive

je pa**ie** (paye)	nous payions
tu pa**ies** (payes)	vous payiez
il/elle/on pa**ie** (paye)	ils/elles pa**ient** (payent)

Conditional

je pa**ierais** (payerais)	nous pa**ierions** (payerions)
tu pa**ierais** (payerais)	vous pa**ieriez** (payeriez)
il/elle/on pa**ierait** (payerait)	ils/elles pa**ieraient** (payeraient)

B. S'ennuyer and other verbs that end in **-uyer** always change the **y** to **i** before the unpronounced verb endings **-e, -es, -ent** and before all forms of the future and conditional.

Present

je m'ennu**ie**	nous nous ennuyons
tu t'ennu**ies**	vous vous ennuyez
il/elle/on s'ennu**ie**	ils/elles s'ennu**ient**

Subjunctive

je m'ennu**ie**	nous nous ennuyions
tu t'ennu**ies**	vous vous ennuyiez
il/elle/on s'ennu**ie**	ils/elles s'ennu**ient**

 SELF-CHECK Student Activities Manual, *Exercise I, A, p. 7.*

II. Present Indicative

A USAGE

The *present tense* of the indicative is used to:

- tell about what is happening now;

  Nous **écrivons** sur nos copies.
  La maîtresse **choisit** les mots.
  Je **cherche** le sujet de la phrase.
  Chaque étudiant **prend** son livre et **lit.**

- make generalizations or speak about habitual actions;

  Les cours **sont** interactifs.
  Ils **ont** toujours beaucoup de devoirs.
  Il y **a** beaucoup de lectures à faire chez soi.
  Les élèves **aiment** les vacances.

- indicate what is going to happen in the near future;

  Ce soir, nous **allons** à une fête chez le professeur.
  Demain, il y **a** un contrôle de vocabulaire.
  J'**obtiens** mon diplôme à la fin de l'année.

- indicate what is going to happen in the near future using **aller** + *infinitive*;

  Je **vais étudier** au Canada l'année prochaine.
  Nous **allons rendre** nos devoirs à la fin de l'heure.
  La maîtresse **va indiquer** les fautes.
  Les professeurs **vont demander** de meilleures conditions de travail.

- indicate what has just happened using **venir de** + *infinitive*;

  Ses parents **viennent de recevoir** son relevé de notes.
  Ce nul **vient de se réveiller** après une petite sieste.
  Vous **venez de voir** votre prof de chimie dans la rue.

- indicate that an action which started in the past is continuing into the present, when used with the preposition **depuis.**

  Depuis cinq ans, je **rêve** de parler russe sans accent.
  Cette jeune Française **fait** ses études à Vancouver **depuis** six mois.

B FORMATION

General observations: While reviewing, it is important to pay attention to the present indicative forms for the 1st and 3rd person plural forms **(nous, ils)** and to the spelling of the infinitive, because other tenses use these forms as their base.

1. The three major groups of regular verbs

a. Verbs with infinitive ending in **-er:**

    aimer, assister, discuter, étudier, passer, etc.

To conjugate these verbs, drop the **-er** of the infinitive and add **-e, -es, -e, -ons, -ez, -ent.**

j'étudi**e**	nous étudi**ons**
tu étudi**es**	vous étudi**ez**
il/elle/on étudi**e**	ils/elles étudi**ent**

A large group of **-er** verbs undergo spelling changes for pronunciation consistency.

- Verbs whose stem ends in **-g (partager)** add an **e** before the **-ons** ending in the **nous** form: **partageons.**
- Verbs whose stem ends in **-c (commencer)** change the **c** to **ç** in the **nous** form: **commençons.**

Some verbs have two different stems, one for the **je, tu, il** and **ils** forms and another for the **nous** and **vous** forms.

- Verbs like **appeler** and **jeter** double the **l** or the **t** in the stem for all but the **nous** and **vous** forms.

j'appel**l**e	nous appelons
tu appel**l**es	vous appelez
il/elle/on appel**l**e	ils/elles appel**l**ent

- Verbs like **acheter** and **modeler** change the **e** to **è** in the stem for all but the **nous** and **vous** forms.

j'ach**è**te	nous achetons
tu ach**è**tes	vous achetez
il/elle/on ach**è**te	ils/elles ach**è**tent

- Verbs like **préférer** and **sécher** change the **é** to **è** in the stem for all but the **nous** and **vous** forms.

je préf**è**re	nous préférons
tu préf**è**res	vous préférez
il/elle/on préf**è**re	ils/elles préf**è**rent

b. Regular verbs with infinitives ending in **-ir:**

   agir, choisir, finir, réussir, etc.

These verbs are conjugated by dropping the **-r** from the infinitive and adding **-s, -s, -t, -ssons, -ssez, -ssent.**

je réussi**s**	nous réussi**ssons**
tu réussi**s**	vous réussi**ssez**
il/elle/on réussi**t**	ils/elles réussi**ssent**

The verbs **dormir, partir, sentir,** and **sortir** have some irregularities in their formation. To find the stem for their singular forms, *drop the last three letters of the infinitive* and add the regular ending for **-ir** verbs (**-s, -s, -t**). For the plural forms, drop only the ending **-ir** from the infinitive and add **-ons, -ez, -ent.**

je dor**s**	nous dorm**ons**
tu dor**s**	vous dorm**ez**
il/elle/on dor**t**	ils/elles dorm**ent**

The verbs **couvrir, offrir, ouvrir,** and **souffrir** are conjugated like **-er** verbs.

j'offre	nous offr**ons**
tu offr**es**	vous offr**ez**
il/elle/on offr**e**	ils/elles offr**ent**

See Appendix C for more examples of irregular verb conjugations.

c. Regular verbs with infinitives ending in **-re:**

    entendre, rendre, répondre, etc.

To conjugate, drop the **-re** and add **-s, -s, –, -ons, -ez, -ent.**

je rend**s**	nous rend**ons**
tu rend**s**	vous rend**ez**
il/elle/on rend	ils/elles rend**ent**

2. Pronominal verbs

Pronominal or reflexive verbs are conjugated like nonreflexive verbs, but are accompanied by reflexive pronouns **(me, te, se, nous, vous, se),** which refer back to the subject.

> Je **m'inscris** dans ce cours.
> Vous **vous envoyez** des emails.
> La maîtresse **se promène** entre les pupitres.

There are four categories of pronominal verbs.

a. Pronominal verbs that express the idea that the *subject* and the *object* are doing something to each other are called *reciprocal verbs.*

> Les étudiants **se** parlent.
> *The students are talking to **each other**.*

> Nous **nous** aidons dans ce cours.
> *We help **each other** in this course.*

Many verbs that take direct or indirect objects can be turned into reciprocal verbs by adding a reflexive pronoun.

Je vois mon prof dans la rue.	→	Nous **nous** voyons dans la rue.
Il téléphone à son copain.	→	Ils **se** téléphonent.

b. Pronominal verbs that express the idea that the subject is doing something to himself or herself are called *reflexive verbs.*

> Les élèves **se** calment.
> *The students calm **(themselves)** down.*

> L'étudiant **se** réveille.
> *The student wakes **(himself)** up.*

> Je **me** penche sur mon pupitre.
> *I lean over my desk.*

c. Some verbs are used only reflexively, and with these the reflexive pronoun is often untranslatable.

Ils **se souviennent** bien de leur premier professeur de français.
*They **remember** well their first French professor.*

Nous **ne nous moquons pas** de ceux qui ratent l'examen.
*We **don't make fun** of those who fail the exam.*

L'université **s'occupe** de tout.
*The university **takes care** of everything.*

d. A reflexive construction is frequently used in French to avoid having a passive construction.

Comment est-ce que cela **se fait**?
*How **is** that **done**?*

III. Infinitives

A USAGE

Infinitives are used in a variety of ways.

- When one verb follows another, with no conjunction (like **que**) between them, the first verb is conjugated and the second verb remains an infinitive.

Je **veux suivre** ce cours.
Il **espère réussir** à cet examen.
Nous **n'aimons pas faire** les devoirs.
On se prépare pour **pouvoir participer.**

NOTE: Pay attention to the difference between the construction above (a conjugated verb + an infinitive) and the construction of the **passé composé** (a conjugated auxiliary verb + a past participle).

Il **a séché** son cours de maths hier.
Elle **est arrivée** en retard à l'examen.

- When pronominal (reflexive) verbs are used as infinitives following a conjugated verb, the reflexive pronoun agrees with the subject of the main verb.

Nous espérons **nous** inscrire sans problèmes.
***We** hope to register without problems.*

Est-ce que **tu** peux **te** débrouiller en français?
*Can **you** get along in French?*

- A verb appears in its infinitive form following a preposition (except **en;** see Appendix B).

Il travaille dur **afin d'avoir** de bonnes notes à la fin de l'année.
*He's working hard **in order to have** good grades at the end of the year.*

On n'obtient pas un diplôme **sans avoir** assez d'UE.
*One doesn't graduate **without having** enough credits.*

Dans une dictée, il faut faire attention **de bien accorder** les verbes avec les sujets.
*In a dictation, you have to be careful **to make** subjects and verbs **agree**.*

- After the preposition **après,** the past infinitive must be used. (For formation of the past infinitive, see the following section B).

    Après avoir fini ses études, elle est retournée chez ses parents.
    After having finished her studies, she went back to her parents' (house).

    Après avoir voyagé à Washington, je suis rentré en France.
    After I travelled to Washington, I returned to France.

- An infinitive can be the subject of a sentence.

    Bachoter la veille d'un examen n'est pas toujours une bonne idée.
    Cramming the night before an exam is not always a good idea.

    Choisir une université canadienne, c'est faire l'expérience de la vie nord-américaine.
    Choosing a Canadian university means experiencing life in North America.

B FORMATION

There are two tenses for the infinitive: the present and the past. The past infinitive is formed with the infinitive **avoir** or **être** + *the past participle of the main verb.*

Present Infinitive	Past Infinitive
étudier	avoir étudié
rendre	avoir rendu
rentrer	être rentré(e)(s)
s'inscrire	s'être inscrit(e)(s)

    Après avoir étudié tout l'après-midi, il est sorti avec ses copains.
    After having studied all afternoon, he went out with his friends.

NOTE: The agreement rules that apply to the **passé composé** also apply to the past infinitive. In verbs conjugated with the auxiliary **être,** the past participle agrees with the subject of the sentence.

    Après être rentrée de vacances, **elle** a recommencé à travailler sur sa thèse.
    After having returned from vacation, she started working again on her dissertation.

To negate an infinitive, both **ne** and **pas** (or other negative form) are placed in front of the infinitive.

    Je bachote toute la nuit pour **ne pas échouer** à l'examen.
    I am cramming all night so I won't fail the exam.

    Il est préférable de **ne jamais redoubler** une année.
    It is best never to repeat a year.

SELF-CHECK Student Activities Manual, *Exercises II–III, B–G, pages 7–9.*

IV. Imperatives

A USAGE

The imperative forms are used to give *commands, orders,* or even to extend *invitations.*

> **Choisis** les cours qui t'intéressent.
> **Rendez** vos devoirs à la fin du cours.
> **Etudions** à la bibliothèque ce soir.
> **Souviens-toi** de la règle.

You can soften the command by using **s'il te plaît** (with familiar commands) or **s'il vous plaît** (with formal or plural commands).

> **Explique**-moi les devoirs, s'il te plaît.
> **Répétez** la question, s'il vous plaît.

If you wish to be less direct or abrupt in expressing a command, you can phrase your request as a question.

> Tu peux m'expliquer les devoirs?
> Pourriez-vous répéter la question?

B FORMATION

There are three different imperative forms you can use, depending on whom you are addressing.

I. The second person singular form, based on the **tu** form of the present: for commands given to someone you know well.

> **Réponds!**
> **Finis** tes études!
> **Fais** tes devoirs!

a. **-er** verbs (and those verbs conjugated like **-er** verbs) drop the **-s** of the **tu** form.

> Ne **parle** pas!
> **Écoute** bien!

NOTE: When the second person singular (**tu** form) is followed immediately by **y** or **en,** the ending **-s** is retained to make it easy to pronounce.

> **Vas-y!**
> **Manges-en!**

b. Pronominal verbs keep the reflexive pronoun. **Te** changes to **toi** when it follows the affirmative imperative.

> **Débrouille-toi!** (se débrouiller)
> **Rappelle-toi** qu'il y a un contrôle demain! (se rappeler)

2. The first person plural form, based on the **nous** form of the present: for commands in which the speaker is including himself or herself.

> **Assistons** à cette conférence!
> **Remercions** le prof!

3. The second person plural form, based on the **vous** form of the present: for commands to more than one person or to someone you do not know well.

> **Écoutez!**
> **Taisez-vous!** (se taire)

Three verbs frequently used in the imperative are irregular: their forms are based on the subjunctive.

avoir:	Aie! Ayons! Ayez!	**Ayez** confiance!
être:	Sois! Soyons! Soyez!	**Soyons** attentifs!
savoir:	Sache! Sachons! Sachez!	**Sache** que le prof est fâché!

When the imperative is negative, the **ne** precedes the verb, and the **pas** (or other negative form) follows. If there is a reflexive pronoun it will appear after the **ne,** in front of the verb.

> Ne **vous disputez** pas!
> Ne **sèche** jamais ce cours!
> N'**oublions** pas la date de l'examen!

 SELF-CHECK Student Activities Manual, *Exercises IV, L–M, pages 11–12.*

 V. *Faire causatif*

To indicate that the subject is having something done (and not doing it himself or herself) use the verb **faire** + *infinitive*.

> Quand je m'endors en classe, le prof me **fait écrire** des phrases au tableau.
> *When I fall asleep in class, the professor **makes** me **write** sentences on the board.*

> Parfois un élève **fait rire** toute la classe.
> *Sometimes a student **makes** the whole class **laugh**.*

> Quand nous sommes insolents en cours, le prof nous **fait** nous **excuser** par écrit.
> *When we talk back to the teacher, he **makes** us **excuse** ourselves in writing.*

> Le prof **fait signer** le cahier par les parents.
> *The teacher **has** the parents **sign** the notebook.*

> Mon père me **fait venir** dans son bureau quand j'ai une mauvaise note.
> *My father **makes** me **come** into his study when I have a bad grade.*

> Ce prof est très exigeant. Il nous **fait** beaucoup **travailler.**
> *This professor is very demanding. He **makes** us **work** a lot.*

NOTE: The pronouns that accompany the infinitives in the last two examples are direct object pronouns. The infinitive in the **faire causatif** construction can also take a direct object, an indirect object, an indirect object pronoun, or **y.**

Elle **a fait envoyer** son dossier à l'université.
*She **had** her record **sent** to the university.*

Elle l'y **a fait envoyer.**
*She **had** it **sent** there.*

Elle **a fait envoyer** son dossier (dir. obj.)
à M. Dupont (ind. obj.).
*She **had** her record **sent** to Mr. Dupont.*

Elle le lui **a fait envoyer.**
*She **had** it **sent** to him.*

✅ **SELF-CHECK** Student Activities Manual, *Exercises V, O, page 13.*

Structures

I. Verb Review

A. Décrire (écrire, inscrire, etc.) is irregular in the **present indicative tense** and **past participle.**

je décris	nous décrivons
tu décris	vous décrivez
il/elle/on décrit	ils/elles décrivent
Past participle: décrit	

Formation of other tenses and modes is standard.

Imperfect stem:	(Stem of present indicative **nous** form)	décriv-
Future/Conditional stem:	(Drop the final **e** of the infinitive)	décrir-
Subjunctive stem:	(Stem of present indicative **ils/elles** form)	décriv-

B. S'asseoir is unusual in that it has two stems for the conjugation of the present indicative, the present subjunctive, the imperfect, the future, and the conditional. The one below is the most commonly used.

Present		Future	
je m'assieds	nous nous asseyons	je m'assiérai	nous nous assiérons
tu t'assieds	vous vous asseyez	tu t'assiéras	vous vous assiérez
il/elle/on s'assied	ils/elles s'asseyent	il/elle/on s'assiéra	ils/elles s'assiéront

Past participle:	assis
Imperfect stem:	nous nous assey-
Conditional stem:	je m'assiér-
Subjunctive stem:	ils/elles s'assey-

NOTE: Do not confuse: Je m'assieds   *I'm sitting down [action].*
                                    Je me suis assis(e).   *I sat down [action].*
                                    Je suis assis(e).   *I'm seated [state].*

 SELF-CHECK Student Activities Manual, *Exercise I, A, page 21.*

II. Descriptive Adjectives

Adjectives are used to modify (qualify or describe) nouns or pronouns.

A FORMATION

In French, adjectives agree in gender (masculine / feminine) and in number (singular / plural) with the nouns or pronouns they modify. For example:

Elle a les **cheveux longs** et **ondulés.**

General rules for formation of descriptive adjectives:

• The majority of adjectives follow a standard pattern of formation.

masculine singular form + **s** = *masculine plural form*
   impoli   impol**is**

masculine singular form + **e** = *feminine singular form*
   impoli   impol**ie**

masculine singular form + **es** = *feminine plural form*
   impoli   impol**ies**

• If the masculine singular form already ends in **-e,** the feminine singular form is the same.

un jeune homme **mince**   une jeune femme **mince**

• If the masculine singular form already ends in **-s,** the masculine plural form is the same.

un jeune homme **français**   des jeunes hommes **français**

Masculine Singular	Feminine Singular	Masculine Plural	Feminine Plural
• ends in a consonant or a vowel other than -e **content**	+ e contente	+ s contents	+ es contentes
• ends in -e **mince**	no additional ending mince	+ s minces	+ s minces
• ends in -s **français**	+ e française	no additional ending français	+ es françaises

1. Variation of feminine forms

There are many adjectives that do not follow the regular pattern for the formation of the feminine in the preceding chart. These are difficult to group, as there are many variations, but some of the broader categories are explained below.

a. Adjectives that end in **-er** and **-f** form the feminine using this pattern:

Endings		Examples	
Masculine	**Feminine**	**Masculine**	**Feminine**
-er	-ère	premier	première
-f	-ve	actif	active

b. Adjectives that end in **-x** form the feminine several different ways. Since there is no pattern, the masculine and feminine forms should be learned together.

Frequently used adjectives of this type:

Masculine	Feminine
heureux	heureuse
faux	fausse
doux	douce
roux	rousse
vieux	vieille

c. Adjectives that end in **-eur** have several different feminine endings.

• Most adjectives with the masculine singular ending **-eur** change to the feminine singular ending **-euse.**

flatteur	flatteuse
moqueur	moqueuse
travailleur	travailleuse
trompeur	trompeuse

However, some frequently used exceptions to this pattern are:

extérieur / intérieur	extérieure / intérieure
supérieur / inférieur	supérieure / inférieure
majeur / mineur	majeure / mineure
meilleur	meilleure

- Some adjectives with the masculine singular ending **-teur** change to the feminine singular ending **-trice.** These cases have to be learned.

créa**teur**	créa**trice**
conserva**teur**	conserva**trice**

However, there are exceptions to this pattern, including:

men**teur**	men**teuse**

d. Many adjectives that have a masculine singular form ending in a *vowel* + a *consonant* form the feminine by doubling the consonant before adding an **e.**

bo**n**	bo**nne**
genti**l**	genti**lle**
gra**s**	gra**sse**
gro**s**	gro**sse**
italie**n**	italie**nne**
nature**l**	nature**lle**
ne**t**	ne**tte**
parei**l**	parei**lle**

However, some adjectives that have a masculine singular form ending in **-et** add an accent and an **–e** instead of doubling the consonant.

compl**et**	compl**ète**
discr**et**	discr**ète**
inqui**et**	inqui**ète**
secr**et**	secr**ète**

e. Finally, there are some frequently used descriptive adjectives that do not follow a regular pattern for formation of the feminine.

blan**c**	blan**che**
favor**i**	favor**ite**
lon**g**	lon**gue**
publi**c**	publi**que**
se**c**	s**èche**

2. Variation of plural forms

The majority of descriptive adjectives, including all of the irregular forms explained above, form the plural by adding **-s** to both the masculine and feminine singular forms. However, there are a few exceptions to this pattern.

a. Adjectives that have the masculine singular ending **-al** form the masculine plural ending two different ways, while the feminine singular has only one pattern for plural formation.

Masculine singular	Feminine singular	Masculine plural	Feminine plural
norm**al**	norm**ale**	norm**aux**	norm**ales**
fin**al**	fin**ale**	fin**als**	fin**ales**
ban**al**	ban**ale**	ban**als**	ban**ales**

NOTE: The pattern of **final** is only used for a few additional adjectives: **fatal, glacial, natal, naval.**

b. There are five adjectives in French that use alternate masculine singular forms when they precede nouns that begin with a vowel or a mute **h.** The feminine forms of these adjectives are derived from the alternate masculine singular forms.

The masculine and feminine plural forms follow the regular pattern.

Masculine singular	Feminine singular	Masculine plural	Feminine plural
beau (bel)	belle	beaux	belles
fou (fol)	folle	fous	folles
mou (mol)	molle	mous	molles
nouveau (nouvel)	nouvelle	nouveaux	nouvelles
vieux (vieil)	vieille	vieux	vieilles

3. Invariable adjective forms

Some descriptive adjectives are invariable. This means that the same form of the word is used to modify all nouns, whether they are masculine, feminine, singular, or plural.

a. Some frequently used adjectives of color that are actually formed from nouns fall into this category: **bordeaux, cerise, marron, orange.**

b. Two frequently used adjectives that have plural forms but no feminine forms are: **chic (chics), snob (snobs).**

c. The adjectival expression **bon marché** is invariable.

B POSITION

Descriptive adjectives *generally follow* the nouns they modify.

> C'est un garçon **heureux.**
> Il porte un pantalon **gris.**

There are, however, some adjectives that normally precede the nouns they modify, and others that change meaning depending on whether they precede or follow the noun.

1. Adjectives that normally precede the noun include:

beau, joli, jeune, vieux, bon, mauvais, gentil, petit, nouveau, autre[1]

> Je porte souvent cette **vieille** jupe.
> Sa sœur est une très **jolie** femme.

2. Some frequently used adjectives that change meaning depending on whether they precede or follow the noun are:

ancien	mon **ancienne** maison	my *former* house
	une maison **ancienne**	an *old* house
cher	mon **cher** ami	my *dear* friend
	un blouson **cher**	an *expensive* jacket
dernier	le **dernier** train	the *last* train (in a series)
	la semaine **dernière**	*last* week (= preceding)

---

[1] English-speaking students learning French often use the acronym "**BAGS**" to help them remember this group of adjectives: **B**eauty / **A**ge / **G**oodness / **S**ize.

grand	un **grand** homme	a **great** man
	un homme **grand**[2]	a **tall** man
même	le **même** jour	the **same** day
	le jour **même**	the **very** day
pauvre	le **pauvre** homme	the **poor** man (= deserving to be pitied)
	l'homme **pauvre**	the **poor** man (= not rich)
propre	sa **propre** chambre	his **own** room
	des draps **propres**	**clean** sheets

SELF-CHECK Student Activities Manual, *Exercises II, B and C, pages 21–22.*

III. Comparative and Superlative of Adjectives

When comparing people or things, you will want to say that one is *equal to, superior to,* or *inferior to* the other, just as in English.

Equality	**Superiority**	**Inferiority**
aussi + adjective + **que**	**plus** + adjective + **que**	**moins** + adjective + **que**

Ton tee-shirt est **aussi** sale **que** ton jean!
*Your T-shirt is **as** dirty **as** your jeans!*

Mon père est **plus** conservateur **que** ma mère.
*My father is **more** conservative **than** my mother.*

Je suis **moins** chic **que** ma sœur.
*I'm **less** chic **than** my sister.*

NOTE: The adjective **bon(ne)** becomes **meilleur(e)** in comparisons of superiority.

Est-ce que son deuxième CD est **meilleur que** le premier?
*Is his second CD **better than** the first one?*

Be careful not to confuse **meilleur**, the comparative form of the adjective **bon**, with **mieux**, the comparative form of the adverb **bien**. The adjective is used to modify or qualify a noun, whereas the adverb is used to modify a verb/an action.

Adjective *meilleur(e)(s)*	**Adverb** *mieux*
C'est une **bonne** chanson.	Elle chante **bien**.
*It is a **good** song.*	*She **sings** well.*
Elle est **meilleure** que les autres.	Elle chante **mieux** que les autres.
*It is **better** than the others.*	*She sings **better** than the others.*

For more examples of the use of the adverb **mieux**, see **Structures**, Chapter 8, page 215.

---

[2] Normally one would say: **Cet homme est grand** or **Il est grand.**

To describe someone or something as being better or worse than all others, use a superlative construction.

Most	Least
le/la/les plus + adjective (+ **de**)	**le/la/les moins** + adjective (+ **de**)

Victor est **le plus** sympathique
   (**des** enfants).
*Victor is **the nicest**
   (**of** the children).*

Sophie est **la moins** paresseuse
   (**des** filles).
*Sophie is the **least lazy**
   (**of** the girls).*

NOTE: The adjective **bon(ne)** becomes **le/la/les meilleur(e)(s)** in superlative statements.

C'est **la meilleure** description de la mode punk.
*It's the **best description** of punk fashion.*

 SELF-CHECK Student Activities Manual, *Exercises III, F and G, pages 23–24.*

 # IV. *Tout*

The word **tout** can function in several different ways.

Ⓐ THE ADJECTIVE *TOUT*

As an adjective, **tout** has four forms:

Masculine singular	Feminine singular	Masculine plural	Feminine plural
tout	tou**te**	tous[3]	tou**tes**

The adjective **tout** means *the entire, the whole, all, every.*

Toute la famille est désagréable.
*The **whole** family is unpleasant.*

Elle m'envoie un texto **tous** les jours.
*She sends me a text message **every** day.*

Ⓑ THE PRONOUN *TOUT*

The pronoun **tout** has three forms. There is only one singular form, which means *everything.* There are two plural forms, but they both mean *everyone* or *all of them.*

Tes robes? Elles sont **toutes** dans la valise.
*Your dresses? **All of them** are in the suitcase.*

---

[3] The **-s** of **tous** is not pronounced when used as an adjective: **Tous mes amis aiment ce musicien.**

Masculine singular	Feminine singular		Masculine plural	Feminine plural
tout	–		tous[4]	toutes

Tout est moche dans cette boutique.
Everything is tacky in this shop.

Toutes s'habillent de la même façon.
All of them (= all the girls / women) dress the same way.

 SELF-CHECK Student Activities Manual, *Exercise VI, J, pages 25–26.*

V. Interrogatives

There are two general kinds of questions, those that ask for an affirmative or negative response (**oui, si**[5], **non**), and those that ask for specific information.

A QUESTIONS THAT REQUIRE A SIMPLE AFFIRMATIVE OR NEGATIVE ANSWER

There are four ways to ask this type of question:

1. *Est-ce que*

> **Est-ce que** tu aimes cette robe?
> *Do you like this dress?*

2. Inversion (of subject pronoun and verb)

> **Aimes-tu** cette robe?
> *Do you like this dress?*

a. If the verb is negative, **ne** precedes the verb as usual, and **pas** follows the verb-pronoun group.

> **N**'aimes-tu **pas** mes tatouages?
> *Don't you like my tattoos?*

b. If the verb is in a compound tense, the auxiliary verb and the subject pronoun are inverted.

> **As-tu** acheté son nouveau CD?
> *Did you buy her new CD?*

---

[4] The **-s** of **tous** is pronounced when used as a pronoun: **Ils sont tous allés au concert.**

[5] **Si** is used to give an affirmative answer to a negative question: –**Tu n'aimes pas la musique de Diam's?** –**Si! Je l'aime beaucoup.**

c. If the subject is a noun, the noun remains in its normal place in the sentence, and a corresponding pronoun is inverted with the verb.

> Monique aime tes dreads.　　　→　　　Monique aime-t-**elle** tes dreads?

Note that for ease of pronounciation, a **-t-** is inserted between two vowels that come together during inversion.

3. Addition of *n'est-ce pas*

> Tu aimes jouer de la guitare, **n'est-ce pas**?
> *You like playing the guitar, **don't you**?*

4. Intonation

The use of interrogative tone of voice (rising intonation) is the most informal way to ask a question, and also perhaps the most frequently used in conversation.

> Tu aimes faire des courses?
> *You like going shopping?*

B QUESTIONS THAT ASK FOR SPECIFIC INFORMATION

This type of question begins with an interrogative word. This interrogative word can be an adverb, an adjective, or a pronoun.

1. Interrogative adverbs: *combien, comment, où, pourquoi, quand*

Following an interrogative adverb, use either **est-ce que** or inversion to form your question.

> **Combien** *avez-vous payé* ce collier?
> OR
> **Combien** *est-ce que* vous avez payé ce collier?　}　*How much did you pay for this necklace?*

> **Quand** *vous êtes-vous fait teindre* les cheveux?
> OR
> **Quand** *est-ce que* vous vous êtes fait teindre les cheveux?　}　*When did you have your hair dyed?*

With any interrogative adverb *except* **pourquoi,** when asking a question made up of only a verb in a simple tense (present, future, conditional, imperfect) and a noun subject, invert the verb and the subject.

> **Où** est mon chapeau?　　　**Comment** va ta sœur?
> *Where is my hat?*　　　*How is your sister (doing)?*

With **pourquoi,** however, the noun subject remains in its normal position, and the verb is inverted with the corresponding subject pronoun.

> **Pourquoi** Sophie veut-elle un piercing au nombril?
> *Why does Sophie want a navel ring?*

2. Interrogative adjectives: *quel, quelle, quels, quelles*

The interrogative adjective **quel (quelle, quels, quelles)** is the equivalent of *which* or *what*. It can *only* be followed by a noun or by a conjugated form of the verb **être.**

> **Quel** maillot préfères-tu?
> **Which** swimsuit do you prefer?

Quelle est la différence entre un manteau et un blouson?
What is the difference between a coat and a jacket?

3. Interrogative pronouns

There are two types of interrogative pronouns: invariable (no change of form for gender or number) and variable (agrees in gender and number with the noun it modifies or replaces).

a. Invariable interrogative pronouns

Qui is always used to ask a question about a person. To ask a question about a thing, use **qu'est-ce qui** as a subject, **que / qu'est-ce que** as a direct object, and **quoi** as an object of a preposition.

NOTE: To ask for a definition, use **qu'est-ce que c'est que** or **qu'est-ce que**.

People		
Subject	**qui**	**Qui** aime Diam's? ***Who** likes Diam's?*
Direct object	**qui** (+ inversion)	**Qui** as-tu vu au concert? ***Who (Whom)** did you see at the concert?*
Object of preposition	**qui** (+ inversion)	Avec **qui** sors-tu ce soir? *With **whom** are you going out tonight?*

Things		
Subject	**qu'est-ce qui**	**Qu'est-ce qui** t'intéresse? ***What** interests you?*
Direct object	**que / qu'** (+ inversion) OR **qu'est-ce que**	**Que** fais-tu? ***What** are you doing?* **Qu'est-ce que** tu as acheté? ***What** did you buy?*
Object of preposition	**quoi** (+ inversion) OR **quoi est-ce que**	De **quoi** parles-tu? ***What** are you talking about?* Avec **quoi est-ce qu'**elle se teint les cheveux? ***What** is she dying her hair with?*

> **Qu'est-ce que c'est que** la Fête de la Musique? (**Qu'est-ce que** la Fête de la Musique?)
> *What is the Fête de la Musique?*

b. Variable interrogative pronouns

The variable interrogative pronoun **lequel (laquelle, lesquels, lesquelles)** is always placed at the beginning of a question, and indicates a choice. This pronoun contracts with the prepositions **à** and **de** in the same way that the definite articles **le** and **les** do.

> **Lequel de** ces jeunes hommes joue de la guitare?

Which one of these young men plays the guitar?

Il y a deux concerts de rock ce soir. **Auquel** veux-tu aller?
There are two rock concerts tonight. **Which** *one do you want to go to?*

 SELF-CHECK Student Activities Manual, *Exercise V, L and M, pages 26–27.*

VI. Il (Elle) est vs. C'est

Il (Elle) est is generally followed by an *adjective.*

> **Il est** sympathique.
> **He is** *nice.*

> **Il est** triste d'être victime de la mode.
> **It is** *sad to be a victim of fashion.*

> **Il est** regrettable qu'elle soit toujours au régime.
> **It is** *too bad that she's always on a diet.*

C'est is generally followed by a *noun.*

> **C'est** le copain de Vincent au téléphone.
> **It's** *Vincent's friend on the phone.*

C'est is also used to refer to a previously mentioned idea or situation.

> Tu n'as pas aimé le concert? **C'est** vraiment dommage!
> *You didn't like the concert?* **That's** *really too bad!*

 SELF-CHECK Student Activities Manual, *Exercise VI, P, page 28.*

Structures

TOPICS

I. Verb Review

A. The verb **accueillir** *(to welcome, to greet)* is conjugated like an **-er** verb in the present tense.

j'accueille	nous accueillons
tu accueilles	vous accueillez
il/elle/on accueille	ils/elles accueillent

Imperfect:	j'accueillais
Past participle:	accueilli
Future:	j'accueillerai

B. Mort is the past participle of the verb **mourir** *(to die)*.

    Il **est mort** à Marseille.   *He **died** in Marseilles.*

It can also be an adjective meaning *dead.* This creates some ambiguity in the following sentence:

    Mes grands-parents **sont morts.**
    *My grandparents **are dead.***   OR   *My grandparents **have died.***

Only the context will tell you which of these is meant.

 SELF-CHECK Student Activities Manual, *Exercise I, A, page 34.*

II. Passé Composé

The **passé composé** is a tense used in French to tell what happened in the past. It is often referred to as the tense for *narration* of past time.

The **passé composé** is made up of two parts:

the present indicative form of
the auxiliary verb (**avoir** or **être**)   +   the past participle of the main verb

> J'**ai commencé** à marcher dans la vieille ville.
> Je **suis allée** jusqu'à la maison de M. Herschel.

Ⓐ THE AUXILIARY

There are seventeen verbs that normally use the auxiliary **être** in their **passé composé** formation. These verbs are: **aller, arriver, entrer, descendre*, devenir, monter*, mourir, naître, partir, passer*, rentrer*, rester, retourner*, revenir, sortir*, tomber, venir.** Normally these verbs do not take direct objects.

The six verbs marked with an asterik (*) can also be conjugated in the **passé composé** using the auxiliary **avoir.** This enables them to take a direct object.

> Je **suis sorti** de la maison.   Il **est descendu** du sixième étage.
> *I **went out** of the house.*   *He **came down** from the sixth floor.*
>
> *(direct object)*   *(direct object)*
> J'**ai sorti** mon **stylo** de mon sac.   Il **a descendu** l'**escalier** en courant.
> *I **took** my **pen** out of my bag.*   *He **ran down** the staircase.*

Reflexive verbs also use the auxiliary verb **être** in the **passé composé.**

> Ma mère a dit oui, et une nuit, elle **s'est échappée** et elle **s'est cachée.**
> *My mother said yes, and one night she **ran away** and she **hid.***

Ⓑ THE PAST PARTICIPLE

Regular verbs follow this pattern in the formation of their past participle.

> parl**er** → parl**é**   fin**ir** → fin**i**   vend**re** → vend**u**

To review the past participle forms of other verbs, see Appendix C.

Past participle agreement is determined by the auxiliary verb. The past participle of a verb conjugated with the auxiliary **être** agrees in gender and number with the *subject* of that verb.

> Une nuit, **ma mère** est **partie** de chez elle.

The past participle of a verb conjugated with the auxiliary **avoir** agrees with the *preceding direct object*. To find the direct object, one uses the question **qui?** or **quoi?** after the main verb. If the direct object follows the verb, the past participle remains invariable (no agreement is made).

> Mon père a quitté **ma mère.**
> Mon père **l'**a **quittée.** (**la [l']** = direct object)

J'ai vu **les Herschel** à Marseille.
Je **les** ai vu**s** à Marseille. (**les** = direct object)

NOTE: For more details about object pronouns, see Chapter 4, **Structures,** pages 176–180. To review past participle agreement in past infinitive constructions, see Chapter 1, **Structures,** pages 148–149.

C NEGATION

In a negative sentence, it is the auxiliary verb, not the past participle, that is negated.

Mon père est allé travailler en France, mais il **n'**est **jamais** revenu.

✔ SELF-CHECK Student Activities Manual, *Exercises II, B and C, pages 34–35.*

III. Imperfect (Imparfait)

The imperfect tense is used to describe *conditions* that *were taking place* when another action occurred. It is also used to talk about habitual actions or occurrences. It is referred to as the tense for *describing the past.*

A FORMATION

The imperfect is formed as follows:

Stem of first person plural
of the present indicative   +   **-ais   -ions**
(the **nous** stem)   **-ais   -iez**
                                     -ait   -aient

Les gens **venaient** me voir. Il y **avait** des gens que je ne **connaissais** pas.

Stem: **-er**	je rest**ais**	nous rest**ions**
nous rest~~ons~~	tu rest**ais**	vous rest**iez**
	il/elle/on rest**ait**	ils/elles rest**aient**
Stem: **-ir**	je finiss**ais**	nous finiss**ions**
nous finiss~~ons~~	tu finiss**ais**	vous finiss**iez**
	il/elle/on finiss**ait**	ils/elles finiss**aient**
Stem: **-re**	j'entend**ais**	nous entend**ions**
nous entend~~ons~~	tu entend**ais**	vous entend**iez**
	il/elle/on entend**ait**	ils/elles entend**aient**

B EXCEPTION: *ÊTRE*

Etre is the exception; the stem used is **ét-**.

Je lui disais qu'elle n'**était** rien du tout, qu'elle n'**était** pas ma mère, que c'**était** Amie qui **était** ma mère.

j'étais	nous étions
tu étais	vous étiez
il/elle/on était	ils/elles étaient

 SELF-CHECK Student Activities Manual, *Exercises III, E and F, pages 36–37.*

IV. *Passé Composé* vs. Imperfect

When you are telling a story in the past, you should have no trouble deciding when to use the **passé composé** and when to use the imperfect if you keep in mind the following three questions:

1. What happened? What happened once? What happened next? Then what happened? (Use the **passé composé.**)
2. What were the conditions at the time? (Use the imperfect.)
3. Was the action expressed by the verb a habitual action? Did it occur repeatedly? (Use the imperfect.)

Study the following passages carefully:

> C'**était** le plein hiver, il **pleuvait,** la nuit **tombait** tôt. Quand je **suis partie,** Amie m'**a embrassée.** Je n'**ai** pas **pris** grand-chose, juste deux ou trois livres que j'**aimais,** ma pendulette *(travel clock)*, une brosse à dents, un peu de linge *(underwear).* Je n'**avais** plus de jouets *(toys)* ni de poupées *(dolls).* Ça n'**avait** pas d'importance. Je **partais** pour ne jamais revenir. Ils **sont restés** sur le seuil *(doorstep)* de la maison, pour me regarder partir.

1. What actions happened (once; next)? *(passé composé)*
   a. je suis partie *(I left)*
   b. Amie m'a embrassée *(Amie kissed me)*
   c. Je n'ai pas pris grand-chose *(I didn't take much)*
   d. Ils sont restés sur le seuil *(They stayed on the doorstep)*

2. What were the conditions at the time? *(imperfect)*
   a. C'était le plein hiver *(It was the middle of winter)*
   b. il pleuvait *(it was raining)*
   c. la nuit tombait *(night was falling)*
   d. juste deux ou trois livres que j'aimais *(just two or three books that I liked)*
   e. je n'avais plus de jouets *(I no longer had any toys)*
   f. Ça n'avait pas d'importance *(That didn't matter)*
   g. Je partais pour ne jamais revenir *(I was leaving for good)*

> A Nightingale, quand le jour **se levait,** j'**étais** dehors avant tout le monde. Lassie **était** avec moi. Lassie, elle **est arrivée** chez nous un jour, sans qu'on sache d'où *(without anyone knowing from where)*. Au début, elle ne **se laissait** pas approcher, et quand on lui **donnait** à manger, elle **attendait** qu'on se soit éloignés *(everyone to move away)* pour venir jusqu'au plat *(dish)*. Elle **mangeait** avec les oreilles rabattues en arrière, sans cesser de nous observer. Et un jour, sans que je comprenne pourquoi, elle **est restée** quand je **me suis approchée** d'elle. Je l'**ai caressée** doucement, sur la tête, le long du nez. Elle **s'est laissé** faire. Je l'**ai embrassée.**

1. What actions were habitual in this story? *(imperfect)*
   a. quand le jour se levait *(when the sun came up [at daybreak])*
   b. j'étais dehors *(I would be outside)*
   c. Lassie était avec moi *(Lassie would be with me)*
   d. elle ne se laissait pas approcher *(she would not let anyone approach her)*
   e. quand on lui donnait à manger *(when someone gave her something to eat)*
   f. elle attendait *(she would wait)*
   g. Elle mangeait *(She would eat)*

2. What actions happened (once; next)? *(passé composé)*
   a. elle est arrivée *(she arrived)*
   b. elle est restée *(she stayed)*
   c. je me suis approchée d'elle *(I approached her)*
   d. Je l'ai caressée *(I patted her)*
   e. Elle s'est laissé faire *(She let herself be touched)*
   f. Je l'ai embrassée *(I kissed her)*

Helpful hints for use of the *passé composé* and imperfect

1. When used in a past context, the verb **venir** + **de** is always in the imperfect.

   Elle **venait de** s'installer chez sa mère quand elle est tombée gravement malade.
   *She **had just** moved in with her mother when she got very sick.*

2. Certain verbs usually appear in the imperfect when used in a past context. They are: **avoir, être, savoir, connaître, pouvoir,** and **vouloir.** These verbs change meaning when they are used in the **passé composé.**

   ### avoir

   Quand le bateau est arrivé à Marseille, il y **avait** beaucoup de monde sur le quai.
   *When the boat arrived at Marseilles, there **were** a lot of people on the dock.*
      (= conditions upon arrival)

   Quand Saba a vu tous les gens sur le quai, elle **a eu** peur.
   *When Saba saw all the people on the dock, she **became** afraid.*
      (= what happened when she saw the people)

être

La mère de Saba **était** très jeune quand elle a laissé son enfant chez les Herschel.
*Saba's mother **was** very young when she left her child at the Herschels'.*
   (= conditions upon leaving)

Saba **a été** malade quand elle a appris la vérité.
*Saba **got** sick when she learned the truth.*
   (= what happened when she learned the truth)

savoir

La mère ne **savait** pas parler français.
*The mother **did** not **know** how to speak French.*
   (= general condition)

Saba **a su** plus tard que son père était mort en France.
*Saba **discovered** later that her father had died in France.*
   (= what happened)

connaître

Saba ne **connaissait** personne à sa nouvelle école.
*Saba **did** not **know** anyone (**knew** no one) at her new school.*
   (= general condition)

La mère de Saba **a connu** M. Herschel à Mehdia.
*Saba's mother **met** Mr. Herschel in Mehdia.*
   (= what happened)

pouvoir

Saba ne **pouvait** pas oublier son enfance heureuse à Nightingale.
*Saba **could** not (**was** not **able to**) forget her happy childhood at Nightingale.*
   (= general condition)

Les Herschel n'**ont** pas **pu** garder leur fille adoptive.
*The Herschels **were** not **able to** keep (**did** not **succeed in** keeping) their adopted daughter.*
   (= what happened)

vouloir

Saba ne **voulait** pas partir avec sa mère.
*Saba **did** not **want** to leave with her mother.*
   (= general condition)

Saba **a voulu** s'échapper de sa nouvelle vie chez sa mère.
*Saba **tried (decided)** to escape from her new life with her mother.*
   (= what happened)

3. Certain words and expressions can help you decide whether to use the **passé composé** or the imperfect.

For the **passé composé** these words pinpoint a definite time of occurrence: **hier, une fois, tout à coup,** etc.

For the imperfect the words suggest repeated occurrences: **souvent, tous les jours, toutes les semaines, chaque année, en général,** etc.

✓ SELF-CHECK Student Activities Manual, *Exercises IV, I and J, p. 38.*

V. Pluperfect (Plus-que-parfait)

The pluperfect tense is used in French as the past perfect is used in English. When one action precedes another in the past, the verb describing the first action will be in the pluperfect; the tense of the second verb will be the **passé composé** or the imperfect.

A FORMATION

The pluperfect is made up of two parts: the imperfect of the auxiliary verb (**être** or **avoir**) + the past participle of the main verb.

> Ma mère m'a dit un jour qu'elle **avait reçu** une lettre en français.
> *My mother told me one day that she **had received** a letter in French.*

> Je n'ai plus jamais parlé de Lassie. Elle **était sortie** de ma vie pour toujours.
> *I no longer ever spoke of Lassie. She **had gone out** of my life for good.*

1. The auxiliary

The use of auxiliary verbs follows the same rules in the pluperfect as in the **passé composé**:

- The same seventeen verbs use the auxiliary verb **être** in the formation of the pluperfect (see page 165).
- Reflexive verbs use the auxiliary verb **être** in the pluperfect.
- All other verbs use **avoir** as the auxiliary verb in the pluperfect.
- In a negative sentence, the auxiliary verb, not the past participle, is negated.

2. The past participle

- The past participle of a verb conjugated with the auxiliary **être** agrees in gender and number with the subject of that verb.
- The past participle of a verb conjugated with **avoir** agrees in gender and number with the preceding direct object, if there is one.

B USAGE

Study the following passage carefully:

> Je me rappelle le mariage de Jamila. Ma mère m'**avait préparée,** elle m'**avait habillée** et **coiffée,** pour aller au mariage de sa cousine Jamila... Ma mère m'**avait fait** des tresses, en mêlant de la laine aux cheveux, et elle m'**avait mis** du rouge sur les joues... Ensuite elle m'**a emmenée,** nous **avons marché** sur la route jusqu'à Mehdia, et nous **avons pris** le car pour Kenitra. J'**étais** dans une grande ville que je ne **connaissais** pas, avec des avenues plantées d'arbres, des grands immeubles *(buildings),* et toutes ces petites maisons blanches et pauvres chacune avec sa cour intérieure. Il y **avait** des chèvres, des poulets. Partout il y **avait** des enfants,...

1. What actions in this story preceded other past actions? *(pluperfect)*
    a. Ma mère m'avait préparée *(My mother had prepared me)*
    b. m'avait habillée et coiffée *(had dressed me and fixed my hair)*
    c. m'avait fait des tresses *(had braided my hair)*
    d. m'avait mis du rouge sur les joues *(had put rouge on my cheeks)*

2. What actions happened (once; next)? *(passé composé)*
    a. elle m'a emmenée *(she took me)*
    b. nous avons marché *(we walked)*
    c. nous avons pris *(we took)*

3. What were the conditions surrounding this trip? *(imperfect)*
    a. J'étais dans une grande ville *(I was in a large city)*
    b. que je ne connaissais pas *(that I didn't know [was not familiar with])*
    c. Il y avait des chèvres *(There were goats)*
    d. il y avait des enfants *(there were children)*

✔ **SELF-CHECK** Student Activities Manual, *Exercises V, M and N, pages 39–40.*

VI. Past Infinitives

Compare the structures:

avant de + present infinitive	→	**avant de partir**
après + past infinitive	→	**après être parti(e)**
		(**avoir / être** + past participle)

Infinitives are used after prepositions, with the exception of **en** (see *Appendix B, pages 228–229*). Following the preposition **après,** a *past infinitive* must be used, as in the example above. In English, a subject-verb construction or the *-ing* form of a verb (gerund) is the most common equivalent.

> **Après être allés** en France, ses parents ont ouvert un restaurant.
> ***After they went to France,** her parents opened a restaurant.*

> **Après avoir retrouvé** Saba, sa mère l'a emmenée en France.
> ***After finding** Saba **again,** her mother took her to France.*

✔ **SELF-CHECK** Student Activities Manual, *Exercises VI, O–Q, pages 40–42.*

VII. *Le mot juste*

A MANQUER (À)

Manquer (à) *(to miss)* follows the same pattern in French as in English if you want to say *miss the bus*, for example.

> J'ai manqué le bus.
> *I missed the bus.*

However, if you want to say that you *miss someone or something*, i.e., that you are sad because a person or thing is not with you, the structure of the sentence in French is different from that in English.

> Les Herschel **manquent à Saba.**   Mes parents **me manquent.**
> *Saba misses the Herschels.*   *I miss my parents.*

B RENDRE

To express the idea that *something or someone makes you feel a certain way*, the verb **rendre** is used (not the verb **faire**).

> Cette nouvelle me **rend** triste.   Son retour **a rendu** ses parents heureux.
> *This news **makes** me sad.*   *His return **made** his parents happy.*

C PARTIR, SORTIR, QUITTER

These three verbs have generally the same meaning *(to leave)* but are used differently. Both **sortir** *(to leave, to go out)* and **partir** *(to leave)* are conjugated with **être;** when used with a location, the preposition **de** follows the verb.

> Nous **sommes sortis.**   Elle **est partie.**
> *We **went out.***   *She **left.***

> Elle **sort de** sa chambre.   Ils **sont partis du** Maroc.
> *She **leaves (goes out of)** her room.*   *They **left** Morocco.*

Quitter *(to leave)* is conjugated with **avoir.** This verb *must always* be followed by a direct object, i.e., what or whom is being left *must* be stated.

> Elle **a quitté sa famille.**
> *She **left her family.***

> Mes ancêtres **ont quitté l'Angleterre** il y a deux cents ans.
> *My ancestors **left England** two hundred years ago.*

NOTE: **Quitter** is a false cognate and does not mean *to quit.* Use the verbs **cesser (de)** or **arrêter (de)** to say that you have stopped or quit doing something.

> **J'ai arrêté de fumer.**
> *I quit smoking.*

Structures

I. Verb Review

The verbs **conduire** and **mettre** are irregular in the **present indicative** tense.

je conduis	nous conduisons	je mets	nous mettons
tu conduis	vous conduisez	tu mets	vous mettez
il/elle/on conduit	ils/elles conduisent	il/elle/on met	ils/elles mettent
Imperfect stem:	conduis-	mett-	
Future/Conditional stem:	conduir-	mettr-	
Past participle:	conduit	mis	

 SELF-CHECK Student Activities Manual, *Exercise I, A, pages 49–50.*

II. Articles

There are three types of articles in French: definite, indefinite, and partitive. These have the equivalent meaning in English of *the, a / an,* and *some.*

	Singular		Plural
	Masculine	**Feminine**	**Masculine and Feminine**
Definite article	le (l')	la (l')	les
Indefinite article	un	une	des
Partitive article	du (de l')	de la (de l')	des

Ⓐ DEFINITE ARTICLE

1. Definite articles precede nouns that are used in a very specific sense. This is similar to English usage.

> **La** voiture qu'elle achète est neuve.
> *The car she is buying is new.*
> (Here a specific car is being talked about.)

2. Definite articles also precede nouns used in a general sense. Often in English the definite article is omitted in this case.

> **L**'essence coûte trop cher en France.
> *Gas costs too much in France.*

Remember that there are four frequently used verbs in French that express this generality: **aimer, adorer, préférer, détester.** These verbs require the use of a definite article when they are followed by a direct object.

> J'aime **le** bus mais je déteste **le** métro.
> *I like **the** bus but I hate **the** subway.*

3. Definite articles are used before abstract nouns.

> **La** patience est très utile pendant les heures de pointe.
> *Patience is very useful during rush hour.*

4. Definite articles are used before the names of the seasons.

> **Le** printemps est la meilleure saison pour faire du vélo.
> *Spring is the best season to go biking.*

5. Definite articles are used before the days of the week to indicate habitual action.

> Elle prend le métro **le** mardi matin et **le** jeudi après-midi.
> *She takes the subway Tuesday mornings and Thursday afternoons.*

6. Definite articles are used before names that denote nationality, before the names of countries and geographic regions, and before the names of famous buildings or monuments.

> **Les** Français font rarement du covoiturage.
> *The French rarely carpool.*

> **La** tour Eiffel est le monument le plus visité de Paris.
> *The Eiffel Tower is the most visited monument in Paris.*

7. Definite articles are used before names of disciplines and languages, except when the language follows the verb **parler.**

> Ce chauffeur de taxi étudie **l**'informatique le soir après son travail.
> *This taxi driver studies computer science at night after work.*

> Il parle couramment anglais, et il comprend **le** français.
> *He speaks English fluently, and he understands French.*

B INDEFINITE ARTICLE

1. Indefinite articles are used before the names of indeterminate people and things, much the same way as in English.

> Il y a **un** feu rouge au prochain carrefour.
> *There is **a** red light at the next intersection.*

> Il y a **une** station Vélib' dans la prochaine rue.
> *There is **a** Vélib' station in the next street.*

> Il y a **des** gens qui se garent sur les voies cyclables.
> *There are people who park in bike lanes.*

NOTE: The plural indefinite article in French (**des**) is often not required in English.

2. When the verb is negative, the indefinite article is replaced by **de.**

> Vous avez **une** voiture.   Vous n'avez pas **de** voiture.
> *You have **a** car.*   *You don't have **a** car.*

However, if the negative verb is **être,** the indefinite article does not change to **de.**

> C'est **une** voiture d'occasion.   Ce n'est pas **une** voiture d'occasion.
> *It's **a** used car.*   *It isn't **a** used car.*

3. The plural indefinite article **des** has almost the same meaning as the plural partitive article **des;** they both can be translated as *some.*

> Il y a **des** casques dans le placard.
> *There are **some** helmets in the closet.*

NOTE: Before the adjective **autres,** the plural indefinite (or partitive) article **des** changes to **d'.**

> J'ai **d'autres** voisins qui font toujours du covoiturage.
> *I have **other** neighbors who always carpool.*

C PARTITIVE ARTICLE

1. Partitive articles indicate a part of something, an unspecified amount or quantity. They are usually used with nouns referring to things that cannot be counted.

> Il me faut **de l'**argent pour acheter un VTT.
> *I need (**some**) money to buy a mountain bike.*

> Ne te mets pas au volant si tu bois **du** vin au dîner!
> *Don't get behind the wheel if you drink wine at dinner!*

2. When the verb is negative, the partitive articles **du, de la, de l',** and **des** change to **de.**

> Il y a **de l'**essence dans la voiture.   Il **n'y a pas d'**essence dans la voiture.
> *There is gas in the car.*   *There is no gas in the car.*

> Tu as **des** rollers?   Tu **n'as pas de** rollers?
> *Do you have inline skates?*   *You don't have inline skates?*

3. When a plural adjective precedes the noun, the partitive article **des** changes to **de.**

> Les agents d'entretien pour le service Vélib' se déplacent dans **de** petits
>   véhicules électriques.
> *The cleaning crews for Vélib' get around in small electric vehicles.*

D ARTICLES WITH EXPRESSIONS OF QUANTITY

1. Following expressions of quantity (**beaucoup, trop, peu, assez, autant, plus, moins, un verre, une bouteille, un litre, un kilo,** etc.), **du, de la, de l',** and **des** change to **de**.

> Il y a beaucoup **de** taxis à l'aéroport.
> *There are a lot of taxis at the airport.*

> Elle achète cinq litres **d'**essence.
> *She is buying five liters of gas.*

> Il y aura plus **de** bouchons ce soir que demain matin.
> *There will be more traffic jams tonight than tomorrow morning.*

> Trop **de** cyclistes ne portent pas de casque.
> *Too many cyclists don't wear helmets.*

EXCEPTION: This change does not occur following **la plupart, bien,** and **encore.**

> **La plupart des** automobilistes respectent les droits des cyclistes.
> ***Most*** *motorists respect the rights of bikers.*

> **Bien des** jeunes conduisent trop vite.
> ***A lot*** *of young people drive too fast.*

2. When the expression **avoir besoin de** is followed by a noun used in a general sense, the definite articles **le, la, l',** and **les** are not used.

> J'ai besoin **d'argent** pour payer l'essence.
> *I need money to pay for the gas.*

The definite article is added, however, if the noun is specific.

> J'ai besoin **de l'argent** que mon père m'a promis pour acheter de l'essence.
> *I need **the** money my father promised me in order to buy gas.*

✓ **SELF-CHECK** Student Activities Manual, *Exercises, II, B and C page 50.*

III. Object Pronouns, y and en

A DIRECT AND INDIRECT OBJECT PRONOUNS

A direct object receives the direct action of the verb in a sentence without an intervening preposition.

> Je vois **l'éléphant.**
> *I see **the elephant.***

Direct object nouns can be replaced by direct object pronouns.

> Je **le** vois.
> *I see **it/him.***

The direct object pronouns in French are:

	Singular	Plural
1st person	me (m')	nous
2nd person	te (t')	vous
3rd person	le/la (l')	les

The indirect object, which also is acted upon by the verb, is preceded by the preposition **à.**

> Il offre un cognac **à ma sœur.**
> *He offers a cognac **to my sister.***

When the indirect object is a person, it can be replaced by an indirect object pronoun.

> Il **lui** offre un cognac.
> *He offers **her** a cognac.*

The indirect object pronouns in French are:

	Singular	Plural
1st person	me (m')	nous
2nd person	te (t')	vous
3rd person	lui	leur

There are three main rules that govern the use of the direct and indirect object pronouns in French:

1. The pronoun *precedes the verb* of which it is the object, *unless* the verb is an affirmative imperative.

> Ma sœur suit **les policiers** au poste.
> *My sister follows **the police officers** to the station.*

> Ma sœur **les** suit au poste.
> *My sister follows **them** to the station.*

> Elle explique **aux policiers** ce qui est arrivé.
> *She explains **to the police officers** what happened.*

> Elle **leur** explique ce qui est arrivé.
> *She explains **to them** what happened.*

2. If the verb is an affirmative imperative, the object pronoun *follows* the verb and is connected to it by a hyphen.

> Suivez **les policiers** au poste!
> *Follow **the police officers** to the station!*

> Suivez-**les** au poste!
> *Follow **them** to the station!*

Demandez **à ma sœur** pourquoi elle conduit mal.
*Ask **my sister** why she drives poorly.*

Demandez-**lui** pourquoi elle conduit mal.
*Ask **her** why she drives poorly.*

NOTE: With an affirmative imperative verb, the pronouns **me** and **te** are replaced by **moi** and **toi**.

Suivez-**moi!**   Calme-**toi!**
*Follow **me**!*   *Calm down!*

3. If the verb is a compound tense (**passé composé,** past conditional, pluperfect, etc.), the pronoun *precedes* the auxiliary verb. The past participle agrees with the *direct object* pronoun in gender and in number.

On a gardé **ma sœur** au poste de police pendant dix heures.
*They kept **my sister** at the police station for ten hours.*

On **l'**a gardé**e** au poste de police pendant dix heures.
*They kept **her** at the police station for ten hours.*

There is *no agreement* with a preceding *indirect* object pronoun.

Un incident bizarre est arrivé **à ma sœur.**
*A strange incident happened **to my sister.***

Un incident bizarre **lui** est arrivé.
*A strange incident happened **to her.***

NOTE: Direct object pronouns are used for people and things. The pronoun **le** can also be used to express an idea.

Elle pense **qu'ils ont tort.**   Elle **le** pense.
*She thinks **they are wrong.***   *She thinks **it.***

 SELF-CHECK Student Activities Manual, *Exercises III–IV, F–I, pages 51–53.*

 Y

The pronoun **y** can be used to replace the preposition **à** + *a noun* when referring to a thing or an idea, but not when referring to a person.

A-t-elle répondu **à la question des policiers**?
*Did she respond **to the police officers' question**?*

Y a-t-elle répondu?
*Did she respond **to it**?*

The pronoun **y** is also used to replace expressions of location starting with **à** or other prepositions, *except* **de.**

Elle va **au café** avec le directeur du cirque.
*She is going **to the café** with the circus director.*

Elle **y** va avec le directeur du cirque.
*She is going **there** with the circus director.*

On remet l'éléphant **dans le camion.**
*They put the elephant back **in the truck.***

On **y** remet l'éléphant.
*They put the elephant back **there.***

As with the object pronouns, the pronoun **y** precedes the verb with which it is associated.

Elle est obligée d'aller **au poste de police.**
*She has to go **to the police station.***

Elle est obligée d'**y** aller.
*She has to go **there.***

NOTE: **Y** is not used with the verb **aller** in the future or conditional tenses for reasons of pronunciation.

Elle a dit qu'elle n'irait pas **en prison.**
*She said she wouldn't go **to prison.***

Elle a dit qu'elle n'irait pas.
She said she wouldn't go.

 SELF-CHECK Student Activities Manual, *Exercise III, J, page 53.*

 EN

The pronoun **en** is used in French to express the idea of *some, any,* or *none*. It can replace:

1. the partitive article + *the noun that follows.*

Elle boit **du** cognac.
*She drinks **some** cognac.*

Elle **en** boit.
*She drinks **some.***

Ils ont pris **du sang** à ma sœur.
*They took **some blood** from my sister.*

Ils **en** ont pris à ma sœur.
*They took **some** from my sister.*

2. a noun preceded by a number or an expression of quantity, but the *number* or the *expression of quantity* must be repeated.

Elle voit **un éléphant** devant sa voiture.
*She sees **an elephant** in front of her car.*

Elle **en** voit **un** devant sa voiture.
*She sees **one** in front of her car.*

Elle voit **deux policiers** derrière sa voiture.
*She sees **two police officers** behind her car.*

Elle **en** voit **deux** derrière sa voiture.
*She sees **two (of them)** behind her car.*

3. the preposition **de** in expressions with **avoir** + *the verb or noun clause that follows* (as in **avoir besoin de, avoir envie de, avoir peur de,** etc.).

> Elle avait peur **de l'éléphant.**
> *She was afraid **of the elephant.***

> Elle **en** avait peur.
> *She was afraid **of it.***

> Elle avait envie **de rentrer chez elle.**
> *She wanted **to go home.***

> Elle **en** avait envie.
> *She wanted **to.***

4. the preposition **de** + *a place.*

> Les motards arrivent **du village.**
> *The motorcycle police arrive **from the village.***

> Les motards **en** arrivent.
> *The motorcycle police arrive **(from there).***

> Elle sort **de sa voiture.**
> *She gets out **of her car.***

> Elle **en** sort.
> *She gets out **(of it).***

5. the preposition **de** + *a clause.*

> Elle est contente **de ne plus avoir de voiture rouge.**
> *She is happy **to no longer have a red car.***

> Elle **en** est contente.
> *She is happy **(about it).***

NOTE: **En** cannot be used to replace the preposition **de** + *a person.* In this case, use a disjunctive pronoun (see **Part V, Structures,** pages 182–183). However, **en** can be used to replace the preposition **de** + *groups of people.*

> Combien de policiers avez-vous vus? J'**en** ai vu cinq.
> *How many **police officers** did you see? I saw five **(of them).***

✔ **SELF-CHECK** Student Activities Manual, *Exercise III, K, pages 53–54.*

IV. Order of Pronouns

A REGULAR PATTERN

The following chart shows the word order used for multiple pronouns that appear with regular affirmative and negative verb constructions and with negative imperative constructions.

	me (m')												
	te (t')		**le**										
(ne +)	**se (s')**	+	**la**	+	**lui**	+	**y**	+	**en**	+	verb (+ pas)
	nous		**les**		**leur**								
	vous												

Ils amènent **ma sœur au poste de police.**
*They are taking **my sister to the police station.***

Ils **l'y** amènent.
*They are taking **her there.***

Elle n'a pas très bien expliqué **l'incident aux policiers.**
*She didn't explain **the incident** very well **to the police officers.***

Elle ne **le leur** a pas très bien expliqué.
*She didn't explain **it** very well **to them.***

Ne demande pas **d'explication à ma sœur!**
*Don't ask **my sister for an explanation!***

Ne **lui en** demande pas (une)!
*Don't ask **her for one!***

B AFFIRMATIVE IMPERATIVE CONSTRUCTION

			moi (m')							
		le	**toi (t')**							
verb	+	**la**	**lui**	+	**y**	+	**en**			
		les	**nous**							
			vous							
			leur							

Explique **cet incident aux policiers!**   Explique-**le-leur!**
*Explain **this incident to the police!***   *Explain **it to them!***

NOTE: Double object pronouns are used less frequently in spoken than in written French.

 SELF-CHECK Student Activities Manual, *Exercise IV, L, pages 54–55.*

V. Disjunctive Pronouns

Disjunctive pronouns (**pronoms accentués**) are another type of personal pronoun used in French. Unlike subject and object pronouns, the disjunctive pronouns can function independently from a verb.

The disjunctive pronoun forms are the following:

Singular	Plural
moi	nous
toi	vous
lui/elle/soi	eux/elles

NOTE: The disjunctive pronoun **soi** is used with the indefinite pronoun **on** or with impersonal expressions such as **chacun, tout le monde,** etc.

Disjunctive pronouns are used:

1. to stress the subject(s) or object(s) in a sentence. Their position is variable.

Moi, j'adore conduire.   J'adore conduire, **moi.**
Toi, on t'écoute.   On t'écoute, **toi.**

2. as the object of the preposition **à,** for certain verbs and verbal phrases, when referring to a person or persons. Some of the more common of these verbs and verbal phrases are: **être (à), faire attention (à), penser (à).**

Remember that with other verbs the indirect object pronouns are used.

C'est la voiture de ton père?
Oui, elle **est à lui.**

A qui penses-tu?
A mon ami Paul. Je **pense à lui** depuis ce matin.

BUT: Qu'est-ce que tu **dis à Paul?** Je **lui dis** de revenir bientôt.

3. as the object of all prepositions other than **à,** when referring to a person or persons.

Nous sommes revenus **chez eux** à neuf heures.
Toi, tu n'as pas d'argent **sur toi?**

4. after **c'est/ce sont.** All of the disjunctive pronouns can be used with **c'est** except **eux/elles.** With **eux/elles,** the plural form **ce sont** must be used.

C'est elle qui conduit le mieux.
C'est nous qui vendons cette voiture.

BUT: **Ce sont eux** qui préfèrent le vélo à l'auto.

5. as a one-word answer to a question.

Qui a les clés de la voiture?   **Moi.**
Who has the car keys?   ***I do.***

6. in comparative constructions.

> J'ai eu **moins d'**accidents **que toi.**
> *I have had **fewer** accidents **than you.***

7. after **ne... que.**

> L'agent de police **ne** mentionne **que lui** dans son rapport.
> *The police officer **only** mentions **him** in his report.*

8. as part of a compound subject.

> **Lui et moi,** nous avons des idées différentes au sujet de cet accident.
> ***He and I** have different ideas about this accident.*

9. combined with **-même.**

> Tu dois payer l'amende **toi-même.**
> *You must pay the fine **yourself.***

✓ **SELF-CHECK** Student Activities Manual, *Exercise V, M, page 55.*

VI. *Le mot juste: se moquer de*

This reflexive construction is the equivalent of the English expression *to make fun of.*
The person or thing being made fun of is the object of the preposition **de.** When the
noun refers to a person, the disjunctive pronoun is used. When it refers to a thing or
an idea, the pronoun **en** replaces the noun.

> Personne ne **se moque de** moi.
> *No one **makes fun of** me.*

> Mes amis **se moquent de** ma vieille voiture. Ils s'**en** moquent.
> *My friends **make fun of** my old car. They make fun of **it.***

Structures

I. Verb Review

A. Verbs that end in **-ger** (**voyager, nager, plonger, manger,** etc.) undergo a spelling change to keep the pronunciation of a soft **g** in all forms. An **e** is placed after the **g** as needed for pronunciation regularity.

Compare: je m'amus**e** nous nous amus**ons**
je voyag**e** nous voyag**eons** (The **e** is needed to keep the pronunciation of the **g** the same in both forms.)

This occurs in the **nous** form of the present tense and in *all but* the **nous** and **vous** forms of the imperfect with verbs whose infinitive ends in **-ger.**

Je nag**eais** mais vous ne nag**iez** pas.
Il plong**eait** mais nous ne plong**ions** pas.

B. The verb **prendre** (and verbs built on this same stem: **apprendre, comprendre, surprendre**) is irregular in the present tense.

je prends	nous prenons
tu prends	vous prenez
il/elle/on prend	ils/elles prennent

Past participles: **pris, appris, compris, surpris**

C. The verb **découvrir** (and verbs like it: **couvrir, offrir, ouvrir, souffrir**) is conjugated like an **-er** verb in the present.

> Je **découvre** Paris.
> Nous **découvrons** le plaisir de voyager.

Past participles: **découvert, couvert, offert, ouvert, souffert**

 SELF-CHECK Student Activities Manual, *Exercise I, A, page 61.*

Prepositions with Geographical Names

A. For cities, islands, or groups of islands that are not countries or provinces:

- use the preposition **à** to express *to* or *in*.

  > J'habite **à** Dakar. *(city)*
  > Ils iront **à** Tahiti l'été prochain. *(island)*

- use the preposition **de** or **d'** (in front of a vowel sound) to express *from*.

  > Elle part **de** Guadeloupe. *(island)*
  > Nous sommes **de** Montpellier. *(city)*
  > Ils viennent **d'**Antibes. *(city)*

NOTE: Cities that have definite articles as part of their name (for example, **La Nouvelle-Orléans, Le Caire, Le Havre**), always keep the article.

> Vous allez **à La** Nouvelle-Orléans.
> Mon père rentre **du** Caire.

B. For singular feminine names of countries and French and Canadian provinces (names ending in **-e**) as well as for the names of all continents (names ending in **-e**), feminine names of states (la Caroline du Nord, la Virginie) and masculine singular names of states and countries beginning with a vowel sound:

- use the preposition **en** to express *to* or *in*.

  > Ma famille voyage **en** Afrique. *(continent)*
  > Le professeur passe ses vacances **en** Louisiane. *(feminine state)*
  > Ma sœur fait du vélo **en** Bretagne. *(feminine French province)*
  > Les enfants ont passé une semaine **en** Colombie-Britannique. *(feminine Canadian province)*

- use the preposition **de** or **d'** to express *from*.

  > Nous sommes partis **d'**Israël. *(masculine country beginning with a vowel)*
  > Jeanne est **de** Normandie. *(feminine name of a French province)*
  > Mes voisins viennent **de** Bosnie. *(feminine country)*

C. For singular masculine names of countries, provinces, and states (all those that do not end in **-e,** except for **le Mexique, le Zimbabwe, le Mozambique,** and **le Cambodge,** which are exceptions since they are masculine):

- use the preposition **à** + *definite article* (**au**) to express *to* or *in*.

  > Ils vivront **au** Sénégal l'année prochaine. *(masculine country)*

- use the preposition **de** + *definite article* (**du**) to express *from*.

  Mes ancêtres sont **du** Danemark. *(masculine singular country)*

D. For all plural names of geographical areas:

- use the preposition **à** + *definite article* (**aux**) to express *to* or *in*.

  Tu verras des tulipes **aux** Pays-Bas. *(masculine plural country)*
  Elle part **aux** Philippines. *(feminine plural country)*

- use the preposition **de** + *definite article* (**des**) to express *from*.

  Elles reviendront **des** Etats-Unis au printemps. *(masculine plural country)*
  Nous sommes **des** Antilles. *(plural island group)*

E. When talking about states you can also use the following constructions:

- to express *to* or *in*, use **dans l'Etat de/d'** for feminine states and masculine states beginning with a vowel sound, and **dans l'Etat du** for other masculine states.

  Nous ferons du cheval **dans l'Etat de** Californie. *(feminine state)*
  J'habite **dans l'Etat du** Texas. *(masculine state)*

- to express *from*, use **de l'Etat de/d'** for feminine states and masculine states beginning with a vowel sound, and **de l'Etat du** for other masculine states.

  John est **de l'Etat de** Virginie. *(feminine state)*
  Je suis rentré **de l'Etat d'**Utah hier. *(masculine state beginning with a vowel sound)*

	in/to	from
Cities	à	de/d'
Continents/fem. countries and provinces/fem. states/masc. states and countries beginning with a vowel sound	en	de/d'
Masc. countries, states, and provinces	au	du
Plural names of geographical areas	aux	des

 SELF-CHECK Student Activities Manual, *Exercise II, B, page 62.*

III. Future Tense and Conditional Forms

The use of the future and the conditional in French is very similar to English. The future tense allows you to talk about what *will happen* at some future time. Note that unlike English, this verb tense has only one word, not two.

Ma famille **partira** en Argentine demain.
*My family **will leave** for Argentina tomorrow.*

Les vacances **finiront** dimanche.
*Vacation **will be over** on Sunday.*

The conditional expresses what *could, might,* or *would happen* if a certain condition existed. This tense also has only one word in French, whereas in English it has two.

> Si je gagnais assez d'argent, j'**achèterais** un chalet à Chamonix.
> *If I earned enough money, I **would buy** a chalet in Chamonix.*

Ⓐ FORMATION OF THE SIMPLE FUTURE (*FUTUR SIMPLE*) AND PRESENT CONDITIONAL (*CONDITIONNEL PRÉSENT*)

The simple future and the present conditional are formed by adding the following endings to the stem of the verb. This stem is the *infinitive* or a *modified form of the infinitive.*

Future				Conditional			
je	**-ai**	nous	**-ons**	je	**-ais**	nous	**-ions**
tu	**-as**	vous	**-ez**	tu	**-ais**	vous	**-iez**
il/elle/on	**-a**	ils/elles	**-ont**	il/elle/on	**-ait**	ils/elles	**-aient**

Notice that the endings for the future and the conditional are different. The stem remains the same for both.

1. Verbs whose infinitive ends in **-er:** the infinitive is used in most cases.

> Nous **nous amuserons** sur la Côte d'Azur. *(future)*
> *We **will have a good time** on the Riviera.*

> Nous **voyagerions** à pied si nous n'avions pas de vélo. *(conditional)*
> *We **would travel** on foot if we did not have a bike.*

EXCEPTIONS:

aller: stem **ir-**

> Tu **iras** au Maroc avec moi. *(future)*   J'**irais** en Tunisie. *(conditional)*
> *You **will go** to Morocco with me.*   *I **would go** to Tunisia.*

envoyer: stem **enverr-**

> Nous t'**enverrons** des cartes postales. *(future)*
> *We **will send** you postcards.*

> Ses parents l'**enverraient** en colonie. *(conditional)*
> *His parents **would send** him to camp.*

NOTE: **acheter** in the future and conditional has the **accent grave** found in the present. For other stem-change verbs, see page 200.

2. Verbs whose infinitive ends in **-ir:** the infinitive is used in most cases.

> Elles **partiront** ce soir. *(future)*   Tu te **divertirais** en Suisse. *(conditional)*
> *They **will leave** tonight.*   *You **would have fun** in Switzerland.*

EXCEPTIONS:

devenir / tenir / venir: stems **deviendr- / tiendr- / viendr-**

> Vous **viendrez** avec nous au Chili? *(future)*
> **Will** you **come** with us to Chile?

> Il **deviendrait** moniteur de ski s'il avait le temps. *(conditional)*
> He **would become** a ski instructor if he had the time.

courir / mourir: stem **courr- / mourr-**

> Nous **courrons** le long de la plage. *(future)*
> We **will run** along the beach.

> Vous **mourriez** de peur si vous faisiez du parapente. *(conditional)*
> You **would die** of fear if you went hang-gliding.

3. Verbs whose infinitive ends in **-re:** the future and conditional stems are formed by dropping the **e** from the infinitive.

> Je **prendrai** le train pour Lyon. *(future)*
> I **will take** the train for Lyon.

> Ils **se détendraient** à la montagne s'ils y avaient un chalet. *(conditional)*
> They **would relax** in the mountains if they had a chalet there.

EXCEPTIONS:

être: stem **ser-**

> Nous **serons** à Paris le 15. *(future)*
> We **will be** in Paris on the 15th.

> Vous **seriez** champion de ski nautique si vous vous entraîniez. *(conditional)*
> You **would be** a champion water-skier if you trained.

faire: stem **fer-**

> Tu **feras** du stop cet été. *(future)*
> You **will hitch-hike** this summer.

> Il **ferait** de la randonnée en Espagne. *(conditional)*
> He **would go hiking** in Spain.

4. Verbs whose infinitives end in **-oir** change in a variety of ways. Some of the most common of these verbs and their stems are:

avoir: **aur-**	devoir: **devr-**	falloir: **faudr-**	pouvoir: **pourr-**
savoir: **saur-**	valoir: **vaudr-**	voir: **verr-**	vouloir: **voudr-**

> J'**aurai** assez de temps pour lire en vacances. *(future)*
> Tu **pourrais** visiter le Québec. *(conditional)*
> Il **devra** prendre le train. *(future)*
> Il **faudrait** acheter des souvenirs. *(conditional)*
> Nous **saurons** faire du surf après ce stage. *(future)*
> Vous **voudriez** bronzer. *(conditional)*
> Ils **verront** leurs grands-parents. *(future)*
> Il **vaudrait** mieux arriver un peu en avance. *(conditional)*

✓ **SELF-CHECK** Student Activities Manual, *Exercises III, D, E, H, and I, pages 63–65.*

B USAGE OF THE FUTURE AND CONDITIONAL

1. Simple future

- The future tense is used to speak about events that are *expected to happen* in the future, in the same way that the future tense is used in English.

    Quand **serons**-nous de retour?
    *When **will** we **be** back?*

    L'avion **atterrira** à 17 heures.
    *The plane **will land** at 5 P.M.*

    Je me **coucherai** à la belle étoile ce soir.
    *I **will sleep out in the open** tonight.*

- Unlike English (where the present tense is used), French requires the future tense after certain conjunctions when you are talking about the future. These conjunctions are:

quand, lorsque	*when*
dès que, aussitôt que	*as soon as*
tant que	*as long as*

    Quand nous **irons** à Bruxelles, nous **ferons** un tour de ballon captif.
    *When we **go** to Brussels, we **will go** for a hot-air balloon ride.*

    Tant que tu **feras du stop**, ta mère **s'inquiètera**.
    *As long as you **hitch-hike,** your mother **will worry**.*

    Dès qu'il y **aura** une monnaie unique, on ne **devra** plus changer d'argent.
    *As soon as there **is** a common currency, one **will** no longer **have to** change money.*

- In French, as in English, the verb **aller** + *infinitive* means *what is going to happen* (see **Structures,** Chapter 1, page 145). In spoken French, this construction is used much more frequently than the simple future.

    Vous **allez voir** le monde entier.
    *You **are going to see** the whole world.*

Using **aller** + *infinitive* suggests that the future event is more likely to happen or will happen sooner. The simple future suggests a more distant time in the future and somewhat more uncertainty about the events.

    Un jour, des touristes **visiteront** la lune.
    *Some day, tourists **will visit** the moon.*

2. Present conditional

- The conditional can be used to express *politeness* by softening or attenuating a request, a command, or a suggestion. The verbs **vouloir, pouvoir, savoir,** and **devoir** are often used in the conditional in this context.

    Je **voudrais** connaître vos projets.
    *I **would like** to know your plans.*

    Pourrais-tu m'aider avec ma valise?
    ***Could** you help me with my suitcase?*

- The conditional is also used in a conjecture or a hypothesis in the future or present, to express a possibility, something that *might* or *could* happen. Often it is accompanied by a subordinate clause (either before or after) in which a condition is stated.

A ta place, je **prendrais** mon sac de couchage.
*If I were you, I **would take** my sleeping bag.*

Nous **ferions la grasse matinée** si nous ne devions pas travailler.
*We **would sleep late** if we didn't have to work.*

S'il faisait plus chaud, ils se **baigneraient.**
*If it were warmer, they **would swim.***

When you are reporting what someone else has said (indirect speech) about a future event, and the statement was made in the past, the conditional replaces the future in the part you are indirectly quoting.

DIRECT SPEECH:

Philippe a dit: «Nous **verrons** le Tour de France cet été.»
*Philippe said, "We **will see** the Tour de France this summer."*

INDIRECT SPEECH:

Philippe a dit que nous **verrions** le Tour de France cet été.
*Philippe said that we **would see** the Tour de France this summer.*

DIRECT SPEECH:

Le guide a annoncé: «Le car **partira** dans 30 minutes.»
*The guide announced, "The bus **will leave** in 30 minutes."*

INDIRECT SPEECH:

Le guide a annoncé que le car **partirait** dans 30 minutes.
*The guide announced that the bus **would leave** in thirty minutes.*

NOTE: You may need to change the subject in the quoted sentence when you use indirect speech.

Il a dit: «**Je** ne ferai pas de surf des neiges.»
***He** said, "**I** will not go snowboarding."*

Il a dit qu'**il** ne ferait pas de surf des neiges.
***He** said **he** would not go snowboarding.*

✓ **SELF-CHECK** Student Activities Manual, *Exercise III, J, page 65.*

IV. Future Perfect and Past Conditional

 FORMATION

1. Future perfect *(Futur antérieur)*

The future perfect *(will have + past participle)* is composed of the future tense of the auxiliary (**avoir** or **être**) and the past participle.

> C'est moi qui **aurai fait** le tour du monde.
> *I am the one who **will have travelled** around the world.*

> Quand nous **serons arrivés** à Québec, tu verras le Château Frontenac.
> *When we **arrive** in Quebec City, you will see the Château Frontenac.*

(NOTE: In English we use the present: *When we arrive;* in French you must say the equivalent of: *When we will have arrived.*)

> Dès que je **serai rentré** en Belgique, j'inviterai Eva.
> *As soon as I **get home** to Belgium, I will invite Eva.*

For more examples of usage, see page 77.

 SELF-CHECK Student Activities Manual, *Exercise V, M, pages 66–67.*

2. Past conditional *(Conditionnel passé)*

The past conditional *(would have + past participle)* is composed of the present conditional tense of the auxiliary (**avoir** or **être**) and the past participle.

> Nous **serions allés** en Tunisie si tu nous avais invités.
> *We **would have gone** to Tunisia if you had invited us.*

> Il **aurait** toujours **regretté** ne pas avoir continué son voyage.
> *He **would have** always **regretted** not continuing his trip.*

> Tu **aurais pu** nous accompagner.
> *You **could have (would have been able to)** come with us.*

 SELF-CHECK Student Activities Manual, *Exercise V, O, pages 67–68.*

B USAGE

1. Future perfect

The future perfect is used to talk about events in the future that will have happened *prior to* or *before* another event in the future. It often occurs together with conjunctions that refer to certain points in time. In English, we do not have to use the future or the future perfect with these conjunctions; normally we use the present tense. These conjunctions are: *as soon as*

aussitôt que/dès que   **après que**   **quand/lorsque**   **tant que** *as long as*

Quand nous **serons arrivés** à Montpellier, nous te téléphonerons.
*When we **arrive** in Montpellier, we will call you. (literally: When **we will have arrived**)* [Our arrival will happen before we call.]

Dès que tu **auras appris** à faire du ski, tu pourras passer tes vacances en Suisse avec nous.
*As soon as you **have learned** to ski, you will be able to spend your vacation with us in Switzerland. (literally: As soon as you **will have learned**)* [Learning to ski will happen before you go to Switzerland.]

2. Past conditional

The past conditional is used largely in *connection with if-clause constructions*. See the following section.

V. If-clauses (le *si* de condition)

When you want to express what *will* or *would* happen *if* something else occurs or occurred, your sentence will have two parts:

a. The *condition,* expressed by **si** plus a verb in the present, imperfect, or pluperfect (*never* the conditional).
b. The result will be stated in the present, future, present conditional, or past conditional.

The sequence of the two clauses is not important. You can begin your sentence with **si** to state the condition first, or start with the main clause to state the result first. Within this pattern, the time frame and the meaning determine the choice of tenses. The usage in French is the same as that in carefully-spoken, grammatically precise English.

- (a) **si** + *present* + (b) *present* or *future*

When the condition expressed in the *if-clause* (a) is considered as really existing or likely to be true, the present tense is used and the *result* (b) is expressed in the present or future.

(a) Si tu **refuses** de voyager, (b) tu ne **connaîtras** jamais le monde.
*If you **refuse** to travel, you will never **get to know** the world.*

(b) Il nous **prêtera** sa motoneige (a) si nous **rentrons** avant la nuit.
*He **will lend** us his snowmobile if we **are back** before nightfall.*

(a) Si j'**ai** le courage, (b) je **ferai** du parapente.
*If I **am** brave enough, I **will go** hang-gliding.*

(b) Nous **faisons** du ski de fond le week-end (a) s'il **y a** de la neige.
*We **go** cross-country skiing on the weekends if there **is** snow.*

- (a) **si** + *imperfect* + (b) *present conditional*
  (a) **si** + *pluperfect* + (b) *past conditional*

When the condition expressed in the *if-clause* is considered unlikely to become true, or is hypothetical or contrary to fact, the pattern is also similar to English.

(a) **si** + *imperfect* + (b) *present conditional*—The result is still possible.

(a) Si tu **étais** président de la République (b) tu **n'aurais** pas tant de vacances.
*If you **were** president of the French Republic, you **would** not **have** so much vacation.*

(b) Vous ne **feriez** pas de bateau (a) si tu **avais** le mal de mer.
*You **would** not **go** boating if you **suffered** from seasickness.*

(a) **si** + *pluperfect* + (b) *past conditional* —The time frame is the past; the result cannot be changed.

(a) S'il n'**avait** pas **fait** si mauvais, (b) il n'**aurait** pas **fait** la connaissance d'Eva.
*If the weather **had** not **been** so bad, he **would** not **have gotten** to know Eva.*

(b) Nous **n'aurions** pas **reçu** d'amende (a) si nous **avions eu** le bon permis.
*We **would** not **have gotten** a fine if we **had had** the right license.*

It is also possible to use the *pluperfect* followed or preceded by the *present conditional* if you want to say (a) *if this had happened* (i.e., in the past) (b) *something would happen…* (i.e., in the present).

(a) Si j'**avais appris** le chinois, (b) j'**irais** souvent en Chine.
*If I **had learned** Chinese, I **would travel** to China often.*

(b) Nous **serions** plus contents (a) si nous **avions logé** dans des hôtels de luxe.
*We **would be** happier if we **had stayed** in luxury hotels.*

(a) Si tu **avais fait** de la planche à voile, (b) tu **serais** fatigué comme nous.
*If you **had gone** windsurfing, you **would be** tired like we are.*

Summary

If-clause (a)	Result clause (b)
A. *Present*	+ *Present or Future*
Si nous **faisons de la randonnée,** *If we **go hiking,***	nous ne **dépensons** pas trop d'argent. *we **do** not **spend** too much money.*
Si tu **prends** le train, *If you **take** the train,*	tu **arriveras** à l'heure. *you **will arrive** on time.*
B. *Imperfect*	+ *Present conditional*
S'il **allait** à la pêche, *If he **went** fishing,*	nous **mangerions** du poisson. *we **would eat** fish.*

If-clause (a)	Result clause (b)
C. *Pluperfect*	+ *Present conditional*
Si vous **aviez voyagé** en avion, *If you **had traveled** by plane,*	vous **seriez** moins fatigué. *you **would be** less tired.*
D. *Pluperfect*	+ *Past conditional*
Si elle **avait passé** moins de temps à la plage, *If she **had spent** less time at the beach,*	elle n'**aurait** pas **pris** de coup de soleil. *she **would** not **have gotten** a sunburn.*

SELF-CHECK Student Activities Manual, *Exercises VII, Q and R, pages 68–69.*

VI. *Passé Simple*

A USAGE

The **passé simple** is a past tense used only in writing, usually in literary texts, fairy tales and, less frequently today, in journalism. It indicates that an action has been completed in the past and has no relation to the present.

> Je **fus** un instant sans répondre.
> *For a moment, I **did** not answer.*

> Mon père le **vit** et me **parla** gentiment.
> *My father **noticed** it and **spoke** to me kindly.*

This tense can be considered the literary equivalent of the **passé composé,** although this latter tense suggests more of a connection to the present than the **passé simple.** For stylistic effects, an author may use both the **passé simple** and the **passé composé** in the same passage. The imperfect is used in both written and spoken French to indicate a state of being, a condition, or how things were in the past, and is found in both literary and nonliterary styles.

B FORMATION

For reading, it is helpful to *recognize* the forms of the **passé simple.**

Regular verbs whose infinitive ends in **-er** drop the **-er** and add the endings: **-ai, -as, -a, -âmes, -âtes, -èrent.**

je regard**ai**	nous regard**âmes**
tu regard**as**	vous regard**âtes**
il/elle/on regard**a**	ils/elles regard**èrent**

Regular verbs whose infinitives end in **-ir** or **-re,** drop the **-ir** or **-re** and add the endings:
-is, -is, -it, -îmes, -îtes, -irent.

je répond**is**	nous répond**îmes**
tu répond**is**	vous répond**îtes**
il/elle/on répond**it**	ils/elles répond**irent**

The **passé simple** forms of some frequently used irregular verbs are:

avoir		**être**		**faire**	
j'eus	nous eûmes	je fus	nous fûmes	je fis	nous fîmes
tu eus	vous eûtes	tu fus	vous fûtes	tu fis	vous fîtes
il/elle/on eut	ils/elles eurent	il/elle/on fut	ils/elles furent	il/elle/on fit	ils/elles firent

The **passé simple** of many irregular verbs is built on their past participle. Those with
a past participle ending in **-is** (mettre / **mis;** prendre / **pris**) have an **i** in their **passé
simple** stem: je m**i**s, nous m**î**mes, tu pr**i**s, vous pr**î**tes. Those whose past participle
ends in **-u** (croire / **cru;** savoir / **su**) have a **u** in their **passé simple** stem: tu cr**u**s, vous
cr**û**tes, il s**u**t, ils s**u**rent.

Infinitive	*Past participle*	**Passé simple**
apercevoir	aperçu	nous aperçumes
paraître	paru	elles parurent
remettre	remis	il remit

NOTE: The **passé simple** is a tense you should recognize in order to understand the
meaning of what you are reading, but you will not need to produce it.

 SELF-CHECK Student Activities Manual, *Exercises VIII, U and V,*
pages 70–71.

CHAPITRE 6

Structures

TOPICS

I. VERB REVIEW: *préférer, projeter*

II. NEGATIVE EXPRESSIONS

III. RELATIVE PRONOUNS

IV. *LE MOT JUSTE: il s'agit de*

I. Verb Review

A. The verb **préférer** is an **-er** verb that has a stem spelling change in some forms. As you learned in Chapter 1 (p. 144), **préférer** and verbs like it (**accélérer, sécher,** etc.) change the **é** to **è** in the stem for all but the **nous** and **vous** forms in the conjugation of the present indicative. In the imperfect, future, and conditional, these verbs retain the **é** in all forms:

Present

je préf**è**re	nous préf**é**rons
tu préf**è**res	vous préf**é**rez
il/elle/on préf**è**re	ils/elles préf**è**rent

Future (Conditional)

je préf**é**rerai (-ais)	nous préf**é**rerons (-ions)
tu préf**é**reras (-ais)	vous préf**é**rerez (-iez)
il/elle/on préf**é**rera(-ait)	ils/elles préf**é**reront(-aient)

Imperfect

je préf**é**rais	nous préf**é**rions
tu préf**é**rais	vous préf**é**riez
il/elle/on préf**é**rait	ils/elles préf**é**raient

Past participle

préf**é**ré

B. The verb **projeter** is another stem-change regular **-er** verb. In the present indicative, the future, and the conditional, **projeter** and verbs like it (**appeler, jeter,** etc.) double the consonant (**l, t**) in all but the **nous** and **vous** forms. The forms of the imperfect do not have a double consonant.

Present		Future (Conditional)	
je projette	nous projetons	je projetterai (-ais)	nous projetterons (-ions)
tu projettes	vous projetez	tu projetteras (-ais)	vous projetterez (-iez)
il/elle/on projette	ils/elles/ projettent	il/elle/on projettera(-ait)	ils/elles projetteront (-aient)

Imperfect		Past participle	
je projetais	nous projetions	projeté	
tu projetais	vous projetiez		
il/elle/on projetait	ils/elles projetaient		

 SELF-CHECK Student Activities Manual, *Exercise I, A, p. 73.*

 # II. Negative Expressions

A *NE... PAS*

To make a simple negative statement, question, or command in French, **ne... pas** is placed around the verb.

> J'aime beaucoup ce film français.
> Je **n'**aime **pas** beaucoup ce film français.

REMEMBER:

- In simple tenses, **ne** precedes the verb and **pas** follows it.

  Je **n'**aime **pas** ce film.

- In compound tenses, **ne** precedes the auxiliary verb and **pas** follows it.

  Elle **n'**a **pas** vu le film.

- When using inversion, **ne** precedes the inverted subject-verb construction and **pas** follows it.

  Ne vas-tu **pas** au cinéma?
  N'es-tu **pas** allé au cinéma?

- In a command (imperative form), **ne** precedes the verb and **pas** follows it.

  N'allez **pas** au cinéma!

- With a negative infinitive, **ne pas** is placed between the main verb and the infinitive.

  Il préfère **ne pas** aller au cinéma.

- A negative statement, question, etc. can be reinforced, or made stronger, by adding **du tout** to the **ne... pas** expression.

  Je **n'**ai **pas du tout** envie de regarder ce jeu télévisé.
  *I have **no** desire **whatsoever** to watch this game show.*

Pas du tout can also be used alone as a negative answer to a question.

> Aimez-vous les films doublés? —**Pas du tout!**
> *Do you like dubbed movies?* —*Not at all!*

- A negative statement, question, etc. can be qualified or made more precise, by adding **encore** to **ne… pas.**

    Je **n'**ai **pas** vu ce film.
    *I have **not** seen this film.*

    Je **n'**ai **pas encore** vu ce film.
    *I have **not yet** seen this film.*

NOTE: Indefinite articles (**un/une/des**) that follow negative expressions are replaced by **de.** For an explanation of this construction, see **Structures,** Chapter 4, p. 173.

    Ma famille **a un** poste de télévision.
    Ma famille **n'a pas de** poste de télévision.

    Il y **a des** cinémas dans ce petit village.
    Il **n'**y **a pas de** cinémas dans ce petit village.

B OTHER NEGATIVE EXPRESSIONS

ne… jamais	*never*
ne… plus	*no longer, not . . . anymore*
ne… personne	*no one*
ne… rien	*nothing*
ne… ni… ni	*neither . . . nor*
ne… aucun(e)	*not any*

NOTE: The expression **ne… que,** which means *only,* is often included with negative expressions, although technically it only limits the verb, rather than negates it. The second part of this expression (**que**) always directly precedes the word it modifies.

    Dans ma famille, il **n'**y a **que** ma sœur qui aime regarder les feuilletons.
    *In my family, **only** my sister likes to watch the soaps.*

    Il **n'**a vu **que** deux films français dans sa vie.
    *He has seen **only** two French films in his life.*

1. Ne… jamais

Ne… jamais negates the adverbs **souvent** *(often),* **quelquefois** *(sometimes),* **parfois** *(occasionally),* **toujours** *(always),* and **de temps en temps** *(from time to time).* It functions the same way as **ne… pas.**

    Elle **ne** regarde **jamais** les informations.

Jamais can be used alone to answer a question.

    Regardez-vous parfois des films de science-fiction?   —**Jamais!**
    Do you occasionally watch science fiction movies?   —***Never!***

Jamais can also be used alone in a positive context to mean *ever.*

    Avez-vous **jamais** rencontré une vedette de cinéma?
    *Have you **ever** met a movie star?*

2. Ne… plus

Ne… plus is used to indicate a negative change in a situation, and it is sometimes used to negate the adverbs **encore** and **toujours** when they mean *still.*

    Je **ne** regarde **plus** la télé.
    *I **no longer** watch television.*

    Aimes-tu **toujours** ce feuilleton?   —Non, je **ne** l'aime **plus.**
    *Do you **still** like this soap?*   —*No, I **no longer** like it.*

3. Ne… personne / ne… rien

Ne… personne and **ne… rien** function in similar ways as negative constructions.

- When used as a subject, both parts of the negative expression precede the verb, and the verb is always in the singular.

  Personne n'aime la télé-réalité.
  No one *likes reality television.*

  Rien n'est crédible dans ce film.
  Nothing *is believable in this movie.*

- When used as a direct object, **ne** precedes the verb and **personne / rien** follows it.

  Je **ne** connais **personne** qui aime ce film.
  *I know **no one** who likes this movie.*

  Il **n'**y a **rien** à la télé ce soir.
  *There is **nothing** on TV tonight.*

If the verb is in a compound tense *(auxiliary + past participle of main verb)*, the placement of **personne** and **rien** used as direct objects is not the same. **Rien** precedes the past participle, whereas **personne** follows it.

  Elle **n'**a **rien vu.**   Elle **n'**a vu **personne.**
  *She saw **nothing.***   *She saw **no one.***

- When used as the object of a preposition, both **personne** and **rien** follow the preposition.

  Elle **n'**est allée au cinéma avec **personne.**
  *She **didn't** go to the movies with **anyone.** (She went to the movies with **no one.**)*

  Cet acteur **ne** parle de **rien** d'intéressant dans son interview.
  *This actor **doesn't** talk about **anything** interesting in his interview.*

NOTE: As in the above example, if **personne** or **rien** is modified by an adjective, the adjective is always masculine and must be preceded by **de (d').**

- Both **personne** and **rien** can be used alone as negative answers.

  Qui avez-vous vu?   —**Personne.**
  Who (whom) did you see?   —***No one.***

  Qu'est-ce qu'il y a à la télé?   —**Rien.**
  What is on TV?   —***Nothing.***

4. Ne… ni… ni

Ne… ni… ni is used to oppose two people, things, or ideas. **Ne** precedes the verb, as usual, but **ni… ni** directly precede the words they modify. Partitive and indefinite articles are dropped in this construction, but definite articles remain.

  Elle **n'**aime regarder **ni** la télé **ni** les films.
  *She **doesn't** like to watch TV **or** movies. (She likes to watch **neither** TV **nor** movies.)*

  Nous **n'**avons **ni** téléviseur **ni** lecteur DVD à la maison.
  *We have **neither** a TV **nor** a DVD player at home.*

NOTE: When **ne… ni… ni** is negating the subject rather than the object in a sentence, the verb is generally plural.

  Ni ma mère **ni** mon père **n'aiment** les films d'horreur.
  Neither *my mother **nor** my father like horror movies.*

5. Ne... aucun(e)

This negative expression can function in various ways in a sentence.

- As a subject pronoun, **aucun** takes the gender of the noun it replaces and is followed by a singular verb.

  Aucune de ces trois séries **n'**est bonne.
  ***None** of these three television series is good.*

- As an adjective, **aucun** agrees in gender with the noun it modifies. The adjective and noun are always singular.

  Cet acteur **n'**a **aucun** talent.
  *This actor **doesn't** have **any** talent. (This actor has **no** talent.)*

 SI

The affirmative response to a negative question or statement is **si,** not **oui.**

N'avez-vous pas aimé ce film?	—**Si!**
Did you not like this film?	— ***Yes** (I did)!*
Avez-vous aimé ce film?	—**Oui.**
Did you like this film?	— ***Yes.***

 SELF-CHECK Student Activities Manual, *Exercises II, B–D, pp. 73–74.*

III. Relative Pronouns

Learning to use relative pronouns in French will allow you to speak and write in a more sophisticated manner. Instead of using simple sentences and repetition, you will be able to qualify or expand on your main clause by attaching to it a second (relative, or subordinate) clause.

Simple sentence and repetition:

J'aime ce film. Ce film vient de sortir.
I like this movie. This movie just came out.

Main clause + relative clause:

J'aime ce film **qui** vient de sortir.
*I like this movie **that** just came out.*

NOTE: In the example above, **qui** is the relative pronoun that links the main clause to the relative clause. It functions as the *subject* of the verb in the relative clause (**vient**), and its antecedent (the word in the main clause that it represents) is **film.** There are several relative pronouns to choose from in French, depending on how the pronoun functions in the relative clause.

A. Qui and **que** are the most commonly used relative pronouns in French.

- **Qui** functions as a subject. Its antecedent can be either a person or a thing. The verb in the relative clause agrees in number (singular/plural) with that of the antecedent.

  L'actrice **qui** joue le rôle principal du film n'est pas très bonne.
  [The antecedent **actrice** and verb **joue** are 3rd person singular.]
  *The actrice **who** plays the leading role in the film isn't very good.*

On critique les pubs **qui** montrent trop de nudité.
[The antecedent **pubs** and verb **montrent** are 3rd person plural.]
*People are critical of ads **that** show too much nudity.*

When **qui** is followed by a vowel, there is no elision (combining the **i** of **qui** with the vowel that follows)

Quel est le nom de l'acteur **qui** a joué le rôle principal dans le film *Titanic*?

- **Que** functions as a direct object. Its antecedent can be either a person or a thing.

  Que takes the gender (masculine/feminine) and number (singular/plural) of its antecedent, so a past participle in the relative clause must agree with the gender and number of the antecedent.

  Le film **que** nous avons vu est très bon.
  (*antecedent* = **film** → *past participle* **vu**)

  L'actrice **que** nous avons vu**e** est très connue.
  (*antecedent* = **actrice** → *past participle* **vue**)

  When the relative pronoun **que** is followed by a vowel, the **e** of **que** is elided with that vowel.

  L'actrice française **qu**'elle aime s'appelle Marion Cotillard.

NOTE: The relative pronoun **que** cannot be omitted in French, as it can in English.

  Quel est le nom du film que tu as vu?
  *What is the name of the movie **(that)** you saw?*

B. Ce qui or **ce que** is used instead of **qui** or **que** when the antecedent is not clearly stated. Both of these pronouns are translated as *what*.

  Je ne comprends pas **ce qui** se passe dans ce film.
  (**ce qui** = *subject of relative clause*)
  *I don't understand **what** is happening in this movie.*

  Dites-moi **ce que** vous voulez regarder à la télé.
  (**ce que** = *direct object of relative clause*)
  *Tell me **what** you want to watch on TV.*

C. Dont is the relative pronoun used to replace **de** + *its object in a relative clause*. The object of the preposition can be either a person or a thing.

- **Dont** is the relative pronoun to use with the following common expressions:

avoir besoin de	**être fier(-ère) de**
avoir envie de	**se souvenir de**
avoir peur de	**se servir de**
être content(e) de	**se moquer de**
être satisfait(e) de	**parler de**

  Le grand classique **dont** il se souvient le mieux est *Casablanca*.
  The classic film he remembers best is Casablanca.

  La vedette française **dont** nous parlons est Daniel Auteuil.
  The star we are talking about is Daniel Auteuil.

NOTE: In the examples above, the relative pronoun cannot be omitted in French, as it can in English.

- **Dont** is the relative pronoun that sometimes translates into English as *whose*.

    Dans le film *Titanic*, le héros tombe amoureux d'une jeune femme **dont** le fiancé est très riche.
    *In the movie **Titanic**, the hero falls in love with a young woman **whose** fiancé is very rich.*

- **Ce dont** is used instead of **dont** when the antecedent is not clearly stated.

    Je ne comprends pas **ce dont** vous avez peur dans ce film d'horreur.
    *I don't understand **what** you are afraid of in this horror film.*

D. If the relative clause has a preposition other than **de,** use the pronoun **qui** when referring to people, and a form of **lequel (laquelle, lesquels, lesquelles)** when referring to things.

    Je ne sais plus **à qui** j'ai prêté le DVD.
    *I no longer know **to whom** I lent the DVD.*
    (In colloquial English: *I don't know anymore **who** I lent the DVD **to**.*)

    Explique-moi les raisons **pour lesquelles** tu préfères cette chaîne.
    *Explain to me (the reasons) **why** you prefer this channel.*

E. Où is the relative pronoun to use to express time or place.

    Jacques n'a jamais oublié le jour **où** sa grand-mère a quitté le cinéma avant la fin du film.
    *Jacques never forgot the day **(when)** his grandmother left the cinema before the end of the movie.*

    Quel est le nom du restaurant **où** tu as vu Brad Pitt?
    *What is the name of the restaurant **where** you saw Brad Pitt?*

 SELF-CHECK Student Activities Manual, *Exercises III, G–I, pp. 78–80.*

IV. *Le mot juste: il s'agit de*

The expression **il s'agit de** can be very useful when talking *about* the content of a work (a book, a play, a movie, etc.) or when talking *about* an event.

NOTE: The subject of this expression is *always* the impersonal **il.**

    Dans ce film, **il s'agit d'**un homme qui veut être président des Etats-Unis.
    *This movie **is about** a man who wants to be president of the United States.*

    De quoi **s'agit-il** dans cette nouvelle émission?
    ***What is** this new TV program **about**?*

Structures

I. Verb Review: *croire*

The verb **croire** is irregular in the present tense.

je crois	nous croyons
tu crois	vous croyez
il/elle/on croit	ils/elles croient
Future/Conditional stem: croir-	
Past participle: cru	

A USAGE

croire + direct object = *to believe someone or something*

> Je **crois** mon père.
> *I **believe** my father.*

croire à = *to believe something is possible, probable, real; to believe in the value of something*

> Il **croit aux** fantômes.   Je ne **crois** pas **à** la magie noire.
> *He **believes in** ghosts.*   *I don't **believe in** black magic.*

croire en = *to believe in, to have confidence in*

> Ses parents **croient en** lui.
> *His parents **believe in (have confidence in)** him.*

> **Croyez**-vous **en** Dieu?
> *Do you **believe in** God?*

 SELF-CHECK Student Activities Manual, *Exercise I, A, page 85.*

II. What is the Subjunctive?

The *subjunctive* suggests a way of looking at things rather than talking about a moment in time. The *indicative* (present, imperfect, future, **passé composé,** etc.) refers to actions or events in the realm of certainty in varying time frames.

> Ses parents veulent qu'elle **soit** heureuse.
> *Her parents want her **to be** happy.*

Being happy is not a fact in this sentence but a subjective condition that may or may not happen. The parents wish it, but this does not make it reality.

> Il est possible que les trois chevaliers **puissent** sauver la vie de la demoiselle.
> *It is possible that the three knights **can (could)** save the life of the damsel.*

This sentence stresses the uncertainty of the result. We do not know if they will succeed.

The subjunctive is rare in English and you will see in the translations of the two examples above that it can be translated in different ways. Something close to the subjunctive is expressed in a sentence like:

> I wish she **were** a princess.

Unlike English, the subjunctive occurs fairly frequently in French. When a main verb expresses a feeling or an emotion (happiness, fear, surprise, etc.) or a desire (I want, I demand, etc.) and the verb that follows it has a different subject, this second verb is in the subjunctive mood.

> Ils veulent qu'elle **choisisse** un mari.
> *They want her **to choose** a husband.*

In this example, she has not chosen a husband, nor do we know whether she will do so, or is doing so; what we know is that they *want* her to do it.

> Je suis étonné qu'une grenouille **veuille** être aussi grosse qu'un bœuf.
> *I am surprised that a frog **wants** to be as large as an ox.*

We do not know if this frog can or cannot be as large as an ox; we know that the speaker is surprised that it wants to be.

> Je regrette que la licorne **disparaisse.**
> *I am sorry that the unicorn **may disappear.***

Since the main verbal expression (**regretter**) states regret, the dependent or subordinate verb (**disparaisse**), which has a different subject, is in the subjunctive.

III. Formation of the Subjunctive

Two tenses of the subjunctive are commonly used in modern French: the present (to express present *or* future) and the past. The imperfect and the pluperfect subjunctive are usually found only in literary texts.

A PRESENT SUBJUNCTIVE

The present tense of the subjunctive for most verbs is formed by taking the third person plural form of the present indicative (**ils/elles choisissent**), dropping the **-ent,** and adding the following endings:

-e	-ions
-es	-iez
-e	-ent

Il est important qu'elle **choisisse** le meilleur cadeau.
*It is important that she **choose** the best gift.*

I. Regular verbs

Regular **-er** verbs

raconter (ils racont*ent*)	
que je racont**e**	que nous racont**ions**
que tu racont**es**	que vous racont**iez**
qu'il/elle/on racont**e**	qu'ils/elles racont**ent**

Regular **-ir** verbs

choisir (ils choisiss*ent*)	
que je chois**isse**	que nous chois**issions**
que tu chois**isses**	que vous chois**issiez**
qu'il/elle/on chois**isse**	qu'ils/elles chois**issent**

Regular **-re** verbs

attendre (ils attend*ent*)	
que j'attend**e**	que nous attend**ions**
que tu attend**es**	que vous attend**iez**
qu'il/elle/on attend**e**	qu'ils/elles attend**ent**

NOTE: The subjunctive is often shown in verb charts preceded by the conjunction **que** to emphasize that these verb forms are used only in *dependent clauses,* i.e., they always follow another conjugated verb.

2. Verbs with double stems

There are many verbs that have double stems in the subjunctive; one stem is based on the third person plural (ils **vienn**ent: **vienn**-) and is used for **je, tu, il/elle/on, ils/elles;** the other is based on the first person plural (nous **ven**ons: **ven**-) and is used for **nous** and **vous.**

venir	
que je **vienn**e	que nous **ven**ions
que tu **vienn**es	que vous **ven**iez
qu'il/elle/on **vienn**e	qu'ils/elles **vienn**ent

Some of the most common verbs that follow this pattern are: **boire, croire, devoir, mourir, prendre, recevoir,** and **voir.** If you check the conjugation of these verbs in the present indicative, you will see that they follow a similar pattern there since they also have two stems.

> Il faut que la sorcière **prenne** le poison.
> *The witch must **take** the poison.*

> Le magicien veut que nous **prenions** la potion magique.
> *The magician wants us **to take** the magic potion.*

> Il est important que la princesse **reçoive** la fleur.
> *It is important that the princess **get** the flower.*

> Je doute que vous **receviez** ce miroir.
> *I doubt that you **will receive** this mirror.*

Some other frequently used verbs have two stems in the subjunctive that are not based on the present indicative, but they follow this same pattern (one stem for **je, tu, il/elle/on, ils/elles;** another stem for **nous, vous**).

aller: **aill- / all-**

> Il faut que j'**aille** chez ma fiancée.
> *I have **to go** to my fiancée's house.*

> Il est important que nous y **allions** ensemble.
> *It is important for us **to go** there together.*

vouloir: **veuill- / voul-**

> Bien qu'elle **veuille** se marier, elle renvoie les trois jeunes hommes.
> *Although she **wants** to marry, she sends the three young men away.*

> Elle est étonnée que nous **voulions** tous faire ce qu'elle demande.
> *She is surprised that we all **want** to do what she asks.*

3. Irregular verbs

These commonly used irregular verbs have only one stem in the subjunctive:

savoir: **sach-**   pouvoir: **puiss-**   faire: **fass-**

The present subjunctive forms of **avoir** and **être** are irregular.

avoir		être	
que j'**aie**	que nous **ayons**	que je **sois**	que nous **soyons**
que tu **aies**	que vous **ayez**	que tu **sois**	que vous **soyez**
qu'il/elle/on **ait**	qu'ils/elles **aient**	qu'il/elle/on **soit**	qu'ils/elles **soient**

B PAST SUBJUNCTIVE

The *past tense of the subjunctive* is a compound past tense (like the **passé composé**) and is composed of the present subjunctive of **avoir** or **être** and the past participle of the verb.

> Elle est contente qu'ils **soient arrivés** avant son enterrement.
> *She is happy that they **arrived** before her burial.*

> Ses parents sont étonnés que le jeune homme **ait acheté** une fleur.
> *Her parents are surprised that the young man **bought** a flower.*

The *past subjunctive* is used when the action or condition in the subjunctive clause has taken place before the action or state of the main (indicative) clause. For example, in the second sentence, the parents *are* surprised *now,* in the present, because at some time in the past, the young man *bought* a flower.

> Je suis désolé que vous n'**ayez** pas **trouvé** le sorcier.
> *I am sorry that you **did** not **find** the sorcerer.*

The speaker is sorry *now* that you did not find the magician *in the past.*

SELF-CHECK Student Activities Manual, *Exercises II/III, B, C, and D, pages 85–86.*

IV. Usage of the Subjunctive

In modern French, the subjunctive is almost always used in a *dependent* or *subordinate clause* introduced by the conjunction **que.**

NOTE: Not all clauses following **que** will require the subjunctive. In the following sentence, for example, **que** is a *relative pronoun* that refers back to the noun, **garçon.**

> Le garçon **que** la jeune fille aime lui a apporté une fleur.
> *The boy **whom** the girl loves brought her a flower.*

A THE SUBJUNCTIVE IS USED . . .

- following expressions of *volition* (will, intent, desire, wish) or *sentiment* (emotion, judgement, appreciation).

> Il **faut qu**'elle nous **dise** qui elle aime.
> *She **must tell** us whom she loves.*

> Ils **ont peur qu**'elle **soit** morte.
> *They **are afraid** she **may be** dead.*

> Ton père **préfère que** tu ne **lises** pas d'histoires de vampires.
> *Your father **prefers that** you not **read** vampire stories.*

Some verbs in this category are: **admirer, aimer mieux, défendre, demander, désirer, insister, ordonner, permettre, préférer, regretter, vouloir.**

> Les enfants **regrettent que** la grenouille **crève.**
> *The children **are sorry that** the frog **bursts.**

> Le bœuf **aimerait mieux que** la grenouille **soit** contente de sa taille.
> *The ox **would prefer that** the frog **be** happy with its size.*

NOTE: The subjunctive is *not* used after the verb **espérer**, which is often followed by the future.

> Il **espère qu**'elle le **prendra** pour mari.
> He **hopes** she **will take** him as her husband.

Some expressions of volition and emotion that are followed by the subjunctive are: **avoir peur que, être heureux (-euse) que** (also: **être triste / content(e) / désolé(e) / étonné(e) / surpris(e) que**, etc.), **il est bon que** (also: **il est utile / important / nécessaire / dommage / temps que**, etc.), **il vaut mieux que, il faut que.**

> Je **suis étonné que** tu **croies** à l'existence des loups-garous.
> I **am surprised that** you **believe** in werewolves.

> Il **vaut mieux que** le bœuf **ait** pitié de la grenouille.
> It **is better** for the ox **to feel sorry** for the frog.

- following verbs and expressions that indicate *doubt* or *possibility* (**il est possible que, il est impossible que, il se peut que, il est peu probable que**).

> Il **se peut que** nous **trouvions** une fleur magique.
> It **is possible that** we **may find** a magic flower.

> Je **doute que** le géant **veuille** épouser une naine.
> I **doubt that** the giant **wants** to marry a dwarf.

> Il **est peu probable que** la grenouille **se fasse** aussi grosse que le bœuf.
> It **is unlikely that** the frog **will make** itself as large as the ox.

EXCEPTION: The expression **il est probable que** suggests greater certainty and is therefore not followed by the subjunctive.

> Il **est probable que** le bœuf **se moque de** la grenouille.
> *It* **is likely that** the ox **makes fun of** the frog.

> Il **est probable que** la grenouille **mourra.**
> *It* **is likely that** the frog **will die.**

- with certain conjunctions. Some of the most common are:

à condition que *provided that*	**jusqu'à ce que** *until*
à moins que *unless*	**pour que, afin que** *in order to*
avant que *before*	**pourvu que** *provided that, so long as*
bien que, quoique *although*	**sans que** *without*

> **Bien qu**'il en **ait** peur, il s'intéresse aux fantômes.
> **Although** he **is** afraid of them, he is interested in ghosts.

> La grenouille s'enfle **jusqu'à ce qu**'elle **crève.**
> *The frog blows itself up* **until** it **bursts.**

> Le chevalier part **sans que** la princesse le **voie.**
> *The knight leaves* **without** the princess **seeing** him.

> **Avant que** nous **arrivions**, le loup aura dévoré le Petit Chaperon rouge.
> **Before** we **arrive**, the wolf will have eaten Little Red Riding Hood.

NOTE: Traditional grammar books state that the conjunction **après que** is not followed by a verb or a verbal expression in the subjunctive. However, many native speakers of French now use the subjunctive after **après que**.

Some of these conjunctions have equivalent prepositions (with the same meaning) that are used when the subjects of both parts of the sentence are the same. These prepositions are then followed by an infinitive.

Conjunctions (+ Subjunctive)	*Prepositions (+ Infinitive)*
à condition que	**à condition de**
à moins que	**à moins de**
afin que	**afin de**
avant que	**avant de**
pour que	**pour**
sans que	**sans**

Avant de partir, ils embrassent leur fiancée.
Before leaving, they kiss their fiancée.

Afin d'arriver vite, ils montent tous sur le même cheval.
In order to arrive quickly, they all get on the same horse.

Sans attendre, il entre dans sa chambre.
Without waiting, he goes into her bedroom.

Il pourra se marier avec la belle demoiselle **à condition de trouver** le plus beau cadeau.
*He will be able to marry the lovely damsel **on the condition that** he **find** the most beautiful gift.*

NOTE: The preposition **jusqu'à** is followed by a noun.

Jusqu'à leur retour, on la croyait morte.
Until their return, they thought she was dead.

Bien que, pourvu que, and **quoique** have no preposition equivalents, which means that they are always followed by the subjunctive even when the subjects of both main and dependent clauses are the same.

Bien qu'elle **aime** le garçon à la fleur, elle ne l'épousera pas.
*Although she **loves** the boy with the flower, she will not marry him.*

Quoique la reine **soit** très riche, elle habite un modeste château.
*Although the queen **is** very rich, she lives in a modest castle.*

Pourvu que tu **suives** la fée, tu trouveras le trésor.
*As long as you **follow** the fairy, you will find the treasure.*

- with superlative statements, since these are judgments and not fact. The opinion could easily change.

C'est **le plus beau prince** qu'elle **connaisse.**
*He is the **handsomest prince** she **knows.***

Use of the subjunctive is not mandatory in this case.

B THE SUBJUNCTIVE IS NOT USED...

- with expressions that indicate certainty (**il est clair que, il est évident que, il est vrai que, il est sûr que,** etc.).

Il est vrai que la grenouille **est** plus petite que le bœuf.
*It is **true that** the frog **is** smaller than the ox.*

NOTE: If expressions of this type are used in the negative, they no longer indicate certainty and therefore require the subjunctive.

> **Il n'est pas sûr que** les histoires de fantômes **fassent** peur à tous les enfants.
> *It is not certain that ghost stories frighten all children.*

- with the verbs **croire** and **penser** when they are *affirmative*.

> Je **crois** que la grenouille ne **devrait** pas envier le bœuf.
> *I believe that the frog should not be envious of the ox.*

> Nous **pensons que** le prince **peut** trouver une belle princesse.
> *We think that the prince can find a beautiful princess.*

NOTE: **Croire** and **penser** may also be followed by the subjunctive if they are *negative* or *interrogative* when you want to emphasize doubt or uncertainty.

> Il **ne croit pas qu'**elle **aille** au bal avec lui.
> *He does not believe that she will go to the ball with him.*

Either indicative or subjunctive can be used to express doubt here.

INFINITIVE VS. SUBJUNCTIVE

If the subject of the main clause and the subordinate clause is the same, the infinitive should be used instead of the subjunctive.

The following sentences marked (a) all have one subject for several actions:

> subject + conjugated verb + infinitive

The following sentences marked (b) all have two subjects:

> subject + conjugated verb + **que** + different subject + conjugated verb (indicative or subjunctive, depending on the meaning of the first verb)

(1 subject: **il**)   a. **Il** veut **acheter** un beau cadeau pour sa fiancée.
     He wants to buy a beautiful gift for his fiancée.
     (He wants and he is buying.)

vs.

(2 subjects: **elle/il**)   b. **Elle** veut qu'**il** lui **achète** un beau cadeau.
     She wants him to buy her a beautiful gift.
     (She wants and he is buying.)

(1 subject: **je**)   a. **Je** préfère **lire** des romans historiques.
     I prefer to read historical novels.
     (I prefer and I read.)

vs.

(2 subjects: **je/tu**)   b. **Je** préfère que **tu lises** des contes de fées.
     I prefer that you read fairy tales.
     (I prefer and you read.)

(1 subject: **elle**)   a. **Elle** est contente de **revoir** sa famille.
     She is happy to see her family again.
     (She is happy and she sees.)

vs.

(2 subjects: **ils/elle**)   b. **Les parents** sont contents que **leur fille soit** de nouveau en vie.
     The parents are happy that their daughter is alive again.
     (The parents are happy, the daughter is alive.)

NOTE: With expressions such as **être** + *adjective* (Elle **est contente / triste...,** etc.), the preposition **de** must be used in front of the infinitive.

Il est **important de** raconter des contes de fées à vos enfants.
*It is **important** to tell fairy tales to your children.*

Nous sommes **tristes de** devoir partir.
*We are **sad** to have to leave.*

However, with many other verbs commonly used with infinitives to replace the subjunctive, there is no preposition needed.

Il **faut** trouver un cadeau.
Je **préfère** être plus intelligent que la grenouille.
Nous **voulons** raconter une histoire.

 SELF-CHECK Student Activities Manual, *Exercises IV, G, H, and I, pages 89–90.*

Summary: subjunctive vs. indicative or infinitive

- If a sentence has two different subjects: one in the main clause, another in the dependent clause...

1. use the indicative in the dependent clause when the main verb expresses:

	Example:
certainty	**Il est certain que...**
declaring	**Je dis que...**
hoping	**J'espère que...**
probability	**Il est probable que...**
thinking	**Je crois que...**

2. use the subjunctive in the dependent clause when the main verb expresses:

command	**Elle exige que...**
doubt	**Je doute que...**
emotion	**Je regrette que...**
fear	**Elle craint que...**
possibility	**Il est possible que...**
will	**Je veux que...**

- If a sentence has one subject for two verbs, use an *infinitive* after the main verb:

Il **veut se marier.**
*He **wants to get married.***

La grenouille **espère atteindre** la taille du bœuf.
*The frog **hopes to reach** the size of the ox.*

Il **est** important de ne pas **faire peur** aux enfants.
*It **is** important not **to frighten** children.*

Structures

TOPICS

I. VERB REVIEW: *vivre, venir*	**IV.** COMPARISON OF NOUNS
II. ADVERBS	**V.** DEMONSTRATIVE PRONOUNS
III. COMPARISON OF ADVERBS	**VI.** *LE MOT JUSTE: plaire à*

I. Verb Review

A. The verb **vivre** is irregular in the present tense. It has one stem in the singular: **vi-** and another in the plural: **viv-.**

je vis	nous vivons
tu vis	vous vivez
il/elle/on vit	ils/elles vivent
Past participle: vécu	

B. The verb **venir** (and verbs built on the same root: **devenir, obtenir, revenir, soutenir, se souvenir [de], tenir**) is irregular in the present tense. All these verbs have one stem for **je, tu, il/elle, ils/elles** and another for **nous** and **vous.**

je v**ien**s	nous v**en**ons
tu v**ien**s	vous v**en**ez
il/elle/on v**ien**t	ils/elles v**ien**nent
Past participles: venu (devenu, obtenu, revenu, soutenu, souvenu, tenu)	

NOTE: Verbs built on **venir (devenir, revenir, se souvenir)** are conjugated with **être** in the **passé composé** (Elle **est venue** chez nous pour le mariage.) and those built on **tenir (obtenir, soutenir)** are conjugated with **avoir** (Mes parents m'**ont** toujours **soutenu[e]**.).

 SELF-CHECK Student Activities Manual, *Exercise I, A, page 95.*

II. Adverbs

An adverb is an invariable word that modifies an adjective, a verb, or another adverb.

A ADVERB TYPE

There are several categories of adverbs:

Manner:	**bien, mal, poliment...**
Quantity:	**beaucoup, énormément, peu, très, trop...**
Time:	**aujourd'hui, demain, hier, souvent, tôt...**
Place:	**ici, là-bas, partout...**

Some adverbs do not fit into a particular category. **Aussi, non, oui,** and **peut-être** are examples of adverbs of this type.

B ADVERB FORMATION

Many (but not all) adjectives can be transformed into adverbs by adding certain endings, as described below.

- Most adjectives ending in a *vowel* form their adverb by adding **-ment** to their *masculine* form.

    poli + **ment** = **poliment**
    vrai + **ment** = **vraiment**

- Many adjectives ending in a *consonant* form their adverb by adding **-ment** to their *feminine* form:

    heureux   **heureuse + ment = heureusement**
    sûr   **sûre + ment = sûrement**

    Some exceptions:

    bref   **briève + ment = brièvement**
    dur   **dur** (*no change*)[1]
    gentil   **genti + ment = gentiment**

- Other adjectives ending in a consonant change the **e** of the feminine form into an **é** before adding **-ment.**

    confuse = **confusément**
    précise = **précisément**
    profonde = **profondément**

- Adjectives ending in **-ent** change **-ent** to **-emment.**

    récent   **réc + emment = récemment**
    impatient   **impati + emment = impatiemment**

    An exception:

    lent   **lente + ment = lentement**

---

[1] L'adverbe «**dur**» veut dire «*énergiquement, intensément,*» comme dans la phrase: «**Il travaille dur.**» Il y a aussi un adverbe «**durement**» qui veut dire «d'une manière dure»: «**Il me répond durement.**» (*He answers me harshly.*).

- Adjectives ending in **-ant** change **-ant** to **-amment.**

constant	**const + amment**	**= constamment**
méchant	**méch + amment**	**= méchamment**

Some combinations of words (nouns, adjectives, prepositions, adverbs, etc.) can be used as adverbial expressions:

avec joie
sans doute
petit à petit

NOTE: The adjective **possible** cannot be transformed into an adverb. To say *possibly*, use **probablement** or **peut-être.**

ⒸADVERB POSITION

When an adverb modifies a verb, its position in the sentence is somewhat variable for stylistic effect, for instance to emphasize something. The following rules present the most common placement.

- Usually an adverb immediately follows the verb it modifies in simple verb tenses (present, imperfect, future, conditional).

  Elle se dispute **violemment** avec ses parents.
  Je supporte **mal** les opinions de mon père.
  Ma sœur aînée m'écoute **patiemment** quand je me fais du souci.

- With compound tenses (**passé composé, plus-que-parfait,** future past, past conditional), shorter adverbs generally are placed between the auxiliary and the past participle.

  Nous avons **bien** expliqué pourquoi nous voulions déménager.
  Tu t'es **vite** habitué à vivre seul.

- Longer adverbs of *manner* (how something is done) often ending in **-ment** can be placed after the past participle.

  Elle a protesté **énergiquement** quand sa mère lui a dit d'acheter l'autre missel.

- Adverbs of *time* and *place* are usually put at the beginning or at the end of a sentence, but can also be placed after the past participle, depending on what is emphasized.

  Aujourd'hui je m'entends bien avec ma sœur.
  Ils ne veulent pas emménager **ici.**
  Elle s'est habituée **tôt** à ses nouvelles responsabilités.

NOTE: In French, unlike English, an adverb is NEVER placed between a subject and a verb. Compare:

*I **always** obey my mother.*
J'obéis **toujours** à ma mère.

Adverb Placement

Simple verb tenses:	subject + verb + **adverb**	Je chante **souvent.**
		Je ne chante pas **souvent.**
Compound verb tenses:	subject + auxiliary + **short adverb** + past participle	J'ai **souvent** chanté.
		Je n'ai pas **souvent** chanté.
	subject + auxiliary + past participle + **long adverb**	J'ai chanté **bruyamment.**
		Je n'ai pas chanté **bruyamment.**

 SELF-CHECK Student Activities Manual, *Exercises II, B, C, and D, pages 95–96.*

III. Comparison of Adverbs

- To compare how something is done, use the same construction you use to compare adjectives (see **Structures,** Chapter 2, pages 158–159).

equality	*superiority*	*inferiority*
aussi + adverb + **que**	**plus** + adverb + **que**	**moins** + adverb + **que**

Sa petite sœur répond **aussi** poliment aux questions **que** son frère.
Elle s'est mariée **plus** tôt **que** moi.
Mes grands-parents nous grondent **moins** souvent **que** mes parents.

NOTE: The adverb **bien** becomes **mieux** in comparisons of superiority.

Elle s'entend **mieux** avec ses parents **que** son frère.
*She gets along **better** with her parents **than** her brother (does).*

- To state that something is done in the best, the worst, the fastest way, the most often, etc., in other words, to state a superlative, use:

le plus + adverb + **(de)**	**le moins** + adverb + **(de)**

C'est l'oncle Albert qui conduit **le moins prudemment de** tous mes oncles.
*It is Uncle Albert who drives **the least carefully of** all my uncles.*

De nous tous, c'est mon petit frère qui crie **le plus fort** quand il se fâche.
*My little brother yells **the loudest of** us all when he gets mad.*

Dans ma famille, c'est ma tante qui me comprend **le mieux.**
*In my family, my aunt understands me **the best.***

 SELF-CHECK Student Activities Manual, *Exercises III, G and H, pages 99–100.*

IV. Comparison of Nouns

- To compare nouns, use:

equality	superiority	inferiority
autant de + noun + **que**	**plus de** + noun + **que**	**moins de** + noun + **que**

Il a **autant de** cousins **que** moi.
*He has **as many** cousins **as** I (do).*

Dans une famille recomposée, il y a souvent **plus d'**enfants **que** dans une famille monoparentale.
*In a blended family, there are often **more** children **than** in a single-parent family.*

Autrefois il y avait **moins de** divorces **qu'**aujourd'hui.
*In earlier times there were **fewer** divorces **than** today.*

- To talk about something or someone that has the most or the least (superlative), use:

superiority	inferiority
le plus de + noun + **(de)**	**le moins de** + noun + **(de)**

De tous les membres de ma famille, c'est ma belle-mère qui a **le plus d'**énergie.
*My step-mother has **the most** energy **in** the family.*

Mon beau-père a **le moins de** temps.
*My father-in-law has **the least** (amount of) time.*

Cette mère célibataire a **le moins d'**argent.
*This single mother has **the least** (amount of) money.*

 SELF-CHECK Student Activities Manual, *Exercises IV, K and L, page 101.*

 # V. Demonstrative Pronouns

Ⓐ FORMS

By this point in your study of French, you are adept at using demonstrative adjectives (**ce, cet, cette, ces**) to modify nouns.

Cet enfant est plus sympathique que sa sœur.
Cette famille nombreuse se débrouille bien.
J'admire **ces** femmes au foyer.

In order to avoid unnecessary repetition, these adjectives and the nouns they modify can be replaced by demonstrative pronouns. The demonstrative pronouns in French are:

	Masculine	Feminine
Singular	**celui**	**celle**
Plural	**ceux**	**celles**

B USAGE

Demonstrative pronouns can be used in three ways:

- followed by **-ci** or **-là** to make a distinction between two people or things, or two groups:

  > Regardez ces deux enfants. **Celui-ci** est plus sage que **celui-là.**
  > *Look at these two children. **This one** is better behaved than **that one.***

  > Je connais ses sœurs et je trouve **celle-ci** plus sympa que **celle-là.**
  > *I know her sisters and find **this one** nicer than **that one.***

- followed by **de:**

  > Les jeunes d'aujourd'hui quittent la maison plus tard que **ceux d'**il y a trente ans.
  > *Young people today leave home later than **those of** thirty years ago.*

  > La copine de ton frère cadet est plus amusante que **celle de** ton frère aîné.
  > *Your younger brother's girlfriend is more fun than your older brother's.*

- followed by a *relative pronoun* (**qui, que, dont:** see **Structures,** Chapter 6, pages 200–201):

  > Mon nouveau colocataire paie le loyer plus régulièrement que **celui qui** a déménagé.
  > *My new housemate pays the rent more regularly than **the one who** moved.*

  > Mes cousins de Montpellier sont **ceux que** j'ai vus à Noël.
  > *My cousins from Montpellier are **the ones (that)** I saw at Christmas.*

  > Un père autoritaire typique est **celui auquel** les enfants obéissent.
  > *A typical authoritarian father is **the one whom** the children obey.*

SELF-CHECK Student Activities Manual, *Exercises V, N, and O, page 102.*

VI. *Le mot juste: plaire à*

In English, we say that something or someone *pleases us*; the French say that something or someone is *pleasing to them.* Therefore the verb *to please* (**plaire**) requires the use of the preposition **à**, or an indirect object pronoun, to say who is pleased.

> Est-ce que leur nouvel appart' **leur plaît**?
> *Does their new apartment **please them**?*

> Mes copains ne **plaisent** pas toujours **à mes parents.**
> *My friends do not always **please my parents.***

NOTE: The verb **plaire** is usually used to mean *to be happy with.* The above examples could be translated as:

> ***Are** they **happy with** / **Do** they **like** their new apartment?*`
> *My parents **are** not always **happy with** / do not always **like** my friends.*

The usage of this verb is like that of **manquer à** (**Structures,** Chapter 3, page 172): the word that is an indirect object in French is the subject of the equivalent sentence in English.

Structures

I. Verb Review

In the context of talking and writing about issues that go beyond the borders of France, such as the environment or international relations, the verb **atteindre** may frequently be found. There is often mention of trying to reach a goal (**atteindre un but**). This verb and others like it (see below) have one stem in the singular (**-n-**) and another in the plural (**-gn-**) but are otherwise conjugated like regular **-re** verbs.

Present tense:	j'att**ein**s	nous att**eign**ons
	tu att**ein**s	vous att**eign**ez
	il/elle/on att**ein**t	ils/elles att**eign**ent
Past participle:	att**ein**t	

The other indicative tenses, as well as the subjunctive, are regular in their formation.

imperfect:	ils **atteignaient**
future:	ils **atteindront**
subjunctive:	que j'**atteigne**

The verbs **craindre (craint), joindre (joint), rejoindre (rejoint), peindre (peint), teindre (teint),** etc. follow the same pattern but keep the first vowel of their infinitive: je **crain**s, nous **joign**ons, il **tein**t, etc.

✔ **SELF-CHECK** Student Activities Manual, *Exercise I, A, page 107.*

II. What is a Function?

This final chapter of *Sur le vif* is designed to help you review many of the structures of earlier chapters. Instead of presenting additional forms, this **Structures** section is organized around the concept of functions or communicative acts, to encourage you to reflect on the "why" (the function of the forms you have been studying) more than on the "what" (tenses, adjectives, adverbs, pronouns, etc.) or the "how" (conjugations, agreements, formation, etc.).

For example:

Structures	Functions
Adjectives, adverbs, relative clauses	describing something or someone, actions
Subjunctive	expressing opinions, reacting to a statement or event
Conditional	hypothesizing, saying how things could be or could have been
Imperative	telling someone to do something
Negative forms	disagreeing, contradicting

Instead of studying language in terms of its structures or grammatical forms, it is important to consider how or for what purpose language is used. When we speak we always do so for a reason (a purpose or a goal). These purposes are called *functions*.

In order to achieve our goals in speaking, we must use correct grammar, otherwise our message might be lost or misunderstood. You have now studied most of the important grammar structures in French. We will look at them once more with their functions in mind.

Functions are broad categories, and many different forms can be used to carry them out. Just because the subjunctive is listed with one function (*persuading,* for instance), does not mean it cannot be used for another (*expressing emotion,* or *giving commands*). As you read through these pages, refer back, as needed, to the chapters in which the structures mentioned are reviewed. The cross-references are there to help you. You are the best judge of which of these forms you need to study more. The workbook provides an opportunity to check your mastery of the grammar structures and their uses, as in the earlier chapters.

III. Requesting Information

We often need to ask for information: directions to a place, how to do things, details about a present, past or future event, clarification of something we have not understood, etc. Interrogative forms allow us to carry out this very frequent communicative act.

To get confirmation or contradiction, *yes* or *no* questions are all you need:

> **Est-ce que** vous pensez que le réchauffement climatique est un vrai problème?
> **A-t-on** encore besoin de combustibles fossiles?

To get an answer that provides more information, an *interrogative adverb* (**comment, où, pourquoi, quand,** etc.), an *interrogative pronoun* (**qui, que, lequel,** etc.), or an *interrogative adjective* (**quel,** etc.) can be used.

> **Quand** va-t-on se mettre d'accord sur une définition du commerce équitable?
> **Pourquoi** ne veux-tu pas prendre ton vélo au lieu de ta voiture?
> **Combien de** pays sont maintenant membres de l'UE?
> **Qui** partira avec Médecins sans frontières?
> **Que** veut dire ONG?
> **Quelle** est la date de ton départ?

(For a complete presentation of interrogative forms, see **Structures,** Chapter 2, pages 160–163.)

 SELF-CHECK Student Activities Manual, *Exercise III, B, pages 107–108.*

IV. Hypothesizing

When we think how things might be, or how they might have been, how we would do something, how something should be, we make *hypotheses* or suppositions. We may be asked, If you had this problem, what would you do? or, If you had to do this over, what would you do differently? To suggest *how things could be* if certain conditions were fulfilled, the *conditional* mood is used. This is helpful when you *speculate* about the future rather than presenting a more certain view of how things will be (for that, you need the future tense).

> Si la France n'avait pas tant de centrales nucléaires, elle **produirait** plus de CO$_2$.
> *If France did not have as many nuclear power plants, it **would produce** more carbon dioxide.*

> Si on n'avait plus de frontières, on n'**aurait** pas besoin de passeports.
> *If there were no longer any borders, one **would** not need passports.*

> Les pays du tiers-monde **pourraient** nourrir leurs populations s'ils n'achetaient plus d'armes.
> *Third World countries **could** feed their populations if they no longer bought weapons.*

To suggest how things *would have been* in the past, had the situation been different, use the *past conditional.*

> Si les Français et les Allemands n'avaient pas voulu empêcher d'autres guerres, ils ne se **seraient** pas **mis** d'accord pour créer ce qui est devenu l'Union européenne.
> *If the French and the Germans had not wanted to avoid other wars, they **would** not **have** agreed to create what has become the European Union.*

> Elle ne **serait** pas **partie** avec Médecins sans frontières si elle n'avait pas fait des études de médecine.
> *She **would** not **have gone** with Doctors Without Borders if she had not studied medicine.*

(For a complete presentation of the conditional, see **Structures,** Chapter 5, pages 186-190.)

 SELF-CHECK Student Activities Manual, *Exercise IV, D, pages 108–109.*

V. Describing

When we want to describe places, people, and events, we can use many different grammar structures to make our speech more precise and to add details that could interest our listeners.

- *Adjectives* typically modify nouns, that is, people or things. In French, adjectives must agree in gender (masculine or feminine) and number (singular or plural) with the nouns they modify.

    > L'Europe est une **grande** puissance **économique.**
    > *Europe is a **major** economic **power.***

    > Les affaires **étrangères** ne m'intéressent pas.
    > ***Foreign** affairs don't interest me.*

    > En 1950, la France et l'Allemagne ont créé une institution **européenne supranationale.**
    > *In 1950, France and Germany created a **supranational European** institution.*

(For a more complete presentation of adjectives, see **Structures,** Chapter 2, pages 154–158.)

- Another structure that allows you to add details or precision to a description is the relative clause.

    > Les gens **qui bousillent la terre** me mettent en colère.
    > *The people **who are wrecking the earth** make me angry.*

    > L'effet de serre fait fondre les glaciers **où vivent les ours polaires.**
    > *The greenhouse effect melts the glaciers **where the polar bears live.***

    > Nous disposons des médicaments **dont nous avons besoin.**
    > *We have at our disposal the medications **(which) we need.***

    > Les bénévoles **que cherchent Médecins sans frontières** ont déjà de l'expérience.
    > *The volunteers **that Doctors Without Borders is looking for** already have experience.*

(For a more complete presentation of relative clauses, see **Structures,** Chapter 6, pages 200–202.)

- A third way to produce a more detailed description is to use an adverb. *Adverbs* tell *how* something is done or give more information about an action.

    > Jean-François a **beaucoup** voyagé et il est **déjà** parti en Iran.
    > *Jean-François has traveled **a lot** and he has **already** left for Iran.*

    > Les citoyens européens se connaissent **mieux aujourd'hui.**
    > *The citizens of Europe know each other **better today.***

    > L'euro s'utilise **seulement** dans certains pays membres de l'UE.
    > *The euro is used **only** in some of the EU member states.*

    > Certains pays sont **cruellement** déchirés par la guerre.
    > *Certain countries are **cruelly** torn apart by war.*

(For a more complete presentation of adverbs, see **Structures,** Chapter 8, pages 213–215.)

- When you compare two or more things, people, or actions, you are also describing.

  L'Europe est **aussi grande que** l'Inde mais **plus riche.**
  *Europe is **as large as** India but **richer.***

  Il y avait **autant de** maladies en Somalie **qu'**en Erythrée.
  *There were **as many** diseases in Somalia **as** in Eritrea.*

(For a more complete presentation of comparisons, see **Structures,** Chapter 2, pages 158–159 and **Structures,** Chapter 8, pages 215–217.)

DESCRIPTIONS AND TENSES

- Descriptions are not limited to the present tense. When you describe something that happened in the past, you use a past tense, usually the *imperfect.*

  Le premier contact d'habitude se **faisait** avec le chef du village.
  *The first contact **was** usually with the head of the village.*

  On se **rendait** auprès des populations isolées à dos de chameaux.
  *We **traveled** to isolated populations on camelback.*

(For a more complete presentation of the imperfect tense, see **Structures,** Chapter 3, pages 166–169.)

- Of course you can also describe in the future, using the *future* tense.

  La guerre **paraîtra** absurde et **sera** impossible.
  *War **will seem** absurd and **will be** impossible.*

  Un jour, il y **aura** des centrales solaires dans toutes les régions de France.
  *One day there **will be** solar energy power plants in every region of France.*

(For a more complete presentation of the future, see **Structures,** Chapter 5, pages 186–190.)

✔ **SELF-CHECK** Student Activities Manual, *Exercises V, F–I, pages 109–111.*

VI. Expressing Opinions or Reactions

When we want to say how an action or a statement makes us feel or give our point of view about something we have seen or heard, we often use the *subjunctive.*

Nous **sommes heureux** que tant de volontaires **veuillent** s'engager avec MSF.
*We **are happy** that so many volunteers **want** to commit to Doctors Without Borders.*

Il **est important** que l'Europe **soit** forte.
*It is **important** that Europe **be** strong.*

Je **crains** que nos efforts pour recycler ne **soient** pas suffisants.
*I **am afraid** that our efforts to recycle **are** not enough.*

However, it is important to remember that an *infinitive* is used after these expressions instead of a conjugated verb in the subjunctive if the subject of the main verb and the second verb is the same.

Il **faut passer** au moins six mois dans le pays pour être utile.
*One **must spend** at least six months in the country to be useful.*

Elle **regrette** de ne pas **avoir étudié** la médecine.
*She **regrets** not **having studied** medicine.*

(For a more complete presentation of the subjunctive, see **Structures,** Chapter 7, pages 204–211.)

 SELF-CHECK Student Activities Manual, *Exercise VI, M, page 112.*

VII. Negating

A *negative construction* can be used to disagree, contradict or state the opposite of something else.

Nous **ne** jetterons **plus rien.**
*We will **no longer** throw **anything** away.*

Moi, je pense qu'on signera bientôt un traité entre Israël et la Palestine. Et vous?
I think a treaty will soon be signed between Israel and Palestine. What do you think?

Nous pensons que la paix **ne** s'établira **jamais** tout à fait au Moyen-Orient.
*We think that peace will **never** completely come to the Middle East.*

Ni l'énergie solaire **ni** l'énergie éolienne **ne** remplacera les centrales nucléaires en France.
***Neither** solar power **nor** wind energy will replace nuclear power plants in France.*

(For a more complete presentation of the negative, see **Structures,** Chapter 6, pages 197–200.)

VIII. Narrating

We spend a great deal of time telling others about something that will happen or is happening in our lives, or recounting an episode from our past. This narration is done in a variety of tenses, depending on the time frame of the events.

Present tense narration is what we do when we tell someone about what is going on right now.

Ils **trient** leurs déchets.
*They **sort** their trash.*

Un des diplomates **pose** une question.
*One of the diplomats **is asking** a question.*

Les Allemands **envoient** leurs déchets nucléaires en France.
*The Germans **send** their nuclear waste to France.*

(For a more complete presentation of the present tense, see **Structures,** Chapter 1, pages 145–148.)

Past tense narration uses a variety of tenses (imperfect, **passé composé,** pluperfect, and **passé simple**) to locate events in the past and relate them to each other.

> Nous **avons mis** des cliniques mobiles en place.
> *We **set up** mobile clinics.*

> Des volontaires **racontaient** leur travail sur le terrain.
> *The volunteers **were talking about** their work in the field.*

> Les déplacés **s'étaient réfugiés** dans les montagnes.
> *The displaced people **had taken refuge** in the mountains.*

(For a more complete presentation of the imperfect, **passé composé,** and pluperfect, see **Structures,** Chapter 3, pages 165–171.)

The **passé simple** is often found in historic, literary, and expository narrative texts when the author uses a more careful, formal style.

> En 1957 le traité de Rome **institua** la Communauté économique européenne (CEE), aussi appelée le «marché commun».
> *In 1957, the Treaty of Rome **established** the European Economic Community (ECC), also called the "common market."*

> Après de longues délibérations, les diplomates **signèrent** les accords.
> *After long deliberations, the diplomats **signed** the agreements.*

(For a more complete presentation of the **passé simple,** see **Structures,** Chapter 5, pages 194–195.)

Future tense narration uses either the simple future (more frequent in written narration), the future past, the **futur proche** (**aller** + *infinitive*), or a verb that suggests future time.

> Nous **verrons** le camp des déplacés quand nous **serons arrivés** en Erythrée.
> *We **will see** the camp for displaced people when we **arrive** (**will have arrived**) in Eritrea.*

> Je **vais passer** un an avec Médecins sans frontières.
> *I **am going to spend** a year with **Doctors Without Borders.***

> Vous **projetez de** travailler en Afrique.
> *You **are planning** to work in Africa.*

(For a more complete presentation of the future, see **Structures,** Chapter 5, pages 186–192.)

 SELF-CHECK Student Activities Manual, *Exercises VIII, O–P, pages 113–115.*

CONCLUSION

By now you are aware that language does not come in discrete "chunks." It is hard to isolate one grammar point from all the others since, often several are needed all at once to express your meaning. To communicate, you call upon the various forms you have learned. As you continue your study of French, you will find that using increasingly complex language both orally and in writing will become more and more natural.

Bonne route!

Appendix A

Prepositions

❶ VERBS THAT TAKE PREPOSITIONS IN *ONE* LANGUAGE ONLY

A. In English, there are many verbs that are followed by a preposition, whereas in French the preposition is included in the meaning of the verb itself.

Here are the most common examples:

attendre	to wait **for**
chercher	to look **for**
demander	to ask **for**
descendre	to go **down**
écouter	to listen **to**
monter	to go **up**
payer	to pay **for**
regarder	to look **at;** to watch

B. Many French verbs require prepositions before their objects, when the English equivalent does not.

Here are some examples of these verbs:

assister **à**	to attend
changer **de**	to change (+ object)
commencer **à** (+ *infinitive*)	to start
entrer **dans**	to enter
finir **par** (+ *infinitive*)	to end up
jouer **à**	to play (a sport)
jouer **de**	to play (a musical instrument)
obéir **à**	to obey
rendre service **à**	to help
rendre visite **à**	to visit (someone)
répondre **à**	to answer
téléphoner **à**	to call someone (on the phone)

❶❶ VERBS REQUIRING PREPOSITION + *INFINITIVE*

Many verbs in French require a preposition between the verb and a following infinitive. No general rule exists to determine which preposition goes with which verb, so it is a good idea to learn the ones you use most frequently and to check a dictionary in case of doubt.

A. Some verbs require the preposition **à** if they are followed by an infinitive.

aider qqn à	s'habituer à
s'amuser à	hésiter à
apprendre à	s'intéresser à
s'attendre à	inviter à
arriver à	se mettre à
encourager à	réussir à
enseigner à	tenir à

Je n'arrive pas **à comprendre** les mathématiques.

B. Other verbs require the preposition **de** if they are followed by an infinitive.

accepter de	essayer de
s'arrêter de	finir de
cesser de	oublier de
craindre de	regretter de
se dépêcher de	rêver de
empêcher qqn de	venir de

J'ai essayé **d'aller** à Paris.

C. A few verbs allow a choice of **à** or **de** if followed by an infinitive.

continuer à/de
se décider à / décider de

D. Some verbs require two prepositions, one in front of the *following noun* and the other in front of the *following infinitive*. This forms a double construction:

verb + **à** + *noun (usually a person)* + **de** + *infinitive*

conseiller à... de...	ordonner à... de...
défendre à... de...	permettre à... de...
demander à... de...	promettre à... de...
dire à... de...	refuser à... de...
écrire à... de...	reprocher à... de...
interdire à... de...	suggérer à... de...

La mère défend **à** ses enfants **de** manger du chocolat.
Il refuse **d'**obéir **à** sa mère.

Appendix B

Present Participles

❶ WHAT IS A PRESENT PARTICIPLE?

The *present participle* is a verbal form (also called a *gerund*), similar to the *-ing* form in English with no stated subject.

> Je mange toujours **en regardant** la télé.
> *I always eat **while watching** TV.*

> **En répondant** immédiatement, j'ai évité une amende.
> ***By answering** immediately, I avoided a fine.*

NOTE: This is *not* the same as the present or the imperfect verb tenses, which can also be translated with an *-ing* verb form:

> Elle **chante** toujours.
> *She **is** always **singing**.*

> Il m'a téléphoné pendant que je **prenais** une douche.
> *He called me while I **was taking** a shower.*

❷ HOW IS A PRESENT PARTICIPLE FORMED?

The present participle form is based on the **nous** form of the present tense. The **-ons** ending is dropped, and **-ant** is added.

> Il a gagné une médaille **en courant** plus vite que les autres.
> *He won a medal **by running** faster than the others.*

nous *form*	*present participle*
nous parl~~ons~~ ⟶	parl**ant**
nous finiss~~ons~~ ⟶	finiss**ant**
nous entend~~ons~~ ⟶	entend**ant**

There are three irregular present participles:

être:	**étant**
avoir:	**ayant**
savoir:	**sachant**

� HOW IS A PRESENT PARTICIPLE USED?

In French, the present participle is not used as often as in English. Two of the most common uses are:

A. as an adjective, which means it agrees with the noun it modifies.

> Ces enfants sont **agaçants.**
> C'est une personne **charmante.**

B. as a gerund (like the English present participle), usually preceded by the preposition **en.** In this case, the present participle is invariable. Note the English translations.

> Je prends toujours mon dîner **en écoutant** de la musique.
> *I always have dinner **while listening** to music.*

> **En travaillant** tout l'été, j'ai gagné assez d'argent pour payer mon voyage.
> ***By working** all summer, I earned enough money to pay for my trip.*

> L'appétit vient **en mangeant.** *(French proverb)*
> ***Eating** stimulates the appetite.*

Appendix C

Verb Conjugations

Note that regular **-er, -re** and **-ir** verbs are the most frequent conjugations. Verbs marked with an asterisk (*) are conjugated with **être** in compound past tenses; all others are conjugated with **avoir.** Verbs marked with a plus sign (+) are stem-change verbs, meaning that there are two stems in the present tense, as well as in other tenses using these stems. If the verb you are looking for is not listed below, look for one with a similar ending.

---

accueillir *to welcome, to greet*
past participle: **accueilli** / present participle: **accueillant**

Like **accueillir** is **cueillir** *(to pick, to gather)*

Present indicative
j'accueille
tu accueilles
il/elle/on accueille
nous accueillons
vous accueillez
ils/elles accueillent

Passé simple
j'accueillis
tu accueillis
il/elle/on accueillit
nous accueillîmes
vous accueillîtes
ils/elles accueillirent

Present subjunctive
que j'accueille
que tu accueilles
qu'il/elle/on accueille
que nous accueillions
que vous accueilliez
qu'ils/elles accueillent

Imperfect
j'accueillais
tu accueillais
il/elle/on accueillait
nous accueillions
vous accueilliez
ils/elles accueillaient

Future
j'accueillerai
tu accueilleras
il/elle/on accueillera
nous accueillerons
vous accueillerez
ils/elles accueilleront

Imperative
accueille
accueillons
accueillez

Passé composé
j'ai accueilli
tu as accueilli
il/elle/on a accueilli
nous avons accueilli
vous avez accueilli
ils/elles ont accueilli

Conditional
j'accueillerais
tu accueillerais
il/elle/on accueillerait
nous accueillerions
vous accueilleriez
ils/elles accueilleraient

agir *to act*
past participle: **agi** / present participle: **agissant**

Like **agir** are **finir** *(to finish)* and about 300 other verbs

Present indicative
j'agis
tu agis
il/elle/on agit
nous agissons
vous agissez
ils/elles agissent

Future
j'agirai
tu agiras
il/elle/on agira
nous agirons
vous agirez
ils/elles agiront

Imperfect
j'agissais
tu agissais
il/elle/on agissait
nous agissions
vous agissiez
ils/elles agissaient

Conditional
j'agirais
tu agirais
il/elle/on agirait
nous agirions
vous agiriez
ils/elles agiraient

Passé composé
j'ai agi
tu as agi
il/elle/on a agi
nous avons agi
vous avez agi
ils/elles ont agi

Present subjunctive
que j'agisse
que tu agisses
qu'il/elle/on agisse
que nous agissions
que vous agissiez
qu'ils/elles agissent

Passé simple
j'agis
tu agis
il/elle/on agit
nous agîmes
vous agîtes
ils/elles agirent

Imperative
agis
agissons
agissez

aller* *to go*
past participle: **allé(e)(s)** / present participle: **allant**

Like **aller** is **s'en aller*** *(to go away)*

Present indicative
je vais
tu vas
il/elle/on va
nous allons
vous allez
ils/elles vont

Future
j'irai
tu iras
il/elle/on ira
nous irons
vous irez
ils/elles iront

Imperfect
j'allais
tu allais
il/elle/on allait
nous allions
vous alliez
ils/elles allaient

Conditional
j'irais
tu irais
il/elle/on irait
nous irions
vous iriez
ils/elles iraient

Passé composé
je suis allé(e)
tu es allé(e)
il/elle/on est allé(e)
nous sommes allé(e)s
vous êtes allé(e)(s)
ils/elles sont allé(e)s

Present subjunctive
que j'aille
que tu ailles
qu'il/elle/on aille
que nous allions
que vous alliez
qu'ils/elles aillent

Passé simple
j'allai
tu allas
il/elle/on alla
nous allâmes
vous allâtes
ils/elles allèrent

Imperative
va
allons
allez

s'appeler*+ *to be called, named*
past participle: **appelé** / present participle: **appelant**

Like **s'appeler** are **appeler**+ *(to call)*, **se rappeler***+ *(to recall, to remember)*

Present indicative
je m'appelle
tu t'appelles
il/elle/on s'appelle
nous nous appelons
vous vous appelez
ils/elles s'appellent

Imperfect
je m'appelais
tu t'appelais
il/elle/on s'appelait
nous nous appelions
vous vous appeliez
ils/elles s'appelaient

Passé composé
je me suis appelé(e)
tu t'es appelé(e)
il/elle/on s'est appelé(e)
nous nous sommes appelé(e)s
vous vous êtes appelé(e)(s)
ils/elles se sont appelé(e)s

Passé simple
je m'appelai
tu t'appelas
il/elle/on s'appela
nous nous appelâmes
vous vous appelâtes
ils/elles s'appelèrent

Future
je m'appellerai
tu t'appelleras
il/elle/on s'appellera
nous nous appellerons
vous vous appellerez
ils/elles s'appelleront

Conditional
je m'appellerais
tu t'appellerais
il/elle/on s'appellerait
nous nous appellerions
vous vous appelleriez
ils/elles s'appelleraient

Present subjunctive
que je m'appelle
que tu t'appelles
qu'il/elle/on s'appelle
que nous nous appelions
que vous vous appeliez
qu'ils/elles s'appellent

Imperative
appelle-toi
appelons-nous
appelez-vous

apprendre (see **prendre**)

s'asseoir*+ *to sit down*

past participle: **assis** / present participle: **asseyant**

Present indicative
je m'assieds
tu t'assieds
il/elle/on s'assied
nous nous asseyons
vous vous asseyez
ils/elles s'asseyent

Imperfect
je m'asseyais
tu t'asseyais
il/elle/on s'asseyait
nous nous asseyions
vous vous asseyiez
ils/elles s'asseyaient

Passé composé
je me suis assis(e)
tu t'es assis(e)
il/elle/on s'est assis(e)
nous nous sommes assis(es)
vous vous êtes assis(e)(s)
ils/elles se sont assis(es)

Passé simple
je m'assis
tu t'assis
il/elle/on s'assit
nous nous assîmes
vous vous assîtes
ils/elles s'assirent

Future
je m'assiérai
tu t'assiéras
il/elle/on s'assiéra
nous nous assiérons
vous vous assiérez
ils/elles s'assiéront

Conditional
je m'assiérais
tu t'assiérais
il/elle/on s'assiérait
nous nous assiérions
vous vous assiériez
ils/elles s'assiéraient

Present subjunctive
que je m'asseye
que tu t'asseyes
qu'il/elle/on s'asseye
que nous nous asseyions
que vous vous asseyiez
qu'ils/elles s'asseyent

Imperative
assieds-toi
asseyons-nous
asseyez-vous

avoir *to have*

past participle: **eu** / present participle: **ayant**

Present indicative
j'ai
tu as
il/elle/on a
nous avons
vous avez
ils/elles ont

Future
j'aurai
tu auras
il/elle/on aura
nous aurons
vous aurez
ils/elles auront

Imperfect
j'avais
tu avais
il/elle/on avait
nous avions
vous aviez
ils/elles avaient

Conditional
j'aurais
tu aurais
il/elle/on aurait
nous aurions
vous auriez
ils/elles auraient

Passé composé
j'ai eu
tu as eu
il/elle/on a eu
nous avons eu
vous avez eu
ils/elles ont eu

Present subjunctive
que j'aie
que tu aies
qu'il/elle/on ait
que nous ayons
que vous ayez
qu'ils/elles aient

Passé simple
j'eus
tu eus
il/elle/on eut
nous eûmes
vous eûtes
ils/elles eurent

Imperative
aie
ayons
ayez

commencer _to begin_

past participle: **commencé** / present participle: **commençant**

Like **commencer** is **recommencer**+ _(to begin again, to start over)_

Present indicative
je commence
tu commences
il/elle/on commence
nous commençons
vous commencez
ils/elles commencent

Imperfect
je commençais
tu commençais
il/elle/on commençait
nous commencions
vous commenciez
ils/elles commençaient

Passé composé
j'ai commencé
tu as commencé
il/elle/on a commencé
nous avons commencé
vous avez commencé
ils/elles ont commencé

Passé simple
je commençai
tu commenças
il/elle/on commença
nous commençâmes
vous commençâtes
ils/elles commencèrent

Future
je commencerai
tu commenceras
il/elle/on commencera
nous commencerons
vous commencerez
ils/elles commenceront

Conditional
je commencerais
tu commencerais
il/elle/on commencerait
nous commencerions
vous commenceriez
ils/elles commenceraient

Present subjunctive
que je commence
que tu commences
qu'il/elle/on commence
que nous commencions
que vous commenciez
qu'ils/elles commencent

Imperative
commence
commençons
commencez

comprendre (see **prendre**)

conduire *to drive*
past participle: **conduit** / present participle: **conduisant**

Like **conduire** are **construire** *(to build, to construct)*, **cuire** *(to cook)*, **réduire** *(to reduce)*, **séduire** *(to seduce)*

Present indicative
je conduis
tu conduis
il/elle/on conduit
nous conduisons
vous conduisez
ils/elles conduisent

Future
je conduirai
tu conduiras
il/elle/on conduira
nous conduirons
vous conduirez
ils/elles conduiront

Imperfect
je conduisais
tu conduisais
il/elle/on conduisait
nous conduisions
vous conduisiez
ils/elles conduisaient

Conditional
je conduirais
tu conduirais
il/elle/on conduirait
nous conduirions
vous conduiriez
ils/elles conduiraient

Passé composé
j'ai conduit
tu as conduit
il/elle/on a conduit
nous avons conduit
vous avez conduit
ils/elles ont conduit

Present subjunctive
que je conduise
que tu conduises
qu'il/elle/on conduise
que nous conduisions
que vous conduisiez
qu'ils/elles conduisent

Passé simple
je conduisis
tu conduisis
il/elle/on conduisit
nous conduisîmes
vous conduisîtes
ils/elles conduisirent

Imperative
conduis
conduisons
conduisez

connaître *to know*

past participle: **connu** / present participle: **connaissant**

Like **connaître** are **apparaître** *(to appear)*, **disparaître** *(to disappear)*, **paraître** *(to seem)*, **reconnaître** *(to recognize)*

Present indicative
je connais
tu connais
il/elle/on connaît
nous connaissons
vous connaissez
ils/elles connaissent

Imperfect
je connaissais
tu connaissais
il/elle/on connaissait
nous connaissions
vous connaissiez
ils/elles connaissaient

Passé composé
j'ai connu
tu as connu
il/elle/on a connu
nous avons connu
vous avez connu
ils/elles ont connu

Passé simple
je connus
tu connus
il/elle/on connut
nous connûmes
vous connûtes
ils/elles connurent

Future
je connaîtrai
tu connaîtras
il/elle/on connaîtra
nous connaîtrons
vous connaîtrez
ils/elles connaîtront

Conditional
je connaîtrais
tu connaîtrais
il/elle/on connaîtrait
nous connaîtrions
vous connaîtriez
ils/elles connaîtraient

Present subjunctive
que je connaisse
que tu connaisses
qu'il/elle/on connaisse
que nous connaissions
que vous connaissiez
qu'ils/elles connaissent

Imperative
connais
connaissons
connaissez

convaincre+ *to convince*
past participle: **convaincu** / present participle: **convainquant**

Like **convaincre** is **vaincre** *(to defeat, to conquer)*

Present indicative
je convaincs
tu convaincs
il/elle/on convainc
nous convainquons
vous convainquez
ils/elles convainquent

Imperfect
je convainquais
tu convainquais
il/elle/on convainquait
nous convainquions
vous convainquiez
ils/elles convainquaient

Passé composé
j'ai convaincu
tu as convaincu
il/elle/on a convaincu
nous avons convaincu
vous avez convaincu
ils/elles ont convaincu

Passé simple
je convainquis
tu convainquis
il/elle/on convainquit
nous convainquîmes
vous convainquîtes
ils/elles convainquirent

Future
je convaincrai
tu convaincras
il/elle/on convaincra
nous convaincrons
vous convaincrez
ils/elles convaincront

Conditional
je convaincrais
tu convaincrais
il/elle/on convaincrait
nous convaincrions
vous convaincriez
ils/elles convaincraient

Present subjunctive
que je convainque
que tu convainques
qu'il/elle/on convainque
que nous convainquions
que vous convainquiez
qu'ils/elles convainquent

Imperative
convaincs
convainquons
convainquez

courir *to run*
past participle: **couru** / present participle: **courant**

Like **courir** is **parcourir** *(to skim, go over)*

Present indicative
je cours
tu cours
il/elle/on court
nous courons
vous courez
ils/elles courent

Imperfect
je courais
tu courais
il/elle/on courait
nous courions
vous couriez
ils/elles couraient

Passé composé
j'ai couru
tu as couru
il/elle/on a couru
nous avons couru
vous avez couru
ils/elles ont couru

Passé simple
je courus
tu courus
il/elle/on courut
nous courûmes
vous courûtes
ils/elles coururent

Future
je courrai
tu courras
il/elle/on courra
nous courrons
vous courrez
ils/elles courront

Conditional
je courrais
tu courrais
il/elle/on courrait
nous courrions
vous courriez
ils/elles courraient

Present subjunctive
que je coure
que tu coures
qu'il/elle/on coure
que nous courions
que vous couriez
qu'ils/elles courent

Imperative
cours
courons
courez

craindre (see **teindre**)

croire+ *to believe*

past participle: **cru** / present participle: **croyant**

Present indicative
je crois
tu crois
il/elle/on croit
nous croyons
vous croyez
ils/elles croient

Future
je croirai
tu croiras
il/elle/on croira
nous croirons
vous croirez
ils/elles croiront

Imperfect
je croyais
tu croyais
il/elle/on croyait
nous croyions
vous croyiez
ils/elles croyaient

Conditional
je croirais
tu croirais
il/elle/on croirait
nous croirions
vous croiriez
ils/elles croiraient

Passé composé
j'ai cru
tu as cru
il/elle/on a cru
nous avons cru
vous avez cru
ils/elles ont cru

Present subjective
que je croie
que tu croies
qu'il/elle/on croie
que nous croyions
que vous croyiez
qu'ils/elles croient

Passé simple
je crus
tu crus
il/elle/on crut
nous crûmes
vous crûtes
ils/elles crurent

Imperative
crois
croyons
croyez

découvrir (see **ouvrir**)

décrire *to describe*
past participle: **décrit** / present participle: **décrivant**

Like **décrire** are **écrire** *(to write)* and **s'inscrire*** *(to register, enroll)*

Present indicative
je décris
tu décris
il/elle/on décrit
nous décrivons
vous décrivez
ils/elles décrivent

Future
je décrirai
tu décriras
il/elle/on décrira
nous décrirons
vous décrirez
ils/elles décriront

Imperfect
je décrivais
tu décrivais
il/elle/on décrivait
nous décrivions
vous décriviez
ils/elles décrivaient

Conditional
je décrirais
tu décrirais
il/elle/on décrirait
nous décririons
vous décririez
ils/elles décriraient

Passé composé
j'ai décrit
tu as décrit
il/elle/on a décrit
nous avons décrit
vous avez décrit
ils/elles ont décrit

Present subjunctive
que je décrive
que tu décrives
qu'il/elle/on décrive
que nous décrivions
que vous décriviez
qu'ils/elles décrivent

Passé simple
je décrivis
tu décrivis
il/elle/on décrivit
nous décrivîmes
vous décrivîtes
ils/elles décrivirent

Imperative
décris
décrivons
décrivez

descendre* (see **rendre**)

devoir+ *to owe; to have to*

past participle: **dû** / present participle: **devant**

Present indicative
je dois
tu dois
il/elle/on doit
nous devons
vous devez
ils/elles doivent

Imperfect
je devais
tu devais
il/elle/on devait
nous devions
vous deviez
ils/elles devaient

Passé composé
j'ai dû
tu as dû
il/elle/on a dû
nous avons dû
vous avez dû
ils/elles ont dû

Passé simple
je dus
tu dus
il/elle/on dut
nous dûmes
vous dûtes
ils/elles durent

Future
je devrai
tu devras
il/elle/on devra
nous devrons
vous devrez
ils/elles devront

Conditional
je devrais
tu devrais
il/elle/on devrait
nous devrions
vous devriez
ils/elles devraient

Present subjunctive
que je doive
que tu doives
qu'il/elle/on doive
que nous devions
que vous deviez
qu'ils/elles doivent

Imperative
dois
devons
devez

dire *to say*
past participle: **dit** / present participle: **disant**

Like **dire** are **contredire** *(to contradict)*, **maudire** *(to curse)*, and **prédire** *(to predict)*

Present indicative
je dis
tu dis
il/elle/on dit
nous disons
vous dites
ils/elles disent

Future
je dirai
tu diras
il/elle/on dira
nous dirons
vous direz
ils/elles diront

Imperfect
je disais
tu disais
il/elle/on disait
nous disions
vous disiez
ils/elles disaient

Conditional
je dirais
tu dirais
il/elle/on dirait
nous dirions
vous diriez
ils/elles diraient

Passé composé
j'ai dit
tu as dit
il/elle/on a dit
nous avons dit
vous avez dit
ils/elles ont dit

Present subjunctive
que je dise
que tu dises
qu'il/elle/on dise
que nous disions
que vous disiez
qu'ils/elles disent

Passé simple
je dis
tu dis
il/elle/on dit
nous dîmes
vous dîtes
ils/elles dirent

Imperative
dis
disons
dites

dormir *to sleep*
past participle: **dormi** / present participle: **dormant**

Like **dormir** are **s'endormir*** *(to fall asleep)* and **se rendormir*** *(to fall asleep again)*

Present indicative
je dors
tu dors
il/elle/on dort
nous dormons
vous dormez
ils/elles dorment

Future
je dormirai
tu dormiras
il/elle/on dormira
nous dormirons
vous dormirez
ils/elles dormiront

Imperfect
je dormais
tu dormais
il/elle/on dormait
nous dormions
vous dormiez
ils/elles dormaient

Conditional
je dormirais
tu dormirais
il/elle/on dormirait
nous dormirions
vous dormiriez
ils/elles dormiraient

Passé composé
j'ai dormi
tu as dormi
il/elle/on a dormi
nous avons dormi
vous avez dormi
ils/elles ont dormi

Present subjunctive
que je dorme
que tu dormes
qu'il/elle/on dorme
que nous dormions
que vous dormiez
qu'ils/elles dorment

Passé simple
je dormis
tu dormis
il/elle/on dormit
nous dormîmes
vous dormîtes
ils/elles dormirent

Imperative
dors
dormons
dormez

écrire (see **décrire**)

s'ennuyer*+ *to be bored*
past participle: **ennuyé** / present participle: **ennuyant**

Like **s'ennuyer** is **ennuyer** *(to annoy, bother)*

Present indicative
je m'ennuie
tu t'ennuies
il/elle/on s'ennuie
nous nous ennuyons
vous vous ennuyez
ils/elles s'ennuient

Imperfect
je m'ennuyais
tu t'ennuyais
il/elle/on s'ennuyait
nous nous ennuyions
vous vous ennuyiez
ils/elles s'ennuyaient

Passé composé
je me suis ennuyé(e)
tu t'es ennuyé(e)
il/elle/on s'est ennuyé(e)
nous nous sommes ennuyé(e)s
vous vous êtes ennuyé(e)(s)
ils/elles se sont ennuyé(e)s

Passé simple
je m'ennuyai
tu t'ennuyas
il/elle/on s'ennuya
nous nous ennuyâmes
vous vous ennuyâtes
ils/elles s'ennuyèrent

Future
je m'ennuierai
tu t'ennuieras
il/elle/on s'ennuiera
nous nous ennuierons
vous vous ennuierez
ils/elles s'ennuieront

Conditional
je m'ennuierais
tu t'ennuierais
il/elle/on s'ennuierait
nous nous ennuierions
vous vous ennuieriez
ils/elles s'ennuieraient

Present subjunctive
que je m'ennuie
que tu t'ennuies
qu'il/elle/on s'ennuie
que nous nous ennuyions
que vous vous ennuyiez
qu'ils/elles s'ennuient

Imperative
ennuie-toi
ennuyons-nous
ennuyez-vous

envoyer+ *to send*
past participle: **envoyé** / present participle: **envoyant**

Like **envoyer** is **renvoyer**+ *(to send away, dismiss)*

Present indicative
j'envoie
tu envoies
il/elle/on envoie
nous envoyons
vous envoyez
ils/elles envoient

Imperfect
j'envoyais
tu envoyais
il/elle/on envoyait
nous envoyions
vous envoyiez
ils/elles envoyaient

Passé composé
j'ai envoyé
tu as envoyé
il/elle/on a envoyé
nous avons envoyé
vous avez envoyé
ils/elles ont envoyé

Passé simple
j'envoyai
tu envoyas
il/elle/on envoya
nous envoyâmes
vous envoyâtes
ils/elles envoyèrent

Future
j'enverrai
tu enverras
il/elle/on enverra
nous enverrons
vous enverrez
ils/elles enverront

Conditional
j'enverrais
tu enverrais
il/elle/on enverrait
nous enverrions
vous enverriez
ils/elles enverraient

Present subjunctive
que j'envoie
que tu envoies
qu'il/elle/on envoie
que nous envoyions
que vous envoyiez
qu'ils/elles envoient

Imperative
envoie
envoyons
envoyez

essayer+ *to try*

past participle: **essayé** / present participle: **essayant**

Like **essayer** is **payer**+ *(to pay)*

Present indicative
j'essaie
tu essaies
il/elle/on essaie
nous essayons
vous essayez
ils/elles essaient

Imperfect
j'essayais
tu essayais
il/elle/on essayait
nous essayions
vous essayiez
ils/elles essayaient

Passé composé
j'ai essayé
tu as essayé
il/elle/on a essayé
nous avons essayé
vous avez essayé
ils/elles ont essayé

Passé simple
j'essayai
tu essayas
il/elle/on essaya
nous essayâmes
vous essayâtes
ils/elles essayèrent

Future
j'essayerai
tu essayeras
il/elle/on essayera
nous essayerons
vous essayerez
ils/elles essayeront

Conditional
j'essayerais
tu essayerais
il/elle/on essayerait
nous essayerions
vous essayeriez
ils/elles essayeraient

Present subjunctive
que j'essaie
que tu essaies
qu'il/elle/on essaie
que nous essayions
que vous essayiez
qu'ils/elles essaient

Imperative
essaie
essayons
essayez

être *to be*

past participle: **été** / present participle: **étant**

Present indicative
je suis
tu es
il/elle/on est
nous sommes
vous êtes
ils/elles sont

Imperfect
j'étais
tu étais
il/elle/on était
nous étions
vous étiez
ils/elles étaient

Passé composé
j'ai été
tu as été
il/elle/on a été
nous avons été
vous avez été
ils/elles ont été

Passé simple
je fus
tu fus
il/elle/on fut
nous fûmes
vous fûtes
ils/elles furent

Future
je serai
tu seras
il/elle/on sera
nous serons
vous serez
ils/elles seront

Conditional
je serais
tu serais
il/elle/on serait
nous serions
vous seriez
ils/elles seraient

Present subjunctive
que je sois
que tu sois
qu'il/elle/on soit
que nous soyons
que vous soyez
qu'ils/elles soient

Imperative
sois
soyons
soyez

faire *to make, to do*

past participle: **fait** / present participle: **faisant**

Present indicative
je fais
tu fais
il/elle/on fait
nous faisons
vous faites
ils/elles font

Imperfect
je faisais
tu faisais
il/elle/on faisait
nous faisions
vous faisiez
ils/elles faisaient

Passé composé
j'ai fait
tu as fait
il/elle/on a fait
nous avons fait
vous avez fait
ils/elles ont fait

Passé simple
je fis
tu fis
il/elle/on fit
nous fîmes
vous fîtes
ils/elles firent

Future
je ferai
tu feras
il/elle/on fera
nous ferons
vous ferez
ils/elles feront

Conditional
je ferais
tu ferais
il/elle/on ferait
nous ferions
vous feriez
ils/elles feraient

Present subjunctive
que je fasse
que tu fasses
qu'il/elle/on fasse
que nous fassions
que vous fassiez
qu'ils/elles fassent

Imperative
fais
faisons
faites

falloir *must, have to, should*

past participle: **fallu**

Present indicative il faut	***Future*** il faudra
Imperfect il fallait	***Conditional*** il faudrait
Passé composé il a fallu	***Present subjunctive*** qu'il faille
Passé simple il fallut	

s'inscrire* (see **décrire**)

lire *to read*

past participle: **lu** / present participle: **lisant**

Like **lire** is **relire** *(to re-read)*

Present indicative
je lis
tu lis
il/elle/on lit
nous lisons
vous lisez
ils/elles lisent

Future
je lirai
tu liras
il/elle/on lira
nous lirons
vous lirez
ils/elles liront

Imperfect
je lisais
tu lisais
il/elle/on lisait
nous lisions
vous lisiez
ils/elles lisaient

Conditional
je lirais
tu lirais
il/elle/on lirait
nous lirions
vous liriez
ils/elles liraient

Passé composé
j'ai lu
tu as lu
il/elle/on a lu
nous avons lu
vous avez lu
ils/elles ont lu

Present subjunctive
que je lise
que tu lises
qu'il/elle/on lise
que nous lisions
que vous lisiez
qu'ils/elles lisent

Passé simple
je lus
tu lus
il/elle/on lut
nous lûmes
vous lûtes
ils/elles lurent

Imperative
lis
lisons
lisez

manger *to eat*

past participle: **mangé** / present participle: **mangeant**

Like **manger** are **nager**+ *(to swim)*, **plonger**+ *(to dive)*, and **voyager**+ *(to travel)*

Present indicative
je mange
tu manges
il/elle/on mange
nous mangeons
vous mangez
ils/elles mangent

Future
je mangerai
tu mangeras
il/elle/on mangera
nous mangerons
vous mangerez
ils/elles mangeront

Imperfect
je mangeais
tu mangeais
il/elle/on mangeait
nous mangions
vous mangiez
ils/elles mangeaient

Conditional
je mangerais
tu mangerais
il/elle/on mangerait
nous mangerions
vous mangeriez
ils/elles mangeraient

Passé composé
j'ai mangé
tu as mangé
il/elle/on a mangé
nous avons mangé
vous avez mangé
ils/elles ont mangé

Present subjunctive
que je mange
que tu manges
qu'il/elle/on mange
que nous mangions
que vous mangiez
qu'ils/elles mangent

Passé simple
je mangeai
tu mangeas
il/elle/on mangea
nous mangeâmes
vous mangeâtes
ils/elles mangèrent

Imperative
mange
mangeons
mangez

mettre *to put; to put on*
past participle: **mis** / present participle: **mettant**

Like **mettre** are **admettre** *(to admit)*, **omettre** *(to omit)*, **permettre** *(to allow)*, and **promettre** *(to promise)*

Present indicative
je mets
tu mets
il/elle/on met
nous mettons
vous mettez
ils/elles mettent

Future
je mettrai
tu mettras
il/elle/on mettra
nous mettrons
vous mettrez
ils/elles mettront

Imperfect
je mettais
tu mettais
il/elle/on mettait
nous mettions
vous mettiez
ils/elles mettaient

Conditional
je mettrais
tu mettrais
il/elle/on mettrait
nous mettrions
vous mettriez
ils/elles mettraient

Passé composé
j'ai mis
tu as mis
il/elle/on a mis
nous avons mis
vous avez mis
ils/elles ont mis

Present subjunctive
que je mette
que tu mettes
qu'il/elle/on mette
que nous mettions
que vous mettiez
qu'ils/elles mettent

Passé simple
je mis
tu mis
il/elle/on mit
nous mîmes
vous mîtes
ils/elles mirent

Imperative
mets
mettons
mettez

mourir*+ _to die_

past participle: **mort** / present participle: **mourant**

Present indicative
je meurs
tu meurs
il/elle/on meurt
nous mourons
vous mourez
ils/elles meurent

Imperfect
je mourais
tu mourais
il/elle/on mourait
nous mourions
vous mouriez
ils/elles mouraient

Passé composé
je suis mort(e)
tu es mort(e)
il/elle/on est mort(e)
nous sommes mort(e)s
vous êtes mort(e)(s)
ils/elles sont mort(e)s

Passé simple
je mourus
tu mourus
il/elle/on mourut
nous mourûmes
vous mourûtes
ils/elles moururent

Future
je mourrai
tu mourras
il/elle/on mourra
nous mourrons
vous mourrez
ils/elles mourront

Conditional
je mourrais
tu mourrais
il/elle/on mourrait
nous mourrions
vous mourriez
ils/elles mourraient

Present subjunctive
que je meure
que tu meures
qu'il/elle/on meure
que nous mourions
que vous mouriez
qu'ils/elles meurent

Imperative
meurs
mourons
mourez

naître* *to be born*
past participle: **né(e)(s)** / present participle: **naissant**

Like **naître** is **renaître*** *(to be born again)*

Present indicative
je nais
tu nais
il/elle/on naît
nous naissons
vous naissez
ils/elles naissent

Future
je naîtrai
tu naîtras
il/elle/on naîtra
nous naîtrons
vous naîtrez
ils/elles naîtront

Imperfect
je naissais
tu naissais
il/elle/on naissait
nous naissions
vous naissiez
ils/elles naissaient

Conditional
je naîtrais
tu naîtrais
il/elle/on naîtrait
nous naîtrions
vous naîtriez
ils/elles naîtraient

Passé composé
je suis né(e)
tu es né(e)
il/elle/on est né(e)
nous sommes né(e)s
vous êtes né(e)(s)
ils/elles sont né(e)s

Present subjunctive
que je naisse
que tu naisses
qu'il/elle/on naisse
que nous naissions
que vous naissiez
qu'ils/elles naissent

Passé simple
je naquis
tu naquis
il/elle/on naquit
nous naquîmes
vous naquîtes
ils/elles naquirent

Imperative
nais
naissons
naissez

ouvrir *to open*
past participle: **ouvert** / present participle: **ouvrant**

Like **ouvrir** are **couvrir** *(to cover)*, **découvrir** *(to discover)*, **offrir** *(to offer, to give)*, **souffrir** *(to suffer, to be ill)*

Present indicative
j'ouvre
tu ouvres
il/elle/on ouvre
nous ouvrons
vous ouvrez
ils/elles ouvrent

Imperfect
j'ouvrais
tu ouvrais
il/elle/on ouvrait
nous ouvrions
vous ouvriez
ils/elles ouvraient

Passé composé
j'ai ouvert
tu as ouvert
il/elle/on a ouvert
nous avons ouvert
vous avez ouvert
ils/elles ont ouvert

Passé simple
j'ouvris
tu ouvris
il/elle/on ouvrit
nous ouvrîmes
vous ouvrîtes
ils/elles ouvrirent

Future
j'ouvrirai
tu ouvriras
il/elle/on ouvrira
nous ouvrirons
vous ouvrirez
ils/elles ouvriront

Conditional
j'ouvrirais
tu ouvrirais
il/elle/on ouvrirait
nous ouvririons
vous ouvririez
ils/elles ouvriraient

Present subjunctive
que j'ouvre
que tu ouvres
qu'il/elle/on ouvre
que nous ouvrions
que vous ouvriez
qu'ils/elles ouvrent

Imperative
ouvre
ouvrons
ouvrez

partir* *to leave*
past participle: **parti(e)(s)** / present participle: **partant**

Like **partir** are **mentir** *(to tell a lie)*, **sentir** *(to feel, to smell)*, **se sentir*** *(to feel)*, **sortir*** *(to go out)*

Present indicative
je pars
tu pars
il/elle/on part
nous partons
vous partez
ils/elles partent

Future
je partirai
tu partiras
il/elle/on partira
nous partirons
vous partirez
ils/elles partiront

Imperfect
je partais
tu partais
il/elle/on partait
nous partions
vous partiez
ils/elles partaient

Conditional
je partirais
tu partirais
il/elle/on partirait
nous partirions
vous partiriez
ils/elles partiraient

Passé composé
je suis parti(e)
tu es parti(e)
il/elle/on est parti(e)
nous sommes parti(e)s
vous êtes parti(e)(s)
ils/elles sont parti(e)s

Present subjunctive
que je parte
que tu partes
qu'il/elle/on parte
que nous partions
que vous partiez
qu'ils/elles partent

Passé simple
je partis
tu partis
il/elle/on partit
nous partîmes
vous partîtes
ils/elles partirent

Imperative
pars
partons
partez

payer+ (see **essayer**)

peindre (see **teindre**)

plaire *to please, to be pleasing to*
past participle: **plu** / present participle: **plaisant**

Like **plaire** are **déplaire** *(to displease)*, **se taire*** *(to keep silent)*

Present indicative
je plais
tu plais
il/elle/on plaît
nous plaisons
vous plaisez
ils/elles plaisent

Future
je plairai
tu plairas
il/elle/on plaira
nous plairons
vous plairez
ils/elles plairont

Imperfect
je plaisais
tu plaisais
il/elle/on plaisait
nous plaisions
vous plaisiez
ils/elles plaisaient

Conditional
je plairais
tu plairais
il/elle/on plairait
nous plairions
vous plairiez
ils/elles plairaient

Passé composé
j'ai plu
tu as plu
il/elle/on a plu
nous avons plu
vous avez plu
ils/elles ont plu

Present subjunctive
que je plaise
que tu plaises
qu'il/elle/on plaise
que nous plaisions
que vous plaisiez
qu'ils/elles plaisent

Passé simple
je plus
tu plus
il/elle/on plut
nous plûmes
vous plûtes
ils/elles plurent

Imperative
plais
plaisons
plaisez

pleuvoir *to rain*

past participle: **plu** / present participle: **pleuvant**

Present indicative
il pleut

Future
il pleuvra

Imperfect
il pleuvait

Conditional
il pleuvrait

Passé composé
il a plu

Present subjunctive
qu'il pleuve

Passé simple
il plut

pouvoir *to be able to*

past participle: **pu** / present participle: **pouvant**

Present indicative
je peux
tu peux
il/elle/on peut
nous pouvons
vous pouvez
ils/elles peuvent

Future
je pourrai
tu pourras
il/elle/on pourra
nous pourrons
vous pourrez
ils/elles pourront

Imperfect
je pouvais
tu pouvais
il/elle/on pouvait
nous pouvions
vous pouviez
ils/elles pouvaient

Conditional
je pourrais
tu pourrais
il/elle/on pourrait
nous pourrions
vous pourriez
ils/elles pourraient

Passé composé
j'ai pu
tu as pu
il/elle/on a pu
nous avons pu
vous avez pu
ils/elles ont pu

Present subjunctive
que je puisse
que tu puisses
qu'il/elle/on puisse
que nous puissions
que vous puissiez
qu'ils/elles puissent

Passé simple
je pus
tu pus
il/elle/on put
nous pûmes
vous pûtes
ils/elles purent

préférer+ *to prefer*

past participle: **préféré** / present participle: **préférant**

Present indicative
je préfère
tu préfères
il/elle/on préfère
nous préférons
vous préférez
ils/elles préfèrent

Imperfect
je préférais
tu préférais
il/elle/on préférait
nous préférions
vous préfériez
ils/elles préféraient

Passé composé
j'ai préféré
tu as préféré
il/elle/on a préféré
nous avons préféré
vous avez préféré
ils/elles ont préféré

Passé simple
je préférai
tu préféras
il/elle/on préféra
nous préférâmes
vous préférâtes
ils/elles préférèrent

Future
je préférerai
tu préféreras
ils/elle/on préférera
nous préférerons
vous préférerez
ils/elles préféreront

Conditional
je préférerais
tu préférerais
il/elle/on préférerait
nous préférerions
vous préféreriez
ils/elles préféreraient

Present subjunctive
que je préfère
que tu préfères
qu'il/elle/on préfère
que nous préférions
que vous préfériez
qu'ils/elles préfèrent

Imperative
préfère
préférons
préférez

prendre *to take*
past participle: **pris** / present participle: **prenant**

Like **prendre** are **apprendre** *(to learn)*, **comprendre** *(to understand)*, and
surprendre *(to surprise)*

Present indicative
je prends
tu prends
il/elle/on prend
nous prenons
vous prenez
ils/elles prennent

Imperfect
je prenais
tu prenais
il/elle/on prenait
nous prenions
vous preniez
ils/elles prenaient

Passé composé
j'ai pris
tu as pris
il/elle/on a pris
nous avons pris
vous avez pris
ils/elles ont pris

Passé simple
je pris
tu pris
il/elle/on prit
nous prîmes
vous prîtes
ils/elles prirent

Future
je prendrai
tu prendras
il/elle/on prendra
nous prendrons
vous prendrez
ils/elles prendront

Conditional
je prendrais
tu prendrais
il/elle/on prendrait
nous prendrions
vous prendriez
ils/elles prendraient

Present subjunctive
que je prenne
que tu prennes
qu'il/elle/on prenne
que nous prenions
que vous preniez
qu'ils/elles prennent

Imperative
prends
prenons
prenez

projeter+ *to plan*
past participle: **projeté** / present participle: **projetant**

Like **projeter** is **jeter**+ *(to throw, to throw away)*

Present indicative
je projette
tu projettes
il/elle/on projette
nous projetons
vous projetez
ils/elles projettent

Imperfect
je projetais
tu projetais
il/elle/on projetait
nous projetions
vous projetiez
ils/elles projetaient

Passé composé
j'ai projeté
tu as projeté
il/elle/on a projeté
nous avons projeté
vous avez projeté
ils/elles ont projeté

Passé simple
je projetai
tu projetas
il/elle/on projeta
nous projetâmes
vous projetâtes
ils/elles projetèrent

Future
je projetterai
tu projetteras
il/elle/on projettera
nous projetterons
vous projetterez
ils/elles projetteront

Conditional
je projetterais
tu projetterais
il/elle/on projetterait
nous projetterions
vous projetteriez
ils/elles projetteraient

Present subjunctive
que je projette
que tu projettes
qu'il/elle/on projette
que nous projetions
que vous projetiez
qu'ils/elles projettent

Imperative
projette
projetons
projetez

rendre *to give back, to make*
past participle: **rendu** / present participle: **rendant**

Like **rendre** are **défendre** *(to forbid)*, **descendre*** *(to go down, to get off)*, **perdre** *(to lose)*, **tondre** *(to mow)*, **vendre** *(to sell)*, and most verbs ending in **–re** except for **prendre** and its compounds.

Present indicative
je rends
tu rends
il/elle/on rend
nous rendons
vous rendez
ils/elles rendent

Imperfect
je rendais
tu rendais
il/elle/on rendait
nous rendions
vous rendiez
ils/elles rendaient

Passé composé
j'ai rendu
tu as rendu
il/elle/on a rendu
nous avons rendu
vous avez rendu
ils/elles ont rendu

Passé simple
je rendis
tu rendis
il/elle/on rendit
nous rendîmes
vous rendîtes
ils/elles rendirent

Future
je rendrai
tu rendras
il/elle/on rendra
nous rendrons
vous rendrez
ils/elles rendront

Conditional
je rendrais
tu rendrais
il/elle/on rendrait
nous rendrions
vous rendriez
ils/elles rendraient

Present subjunctive
que je rende
que tu rendes
qu'il/elle/on rende
que nous rendions
que vous rendiez
qu'ils/elles rendent

Imperative
rends
rendons
rendez

savoir *to know*

past participle. **su** / present participle **sachant**

Present indicative
je sais
tu sais
il/elle/on sait
nous savons
vous savez
ils/elles savent

Imperfect
je savais
tu savais
il/elle/on savait
nous savions
vous saviez
ils/elles savaient

Passé composé
j'ai su
tu as su
il/elle/on a su
nous avons su
vous avez su
ils/elles ont su

Passé simple
je sus
tu sus
il/elle/on sut
nous sûmes
vous sûtes
ils/elles surent

Future
je saurai
tu sauras
il/elle/on saura
nous saurons
vous saurez
ils/elles sauront

Conditional
je saurais
tu saurais
il/elle/on saurait
nous saurions
vous sauriez
ils/elles sauraient

Present subjunctive
que je sache
que tu saches
qu'il/elle/on sache
que nous sachions
que vous sachiez
qu'ils/elles sachent

Imperative
sache
sachons
sachez

soutenir (see venir)

suivre *to follow; to take (a course)*
past participle: **suivi** / present participle: **suivant**

Like **suivre** is **poursuivre** *(to pursue)*

Present indicative
je suis
tu suis
il/elle/on suit
nous suivons
vous suivez
ils/elles suivent

Imperfect
je suivais
tu suivais
il/elle/on suivait
nous suivions
vous suiviez
ils/elles suivaient

Passé composé
j'ai suivi
tu as suivi
il/elle/on a suivi
nous avons suivi
vous avez suivi
ils/elles ont suivi

Passé simple
je suivis
tu suivis
il/elle/on suivit
nous suivîmes
vous suivîtes
ils/elles suivirent

Future
je suivrai
tu suivras
il/elle/on suivra
nous suivrons
vous suivrez
ils/elles suivront

Conditional
je suivrais
tu suivrais
il/elle/on suivrait
nous suivrions
vous suivriez
ils/elles suivraient

Present subjunctive
que je suive
que tu suives
qu'il/elle/on suive
que nous suivions
que vous suiviez
qu'ils/elles suivent

Imperative
suis
suivons
suivez

teindre *to dye*

past participle: **teint** / present participle: **teignant**

Like **teindre** are **atteindre** (to reach), **craindre** (to fear), **peindre** (to paint), **plaindre** (to feel sorry for)

Present indicative
je teins
tu teins
il/elle/on teint
nous teignons
vous teignez
ils/elles teignent

Future
je teindrai
tu teindras
il/elle/on teindra
nous teindrons
vous teindrez
ils/elles teindront

Imperfect
je teignais
tu teignais
il/elle/on teignait
nous teignions
vous teigniez
ils/elles teignaient

Conditional
je teindrais
tu teindrais
il/elle/on teindrait
nous teindrions
vous teindriez
ils/elles teindraient

Passé composé
j'ai teint
tu as teint
il/elle/on a teint
nous avons teint
vous avez teint
ils/elles ont teint

Present subjunctive
que je teigne
que tu teignes
qu'il/elle/on teigne
que nous teignions
que vous teigniez
qu'ils/elles teignent

Passé simple
je teignis
tu teignis
il/elle/on teignit
nous teignîmes
vous teignîtes
ils/elles teignirent

Imperative
teins
teignons
teignez

venir* *to come*
past participle: **venu(e)(s)** / present participle: **venant**

Like **venir** are **devenir***(to become)*, **revenir*** *(to come back)*, **se souvenir (de)*** *(to remember)*, **soutenir** *(to support)*, and **tenir** *(to hold)*

Present indicative
je viens
tu viens
il/elle/on vient
nous venons
vous venez
ils/elles viennent

Future
je viendrai
tu viendras
il/elle/on viendra
nous viendrons
vous viendrez
ils/elles viendront

Imperfect
je venais
tu venais
il/elle/on venait
nous venions
vous veniez
ils/elles venaient

Conditional
je viendrais
tu viendrais
il/elle/on viendrait
nous viendrions
vous viendriez
ils/elles viendraient

Passé composé
je suis venu(e)
tu es venu(e)
il/elle/on est venu(e)
nous sommes venu(e)s
vous êtes venu(e)(s)
ils/elles sont venu(e)s

Present subjunctive
que je vienne
que tu viennes
qu'il/elle/on vienne
que nous venions
que vous veniez
qu'ils/elles viennent

Passé simple
je vins
tu vins
il/elle/on vint
nous vînmes
vous vîntes
ils/elles vinrent

Imperative
viens
venons
venez

vivre *to live*
past participle: **vécu** / present participle: **vivant**

Like **vivre** is **revivre** *(to live again, revive)*

Present indicative
je vis
tu vis
il/elle/on vit
nous vivons
vous vivez
ils/elles vivent

Future
je vivrai
tu vivras
il/elle/on vivra
nous vivrons
vous vivrez
ils/elles vivront

Imperfect
je vivais
tu vivais
il/elle/on vivait
nous vivions
vous viviez
ils/elles vivaient

Conditional
je vivrais
tu vivrais
il/elle/on vivrait
nous vivrions
vous vivriez
ils/elles vivraient

Passé composé
j'ai vécu
tu as vécu
il/elle/on a vécu
nous avons vécu
vous avez vécu
ils/elles ont vécu

Present subjunctive
que je vive
que tu vives
qu'il/elle/on vive
que nous vivions
que vous viviez
qu'ils/elles vivent

Passé simple
je vécus
tu vécus
il/elle vécut
nous vécûmes
vous vécûtes
ils/elles vécurent

Imperative
vis
vivons
vivez

voir+ to see
past participle: **vu** / present participle: **voyant**

Like **voir** are **prévoir** *(to foresee)* and **revoir** *(to see again)*

Present indicative
je vois
tu vois
il/elle/on voit
nous voyons
vous voyez
ils/elles voient

Future
je verrai
tu verras
il/elle/on verra
nous verrons
vous verrez
ils/elles verront

Imperfect
je voyais
tu voyais
il/elle/on voyait
nous voyions
vous voyiez
ils/elles voyaient

Conditional
je verrais
tu verrais
il/elle/on verrait
nous verrions
vous verriez
ils/elles verraient

Passé composé
j'ai vu
tu as vu
il/elle/on a vu
nous avons vu
vous avez vu
ils/elles ont vu

Present subjunctive
que je voie
que tu voies
qu'il/elle/on voie
que nous voyions
que vous voyiez
qu'ils/elles voient

Passé simple
je vis
tu vis
il/elle/on vit
nous vîmes
vous vîtes
ils/elles virent

Imperative
vois
voyons
voyez

vouloir *to want, to wish*

past participle: **voulu** / present participle: **voulant**

Present indicative
je veux
tu veux
il/elle/on veut
nous voulons
vous voulez
ils/elles veulent

Imperfect
je voulais
tu voulais
il/elle/on voulait
nous voulions
vous vouliez
ils/elles voulaient

Passé composé
j'ai voulu
tu as voulu
il/elle/on a voulu
nous avons voulu
vous avez voulu
ils/elles ont voulu

Passé simple
je voulus
tu voulus
il/elle/on voulut
nous voulûmes
vous voulûtes
ils/elles voulurent

Future
je voudrai
tu voudras
il/elle/on voudra
nous voudrons
vous voudrez
ils/elles voudront

Conditional
je voudrais
tu voudrais
il/elle/on voudrait
nous voudrions
vous voudriez
ils/elles voudraient

Present subjunctive
que je veuille
que tu veuilles
qu'il/elle veuille
que nous voulions
que vous vouliez
qu'ils/elles veuillent

Imperative
veuille
veuillons
veuillez

Lexique français–anglais

This glossary contains French words and expressions, defined as they are used in the context of this book. Easily recognizable words are not included. The number in parentheses indicates the chapter or the part of the program in which the word first appears: **pré = prélude; int = interlude; post = postlude; C = *Cahier.***

The masculine form is given for all adjectives. When a masculine adjective ends in **-e,** the feminine form is the same. To form the feminine of regular adjectives, add an **-e** to the masculine. Irregular feminine endings or forms are given in parentheses.

The gender (*m.* or *f.*) is indicated for most nouns. Nouns that can be either masculine or feminine are indicated with *n.* If the masculine form ends in **-e,** the feminine form is the same. To form the feminine for those ending in a consonant, add an **-e** to the masculine. Other feminine endings or forms are given in parentheses.

Abbreviations

adj.	adjective	*fam.*	familiar	*n.*	noun
adv.	adverb	*inv.*	invariable	*prep.*	preposition
conj.	conjunction	*m.*	masculine	*pron.*	pronoun
f.	feminine	*pl.*	plural	*	aspirate h

A

abîmer to damage, spoil (1)

abonné *n.* subscriber **(6); abonnement** *m.* subscription (2)

abord *m.* approach, access; **au premier abord** initially (2); **d'abord** *adv.* at first (3)

aboutir to end up (at) (in) (1)

abri *m.* shelter (6); **sans-abri** *n.* homeless person; **être à l'abri de** to be safe from (9)

abuser to exploit, take advantage of (6)

acabit *m.* type, sort (8)

accéder (à) to reach (1)

accélérateur *m.* accelerator (4)

accès *m.* access, entry (1)

accessoire *m.* accessory (2)

s'accommoder to accept **(pré)**

accord *m.* agreement (9); **d'accord** okay; **être d'accord** to agree, be in agreement (1)

s'accorder to agree (9)

s'accoutumer to get used to (C8)

s'accrocher (à) to hang (on to); to be very determined (1)

accroissement *m.* increase (6)

accroître to increase (8)

accueil *m.* reception, welcome (3); **accueillant** *adj.* welcoming (3); **accueillir** to welcome, greet (3)

acharnement *m.* determination (1)

achat *m.* purchase (C2); **acheter** to buy

acier *m.* steel (9)

acquérir to acquire (3)

acteur (-trice) *n.* actor (actress) (5)

actif (-ive) *adj.* active (2); working; *n.* person in the workforce; **activement** *adv.* actively (9)

actualité *f.* current event (2); newsreel (6); **actuel(le)** *adj.* current (3)

adhérer (à) to join (C9); **adhésion** *f.* support (9)

adjoint *n. & adj.* assistant, deputy (3)

admettre to admit, allow

adoptif (-ive) *adj.* adoptive, adopted (8)

s'adresser (à) to address; turn to (C9)

aérobic *m.* aerobics (2)

affaiblir to weaken (C2)

affaires *f. pl.* business (6); things, belongings (C5)

affectif (-ive) *adj.* emotional (8)

affectueux (-euse) *adj.* affectionate, loving (5)

afficher to display, advertise, post (2)

affreux (-euse) *adj.* frightful, horrible (C5)

affronter to face, to confront (6)

afin de *prep.* in order to, so as to (1); **afin que** *conj.* in order that, so that (7)

agacer to annoy (C4)

agence *f.* agency (C2); **agence de voyages** travel agency (5)

agent de police *m.* policeman (4)

agile *adj.* nimble, agile (4)

agir to act, behave (1); **s'agir de** to be about, be a question of (pré)

agneau *m.* lamb (C6)

aguets *m. pl.* **aux aguets** watchful (6)

aïeul *n.*, **aïeux** *pl.* ancestor (C3)

aile *f.* wing (2)

ailleurs *adv.* elsewhere; **d'ailleurs** besides, moreover

aîné *adj.* older, oldest (C3)

air *m.* tune, air; **avoir l'air (de)** to look (like) (2); **en plein air** outdoors, in the open (5)

aisance *f.* ease (1)

aise *n. f. & adj.* ease, comfort; delighted, pleased (7), **se sentir à l'aise** to feel comfortable, at ease; **se sentir mal à l'aise** to feel uncomfortable

ajouter to add (9)

alcool *m.* alcohol (C2)

alcoolémie *f.* acohol level in the blood (4)

aléatoire *adj.* by chance, random (5)

alentours *m. pl.* the surrounding area (2)

allemand *adj.* German (pré); **Allemand** *n.* German (pré)

allié *n. & adj.* ally; allied (9)

allonger to stretch out, lengthen (4)

allumer to turn on (2)

allure *f.* behavior, manner (3); look, appearance

alors *adv.* then, so (C1)

alphabétisation *f.* literacy (3)

alpinisme *m.* mountaineering; **faire de l'alpinisme** to go mountain climbing (5)

altérité *f.* otherness (9)

amateur *m.* lover of (6); amateur (-trice)

ambassade *f.* embassy (2)

âme *f.* soul (8)

améliorer to improve (C2)

aménagement *m.* planning, laying out (9)

amende *f.* ticket, fine; **amende pour excès de vitesse** speeding ticket (4)

s'amenuiser to diminish (9)

amer (amère) *adj.* bitter (9)

amérindien *adj.* native American (3); **Amérindien** *n.* native American (3)

ami *n.* friend; **petit(e) ami(e)** boyfriend (girlfriend) (8)

amorcer to begin, undertake (9)

amour *m.* love (5)

amphithéâtre *m.* lecture hall (1)

amusant *adj.* funny (2); **s'amuser** to have fun, have a good time (3)

an *m.* year (1)

ancêtre *n.* ancestor (pré)

ancien(ne) *adj.* old, former (2)

âne *m.* donkey (4)

ange *m.* angel (C1)

angoissant *adj.* distressing, alarming (C7); **angoisse** *f.* anxiety, anguish (1); **s'angoisser** to become anxious (int. 1)

animer to liven up, rouse (1)

année *f.* year (pré)

annonce *f.* **publicitaire** advertisement (6)

antenne *f.* antenna (4); **antenne satellite** satellite dish (6)

antiquité *f.* antiquity (7)

antivol *m.* anti-theft device (4)

antonyme *m.* antonym; word with opposite meaning

anxieux (-euse) *adj.* worried, anxious

apaiser to calm (2)

apercevoir to perceive, notice (5)

appartenir (à) to belong (to) (7)

appeler to call; **s'appeler** to be called, named (pré)

s'appliquer to apply oneself (5)

apporter to bring (9)

apprécier to appreciate (3)

apprendre to learn (pré)

apprentissage *m.* learning; **apprentissage précoce** learning in elementary school (pré)

s'apprêter (à) to get ready (to) (1)

approche *f.* approach (1); **approcher** to approach, draw near (3)

s'approprier to take over (C3)

appui *m.* support (1); **appuyer** to press (4); to support (1)

âpre *adj.* harsh (3)

après *prep.* after (1); **d'après** *prep.* according to (2)

arbre *m.* tree (3)

argent *m.* money (pré); silver (6); **argent de poche** pocket money, allowance (1)

argot *m.* slang (2)

armature *f.* framework (4)

arme *f.* weapon (9)

arpenter to criss-cross (5)

arrêt *m.* stop (bus, trolley) (2)

s'arreter (de) to stop (from)

arrière *adv.* back (4); **à l'arrière** in the back (4)

arriéré *adj.* backwards (2)

arrière-train *m.* hindquarters (4)

arriver to arrive (3); to happen (5)

arrondir to round off, make round (4)

artisan *m.* craftsperson, artisan (**int. 2**); **artisanat** *m.* arts and crafts (9)

asile *m.* refuge, asylum (9)

aspirateur *m.* vacuum cleaner; **passer l'aspirateur** to vacuum (1)

aspirer to drink, suck up (C7)

s'asseoir to sit (2)

assez *adv.* enough; **en avoir assez de** to be fed up with

assimilé *adj.* assimilated (2)

assister (à) to be present, attend (1)

associer to associate (3)

assorti *adj.* matching (2); **bien (mal) assorti** to go well (badly) with (2)

s'assoupir to doze off (8)

assourdissant *adj.* deafening (6)

assurance *f.* insurance (4); **assurer** to assure, guarantee (3)

astiquer to polish (**int. 1**)

atelier *m.* textile mill; workshop; artist's studio (3)

atout *m.* advantage, trump card (2)

s'attarder to linger (8)

atteindre to reach, attain (5)

attendre to wait (for); **s'attendre (à)** to expect (7)

attentat *m.* murder attempt, attack; **attentat suicide** suicide bombing (9)

attente *f.* wait; expectation (6); **salle d'attente** *f.* waiting room (9)

attention *f.* attention; **faire attention (à)** to pay attention (to) (C1)

atterrer to dismay, appall (4)

atterrir to land (airplane, ship) (5)

attester to prove, demonstrate (9)

attirer to attract, draw (1)

attrayant *adj.* attractive, pleasant (6)

attribuer to assign (1)

aube *f.* dawn, daybreak (1)

auberge *f.* inn; **auberge de jeunesse** youth hostel (5)

aucun *adj. & pron.* no one, none (6)

audacieux (-euse) *adj.* bold, daring (3)

augmentation *f.* increase (C9); **augmenter** to increase (C9)

aujourd'hui *adv.* today, nowadays (**pré**)

auparavant *prep.* formerly (C3)

auprès de *prep.* close to, near (C5)

aussi *adv.* also (**pré**); **aussi (bien) que** as (well) as (C1)

aussitôt que *conj.* as soon as (9)

autant *adv.* as much (2); **d'autant que** all the more so since (9)

autocar *m.* bus (3)

automatisme *m.* reflex (9)

autonomie *f.* autonomy, self-sufficiency (2)

autoritaire *adj.* authoritarian (8)

autoroute *f.* highway (C9)

auto-stop *m.* hitchhiking (5)

autour *adv.* around (8)

autre *adj. & pron.* other (1); **autrement** *adv.* otherwise (5)

autrefois *adv.* in the past, formerly (3)

autruche *f.* ostrich (8)

avaler to swallow (**pré**)

avancement *m.* promotion (C2)

avant (de) *prep.* before (**pré**)

avantageux (-euse) *adj.* advantageous (9)

avec *prep.* with (**pré**)

avenir *m.* future (1)

s'aventurer to venture (C3)

avertissement *m.* warning (6)

aveu *m.* confession (6)

s'avilir to lower oneself, debase oneself (6)

avion *m.* airplane (2)

avis *m.* opinion; **à mon avis** in my opinion (1)

avocat(e) *n.* lawyer (5)

avoir to have; **avoir besoin (de)** to need (3); **avoir mal (à)** to hurt (C1); **avoir peur (de)** to be afraid (of) (7)

avortement *m.* abortion (2)

avouer to admit

B

bachelier (-ère) *n.* person who has passed the baccalauréat (1)

bachoter *fam.* to cram; **faire du bachotage** *fam.* to cram (1)

bafouiller to stammer, splutter (6)

bagarrer to argue, fight (1)

bagnole *fam.* car (4)

baie *f.* bay (5)

baignade *f.* swimming, bathing (5); **se baigner** to swim, bathe (5)

baiser *m.* kiss (C1)

baisse *f.* decrease (C9); **baisser** to decrease, lower (6)

bal *m.* ball, dance (C6)

balade *f.* stroll, short walk (5)

balancer to swing, go back and forth (C2); to send (away) (9)

ballerine *f.* ballerina slipper (2)

balnéaire *adj.* seaside (5)

banc *m.* bench (6)

bande *f.* gang (2); tape; **bande annonce** *f.* preview (6); **bande dessinée** comic strip (1); **bande sonore** sound track (6)

banderole *f.* banner, advertising streamer (1)

banlieue *f.* public housing area (2); suburb (4); **banlieusard** *n.* person who lives in public housing project (2); suburbanite

banque *f.* bank; **banque de données** data bank (2)

barbe *f.* beard (2)

barème *m.* scale (4)

barge *adj. fam.* crazy, wacky (2)

barre de torsion *f.* torsion bar (4)

barrière *f.* fence, barrier (4)

bas *m.* stocking; **bas résille** fishnet stocking (2)

basané *adj.* dark (complexion); **avoir le teint basané** to have a dark complexion (2)

basket *f.* basketball shoe (2)

bataille *f.* battle (5)

bâtard *adj.* weak, adulterated (pré)

bateau *m.* boat (3); **faire du bateau** to go boating (5)

bâtir to build (7)

batterie *f.* battery; **batterie à plat** dead battery (4)

(se) battre to fight, beat up (9); **battu** *adj.* beaten, well-used (5)

bavard *adj. & n.* talkative (C2); talkative person (8)

bavure *f.* smudge, smear (1)

beau (bel, beaux, belle, belles) *adj.* handsome, beautiful (2); **beauté** *f.* beauty (2)

beau-père *m.* stepfather; father-in-law (8)

bec *m.* kiss (Québec) (pré)

belle-mère *f.* stepmother; mother-in-law (8)

bénévolat *m.* volunteer work (9); **bénévole** *n.* volunteer (3); **bénévolement** *adv.* without being paid (2)

berceau *m.* cradle (8)

berger (-ère) *n.* shepherd (shepherdess) (6); **berger allemand** German shepherd (pré)

besoin *m.* need (9); **avoir besoin (de)** to need (3)

bête *adj.* silly, stupid (2)

beur *n. m. & adj. fam.* person born in France of North African parents **(2)**

biche *f.* doe (3)

bien *adv.* well; **bien sûr** of course (C1); **bien** *m.* good (7); **biens** *pl.* goods, property (2); **bien que** *conj.* although (7)

bien-être *m.* well-being (4)

bienvenue *f.* welcome; **souhaiter la bienvenue** to welcome (C3)

bigoudi *m.* hair curler, roller (8)

bijou *m.* piece of jewelry; **bijoux de fantaisie** costume jewelry (2)

bilan *m.* stock **bilan carbone** carbon footprint (4)

billet *m.* ticket; paper money (3)

bio *adj.* organic (9); **biocarburant** *m.* bio fuel (9)

bise *fam.* kiss (pré)

blague *f.* joke (4)

blâmer to blame (2)

blanc (blanche) *adj.* white (2); **blanc** *m.* blank (C1); **examen blanc** practice test (1)

blé *f.* wheat (9)

blême *adj.* pale, sick-looking (2)

blesser to wound (6)

blocage *m.* mental block (1); **faire un blocage** to freeze up (1)

bloqué *adj.* blocked, obstructed (4)

blouson *m.* jacket (2); **blouson en cuir** leather jacket (2)

bobine *f.* reel (of film) (C6)

bœuf *m.* ox (7)

boire to drink (7)

bois *m.* wood (6)

boîte *f.* box (7); **boîte automatique** automatic transmission (4)

bol *m. fam. argot* luck (5)

bombarder to bombard (1)

bon(ne) *adj.* good

bondé *adj.* crowded, crammed (4)

bonheur *m.* happiness (C1)

bonnet *m.* cap (C5)

bordeaux *adj. inv.* wine-colored (2)

border to border, run alongside (1)

borne *f.* terminal, marker; **borne de recharge** electric terminal (for recharging car batteries) (4)

bosser *fam.* to study hard (1); to work (3); **bosseur (-euse)** *n.* hard-working student (1)

botte *f.* boot (2)

bouchon *m.* traffic jam (4); cork

boucle *f.* ring; **boucle d'oreille** earring (2)

boue *f.* mud (C4)

bouffe *f. fam.* food (2); **bouffer** *fam.* to eat (5)

bouger to move, to be lively (2)

boulet *m.* ball and chain (int 2)

bouleverser to upset, distress (6)

boulot *m. fam.* work, job, task (1)

bouquin *m. fam.* book

bourgeois *n. & adj.* middle class; middle class person (C3)

bourlinger to travel around (1)

bourrer to stuff (1); **se bourrer le crâne** *fam.* to stuff your head (1)

bourse *f.* scholarship (1); stock market; **boursier (-ière)** *adj.* relating to the stock market (**int 2**)

bousculer to shove, jostle (2)

bousiller to wreck, louse up (9)

bout *m.* bit, piece; **à tout bout de champ** all the time (**pré**); **au bout de** at the end of (7); **venir à bout de** to overcome (7)

bouteille *f.* bottle (C3)

boutique *f.* shop, boutique (2)

boutonner to button (up) (1)

bracelet *m.* bracelet (2)

branché *adj.* in the know, up-to-date (2); **brancher** to plug in, connect (4)

break *m.* station wagon (4)

bref (brève) *adj.* brief, short (2)

breveter to patent (6)

bricolage *m.* do-it-yourself project; **bricoler** to do odd jobs, tinker (5)

bride *f.* bridle (7)

brièvement *adv.* briefly (2)

brigand *m.* robber (C5)

brillant *adj.* brilliant (C2); shiny

broche *f.* brooch (6)

bronzage *m.* tanning (5); **bronzer** to tan (5)

brosse à dents *f.* toothbrush (3)

brouillon *m.* rough draft

broyer to grind, crush (5)

bruit *m.* noise (3); **bruyant** *adj.* noisy (1)

brûler to burn (3); **brûler un feu rouge** to run a red light (4)

brumisateur *m.* spray (5)

brut *adj.* uncut, rough, natural (2)

bûcher *fam.* to study hard (1)

bûcheron *m.* woodcutter (7)

bulletin *m.* report card (1)

bureau *m.* desk (**pré**); office (3)

busqué *adj.* hooked (2)

but *m.* goal, purpose (3)

C

cabane *f.* cabin; **cabane à sucre** maple sugaring cabin (**pré**)

câble *m.* cable; **télévision par câble** cable TV (6)

cabriolet *m.* convertible (4)

(se) cacher to hide (oneself) (3)

cadeau *m.* gift

cadet(te) *adj.* younger, youngest (8)

caisse *f.* chest, box (4); checkout (store) (C7)

caleçon *m.* boxer shorts (8)

calmer to calm (someone) down; **se calmer** to calm down (8)

calvaire *m.* suffering (6)

camarade *n.* friend; **camarade de chambre** roommate (8)

caméra *f.* movie camera (2)

caméscope *m.* video camera (6)

camion *m.* truck (3)

campagne *f.* country(side); open country (5); campaign (C-**int. 2**)

camping *m.* campground; **faire du camping** to go camping (5)

canard *m.* duck (**pré**)

cancre *m.* bad student, dunce (1)

candidature *f.:* **poser sa candidature** to apply for a position (3)

caniche *m.* poodle (**pré**)

canicule *f.* dog-days of summer (5)

canne *f.* cane, walking stick (6)

canoë *m.* canoe; **faire du canoë** to go canoeing (5)

canon *m.* model, perfect example (**int. 1**)

canot *m.* dinghy; **canot de sauvetage** lifeboat (6)

canotier *m.* boater (hat) (8)

capot *m.* car hood (4)

capsuler to put a top on (a bottle) (6)

car *m.* bus (3)

car *conj.* because (1); for

caractère *m.* nature, character; **caractère gras** boldface

caravane *f.* travel trailer (5)

caresser to pet, caress (3)

carré *adj.* square (2)

carrefour *m.* intersection (4)

carrière *f.* career, profession

carrosse *m.* coach, carriage (C7)

carton *m.* cardboard (box) (3)

cas *m.* case

casque *m.* helmet (4); **Casques bleus** UN Peace Keeping Troops (C9)

casquette *f.* cap (2)

casser to break (5); **se casser la tête** to rack one's brains (1)

caste *f.* group (2)

cauchemar *m.* nightmare (7)

cavaler to be on the go (**int. 1**)

cavalier (-ière) *n.* horseback rider (4)

céder to give up, give in, give way to (8)

ceinture *f.* belt (3); **ceinture de sécurité** seat belt (4)

célèbre *adj.* famous (2)

célibataire *adj.* unwed (8)

celui (ceux, celle, celles) *pron.* the one(s), this one, that one, these, those (8)

cendre *f.* ash (8); **cendrier** *m.* ashtray (**pré**)

censé *adj.* supposed to (5)

cercle *m.* circle; group (8)

cerise *f.* cherry (1); **cerisier** *m.* cherry tree (4)

cesser (de) to stop (5); **sans cesse** continually, constantly (2)

chacun(e) *pron.* each, each one, everyone (9)

chaîne *f.* chain; channel (6)

chair *f.* flesh (7)

chaise *f.* chair (C1)

chalet *m.* small vacation house (mountains) (5)

chaleur *f.* heat (C4); **chaleureux (-euse)** *adj.* cordial, friendly (C2)

chambre *f.* bedroom (C1)

chameau *m.* camel (5)

champ *m.* field (3)

chance *f.* luck, possibility, opportunity (C2)

chanceler to stagger, totter (6)

changement *m.* change (1)

chanson *f.* song **(pré)**

chant *m.* singing (C2); song; **chanter** to sing (2); **chanteur (-euse)** *n.* singer (2)

chantier *m.* construction site (1)

chapeau *m.* hat (2)

chaque *adj.* each, every **(pré)**

charbon *m.* coal (9)

charge: prendre en charge to take care of (1)

charger to fill, load (3)

charme *m.* magic spell (7)

charte *f.* charter (4)

chasse *f.* hunting; **aller à la chasse** to go hunting (5); **chasser** to hunt, chase away **(post)**

chauffeur *m.* driver (4)

chaussée *f.* pavement, street (4)

chaussette *f.* sock

chaussure *f.* shoe, footwear (2)

chauve *adj.* bald (2)

chef *m.* leader, head (2); **chef d'Etat** head of state (C3)

cheftaine *f.* den mother, scout leader (2)

chemin *m.* road, path (3); **cheminer** to go one's way (6)

chemise *f.* shirt (2); **chemisier** *m.* blouse (2)

cher (chère) *adj.* expensive, dear (1)

chercher to look for **(pré)**

chétif (-ive) *adj.* puny, scrawny (7)

cheval *m.* horse (4)

chevalerie *f.* knighthood (7); **chevalier** *m.* knight (7)

chevelu *adj.* long-haired, hairy (2)

cheveux *m. pl.* hair (2)

chèvre *f.* goat (3)

chez *prep.* at, to (the house, family, business, etc.) **(pré)**

chiant *adj. fam.* extremely annoying (2)

chic *adj.* stylish (2)

chiffre *m.* number (1)

chinois *adj.* Chinese (C8); **Chinois** *n.* Chinese (C8)

chirurgie *f.* surgery (C9); **chirurgien(ne)** surgeon (C3)

choisir to choose **(pré); choix** *m.* choice (1)

chômage *m.* unemployment (2); **taux de chômage** unemployment rate (3); **chômeur (-euse)** *n.* unemployed person (3)

choquant *adj.* shocking, offensive (2)

choucroute *f.* sauerkraut **(pré)**

chute *f.* fall (6); **chuter** to fall down

cibler to target, aim for **(pré)**

ci-dessous *adv.* below (2)

ci-dessus *adv.* above (2)

ciel *m.* sky (6)

cigale *f.* cricket, cicada (7)

cinéma *m.* movies, movie theatre **(pré)**

cinéphile *n.* movie buff (6)

circulation *f.* traffic (4)

cité *f.* dormitory (1); urban neigborhood (2)

citrouille *f.* pumpkin (C6)

civil *n. & adj.* civil; civilian (9); **état civil** *m.* marital status (C5)

clair *adj.* light (2); clear, obvious (7)

classe d'âge *f.* age group, age cohort (1)

clé, clef *f.* key (2)

clignotant *m.* turn signal, car blinker (4)

cloison *f.* partition (6)

clouer to nail, attach (8)

cochon *m.* pig **(pré)**

cocotier *m.* coconut palm (C5)

code *m.* rule, code; **code de la route** rules of the road (4)

cœur *m.* heart; **par cœur** by heart, memorized (1)

coffre *m.* car trunk (4)

coffret *m.* chest (C5)

coi (coite) *adj.:* **rester coi** to remain silent (6)

coiffé *adj.* (hair) styled (2); **(se) coiffer** to style (one's) hair (2); wear on one's head (8)

coin *m.* corner **(pré)**

coincé *adj.* uptight (2); **coincer** to wedge, catch (6)

colère *f.* anger **(pré)**

collège *m.* middle school (1)

coller to stick to, glue **(pré); coller au...** *fam.* to shove up your . . . (8)

collier *m.* necklace (2)

collision *f.* collision; **entrer en collision avec** to run into, collide (4)

colocataire *n.* person with whom a house or apartment is shared (8)

colonie *f.* colony (6); **colonie de vacances** camp (for children) (5)

combat *m.* fighting, hostilities (C3)

combien (de) *adv.* how many, how much (1)

combustible *m.* fuel (9)

commander to command, give orders (3); **passer une commande** to place an order (4)

comme *adv.* like, as, how (3)

commencer to start (1)

comment *adv.* how (3)

commerce *m.* trade, business (C9)

commercial *adj.* business (3)

commissariat *m.* **de police** police station (in town) (4)

communauté *f.* community (9)

comparable (à) comparable (to) (C8)

complément *m.* object (grammar) (1)

complet (-ète) *adj.* complete, entire, full (2)

complicité *f.* bond, closeness, emotional tie (8)

comportement *m.* behavior; **comporter** to include (6), **se comporter** to behave

composer to compose, make up, dial (phone); **se composer de** to consist of, be composed of

compréhensif (-ive) *adj.* understanding, kind (4); **comprendre** to understand; to include; **se comprendre** to understand one another (8)

compte *m.* account (8); **prendre en compte** to take into account (2); **compter** to count (1); **compter** + *infinitif* to plan, mean (to do)

con(ne) *n. fam.* stupid person (**int. 1**); **connerie** *f. fam.* stupid actions, things

concevoir to conceive, create (9)

concours *m.* competitive exam (1)

concret (-ète) *adj.* concrete (2)

concubinage *m.* unmarried people living together (8)

concurrence *f.* competition (6); **concurrent** *n.* competitor (9)

se consacrer (à) to devote oneself (to) (2)

à condition de (que) *prep. (conj.)* provided that (7)

condoléances *f. pl.* condolences (3)

conducteur (-rice) *n.* driver (4); **conduire** to drive (4); **se conduire** to conduct oneself (2); **conduite** *f.* driving test (4)

conférence *f.* lecture (1)

confiance *f.* trust; **faire confiance (à)** to trust in (8); **confier** to confide, trust (C5)

confirmer to confirm (C4)

confondre to confuse (1)

confort *m.* comfort (4); **confortable** *adj.* comfortable (clothing, furniture, house) (2)

confus *adj.* confused, embarrassed, muddled (2); **confusément** *adv.* confusedly (2)

congé *m.* leave, vacation (5)

congénère *n.* peer, someone alike (2)

conjoint *n.* spouse (**int. 1**); **conjointement** *adv.* jointly (9)

connaître to know; **faire la connaissance (de)** to meet (**pré**); **connu** *adj.* known (7)

conquête *f.* conquest (5)

consacrer to devote (6)

consanguin *adj.* related by blood (**int. 1**)

consciencieux (-euse) *adj.* conscientious (C2)

conseil *m.* advice (1); **conseiller (-ère)** *n.* advisor, counselor (9)

consentir to consent (7)

consommer to use, consume (4)

constamment *adv.* constantly (2)

construire to build (C9)

contact *m.* starter (car) (4); **mettre le contact** to switch on the ignition (4)

conte *m.* story, tale; **conte de fées** fairy tale (7)

contemporain *n. & adj.* contemporary (1)

contenir to contain (5)

content *adj.* happy (3); **contenter** to make happy (C7)

contenu *m.* content (C1)

continu *adj.* continuous (4)

contraire *m.* opposite; **au contraire** on the contrary (1)

contrat *m.* contract; **contrat à durée déterminée (CDD)** fixed term employment contract (3); **contrat à durée indéterminée (CDI)** permanent position (3)

contravention *f.* traffic ticket, fine (mostly for parking) (4)

contre *prep.* against (3)

contredire to contradict (C4)

contrevenant *m.* person receiving a traffic ticket (4)

contrôle *m.* test (1); traffic stop by the police (4); **contrôler** to check, inspect (9)

convaincre to convince (4)

convenable *adj.* appropriate (C1); **convenir** to fit, be suitable (C1)

convenu *adj.* conventional, agreed upon (9)

convoi *m.* convoy, procession; **convoi de cirque** circus convoy (4)

copain (copine) *n.* friend; boyfriend (girlfriend) (8)

copie *f.* sheet of paper, exercise (1); copy

coq *m.* rooster (**pré**); **passer/sauter du coq-à-l'âne** change the subject abruptly (**pré**)

coquet(te) *adj.* flirtatious (2)

cornac *m.* elephant trainer (4)

corne *f.* horn (animal) (C7)

correspondre to tally, agree, correspond (7)

corrompre to corrupt (9)

corvée *f.* onerous task, burden (8)

costaud *adj.* robust, sturdy (2)

costume *m.* man's suit (2)

côte *f.* coast (1)

côté *m.* side; **à côté de** *prep.* next to (5)

couche *f.* layer; **couche d'ozone** ozone layer (9)

se coucher to go to bed, sleep (C1); **coucher à la belle étoile** sleep out in the open; **coucher sous la tente** to sleep in a tent (5)

coude *m.* elbow (9)

couler to sink (6); to flow (4)

couleur *f.* color (C2)

couloir *m.* hallway (2)

coup *m.* hit, blow; **coup de sifflet** whistle blast (4); **coup de soleil** sunburn (5); **coup de veine** stroke of luck (1); **tout à coup** all of a sudden (3)

couplet *m.* verse

cour *f.* yard, courtyard (3); **faire la cour (à)** to court, woo (7)

couramment *adv.* fluently (C3)

courant *adj.* everyday, standard (2); *m.* electricity (4); **courant** *m.* **d'air** draft (4)

courriel *m.* e-mail (C-**int. 2**)

courrier *m.* mail (7)

courir to run (3)

cours *m.* course; **au cours de** during (4); **cours magistral** lecture course (1)

course *f.* race; shopping errand; **course aux armements** arms race (9); **faire les courses** to run errands; go shopping (8)

court *adj.* short (2)

couscous *m.* North African dish, made with semolina, vegetables, etc.

coût *m.* cost (4); **coût de la vie** cost of living

couteau *m.* knife (6)

coûter to cost (4); **coûteux (-euse)** *adj.* costly

couvert *m.* place, place setting (8); *adj.* covered

couvrir to cover (1)

covoiturage *m.* carpooling (4); **covoiturer** to carpool (4); **covoitureur** *m.* person who carpools

craindre to fear (7); **crainte** *f.* fear

crâne *m.* skull (2); **crâne d'œuf** egghead, brainy (1)

cravate *f.* necktie (2)

crédit *m.* funding (1)

crête *f.* comb (of rooster); crest; spiked hair (2)

cretin *m.* imbecile (**int. 1**)

crever to burst, die (7); **pneu crevé** flat tire (4)

crier to shout, yell (8)

crinière *f.* flowing mane (of hair) (2)

croire to believe (7)

croiser to cruise, cross (5); **croisière** *f.* cruise (5)

croissance *f.* growth (9); **croissant** *adj.* increasing, growing (4)

croyant *n & adj.* believer in God, person who practices their religion (2)

cruauté *f.* cruelty (6)

crudité *f.* coarseness, crudeness (6)

cueillette *f.* picking (**pré**); **cueillir** to gather, pick (C7)

cuillère *f.* spoon (**post**)

cuir *m.* leather (2)

cuisine *f.* kitchen; cooking; **faire la cuisine** to cook (8)

cul *m. fam.* backside, rear end (**pré**)

culot *m.* daring, nerve (4)

cultiver to cultivate, farm (3); **se cultiver** to improve one's mind (5)

culture *f.* land under cultivation (4); culture

curé *m.* priest, curate (C9)

cursus *m.* curriculum (1)

cycle *m.* cycle, years for a degree (1)

cypriote *adj.* from the island of Cyprus (2)

D

d'abord *adv.* at first (3); **d'accord okay; être d'accord** to agree, be in agreement (1)

dame *f.* lady (7)

davantage *adv.* more (**pré**)

se débarrasser (de) to get rid of (4)

déborder to overflow (8)

debout *adj.* upright, standing (1)

débrancher to unplug, disconnect

débrayer to let out the clutch (4)

débrouillard *adj.* able, resourceful (2)**; se débrouiller** to manage, get along (1)

début *m.* beginning; **au début** in the beginning (3); **débutant** *adj.* beginner, novice (4)

décalage *m.* gap, interval; **décalage horaire** jet lag (5)

décapotable *f.* convertible (4)

décennie *f.* decade (9)

décharge *f.* dump, landfill (9)

déchet *m.* trash, refuse (9)

(se) déchirer to tear (up) (apart) (3)

décider to decide, determine (3)

décliner to enumerate (9)

déconcertant *adj.* disconcerting (C4)

décontracté *adj.* relaxed, laid-back (2); **décontraction** *f.* laid-back attitude (1)

décor *m.* set (6)

décousu *adj.* disjointed, disconnected (8)

découvrir to discover (4)

décret *m.* decree, ruling (4)

décrire to describe (**pré**)

(se) décrisper to relax (5); defuse

décrocher to take down (2); to unhook, pick up (telephone) (1); to land, get (job, prize)

dedans *adv.* inside (7)

défaite *f.* defeat (9)

défavorisé *adj.* underprivileged (C9)

défendre to forbid, prohibit (7)

défi *m.* challenge (C9)

dégager to bring out, extract (1)

dégoûter to disgust (6)

dégueulasse *adj. fam.* disgusting (2)

déguiser to disguise (6)

dehors *adv.* out, outside (**pré**)

déjà *adv.* already (**pré**)

délavé *adj.* faded (2)

délivrer to set free; to rescue (C7)

demander to ask; **se demander** to wonder (C2)

démarche *f.* step (9)

démarrer to start off (4)

déménager to move, move out (8)

demi-frère *m.* stepbrother; half-brother (8)

demi-sœur *f.* stepsister; half-sister (8)

démodé *adj.* out-of-style (2)

demoiselle *f.* young lady (7); **demoiselle d'honneur** lady in waiting (7)

dénouement *m.* ending, conclusion (6)

dent *f.* tooth (C4)

dépanner to repair (4); **dépanneuse** *f.* tow truck (4)

départ *m.* departure (3)

dépasser to go past, pass (4)

se dépayser to get a change of scenery (5)

dépeindre to depict (5)

dépendre (de) to depend (on) (9)

dépens *m. pl.* (legal) costs; **aux dépens de** at the expense of (C2)

dépenser to spend

déplacé *n. & adj.* displaced (person) (9); **déplacement** *m.* travel (C5)

déplaire to displease, offend (**pré**)

dépliant *m.* leaflet, brochure (5); **déplier** to unfold (C6)

déposer to put down, place, drop off (3)

dépourvu (de) *adj.* deprived, lacking (7)

déprimant *adj.* depressing (C6)

depuis *prep.* since, for (1)

déraper to skid (4)

dérisoire *adj.* pathetic; laughable; insignificant (3)

derive *f.* drift (9)

se dérober to run away from (7)

déroulement *m.* development, unfolding; **se dérouler** to unfold, develop (2)

derrière *adv.* behind (3)

dès *prep.* from; **dès lors** from that time onwards (5); **dès que** as soon as (1)

désastre *m.* disaster (9)

descendre to go down, take down (3)

désespérer to despair, lose hope (6); **désespérément** *adv.* hopelessly (6)

se déshabiller to undress oneself (C1)

désolé *adj.* distressed; sorry; unhappy (3)

désormais *adv.* from now on (2); from then on

dessin *m.* drawing (1)

dessous *adv.* under (2)

dessus *adv.* above (2); *prep.* above, beyond (1); **par-dessus** *adv.* over, in addition (C3)

se détendre to relax, unwind (5); **détente** *f.* relaxation (5)

détenir to hold, have in one's possession (1)

détester to hate, detest (1)

détourner to divert, twist (4)

détrôner to oust, supplant (6)

deux-chevaux (2 CV) *f.* a car made by Citroën, originally with two horsepower engine (4)

devant *prep.* before, in front of (3); *m.* front (4)

devanture *f.* display, store window (1)

devenir to become (C2)

deviner to guess; **devinette** *f.* riddle

dévisager to stare at, look hard at (1)

devoir to have to; to owe (C1); *m.* duty; **devoirs** *pl.* homework (1)

diable *m.* devil (7)

dieu *m.* god; **Dieu** God

difficile *adj.* difficult; **difficile à vivre** hard to get along with (8)

diffuser to broadcast (6); **diffusion** *f.* broadcasting (6)

digne *adj.* worthy (1)

dire to say; **c'est-à-dire** in other words, that is to say

direction *f.* steering (4), management

directives *f. pl.* rules of conduct, directives (4)

dirigeant *n.* person in authority (C9)

discernement *m.* judgement (1)

discutailler *fam.* to discuss (6)

disparaître to disappear (7); **disparu** *adj.* gone; dead (7)

disponible *adj.* available (4); **disponibilité** *f.* availability (9)

disposer (de) to have at one's disposal (5)

dispute *f.* quarrel (1); **se disputer** to argue (8)

disque *m.* record (**post**); **disque compact** compact disc (C1)

dissertation *f.* essay, paper (for a course) (1)

distinguer to distinguish (C8); **se distinguer** to stand out, be noticeably different (2)

distraire to entertain; **distrait** *adj.* absent-minded (C1)

divergence *f.* divergence, difference (7)

se divertir to amuse oneself, enjoy oneself (5)

divorcer to divorce (8)

djellaba *f.* traditional Moroccan robe with long sleeves and hood (**int. 1**)

dodo *m. fam.* sleep, nap (5); **fais dodo** *m.* (*cajun*) party for dancing

domestique *n.* servant, domestic; *adj.* **les travaux domestiques** domestic, household work (3)

dommage *m.* harm; **c'est dommage** what a shame! (2)

donc *conj.* therefore, so (5)

données *f. pl.* data (2)

donner to give (3); **donner sur** to open onto, look onto, face (5)

dont *pron.* whose; of whom/which; from whom/which; about whom/which

dormir to sleep (1)

dortoir *m.* large sleeping room (1)

dossier *m.* file document; student record (1); seat back (6)

doter to endow (**post**)

doubler to double (3); to pass, overtake (car) (4); to dub (film) (6)

doucement *adv.* gently, quietly (3); **douceur** *f.* gentleness, softness (4); **doux (douce)** *adj.* sweet, soft, gentle (2)

douer to endow (C7)

douleur *f.* pain, suffering, grief (7)

douter to doubt (7); **douteux (-euse)** *adj.* doubtful (7)

drapeau *m.* flag (9)

dresser to draw up (4)

droit *m.* right, *as in,* I have a right to . . . ; law (2); **droits d'inscription** tuition, registration fees (1); *adj.* straight (2)

droite *f.* right (5)

drogue *f.* drugs (4)

drôle *adj.* funny

dur *adj.* hard (2)

durée *f.* length of time (6); **durer** to last, continue (6)

dynamique *adj.* dynamic (2)

E

eau *f.* water (3)

ébahir to amaze, dazzle (8)

ébats *m. pl.* frolics; **prendre ses ébats** to frolic, frisk (4)

éblouir to dazzle (5)

éboueur *m.* trash collector (9)

ébouriffé *adj.* uncombed (2)

s'ébrouer to shake oneself, move about (4)

s'écarter to go away from, deviate from (4)

échafaudage *m.* scaffolding (3)

s'échapper to escape (3)

écharpe *f.* scarf (C2)

échec *m.* failure (2)

échouer (à) to fail (1)

éclair *m.* flash of light (8); **éclairage** *m.* lighting (6); **éclairer** to light up (6); **éclaireur** *n.* who can enlighten (2); (boy/girl) scout

éclat *m.* burst, dazzlement; excitement (9)

éclatant *adj.* dazzling (6)

éclater to burst out, explode (4); **une famille éclatée** a broken family (8)

école *f.* school (**pré**); **école maternelle** pre-school; **école primaire** elementary school (1)

écolier (-ère) *n.* elementary school pupil (1)

écouler to pass by (6)

écossais *adj.* tartan, checked, plaid, Scottish (2)

écoute *f.* listening time, viewing time (6); **écouter** to listen to; **écouteurs** *m. pl.* earphones

écran *m.* screen (6)

écraser to run over, crush (2)

écrevisse *f.* crayfish (**post**)

écrire to write

écumer to foam (9)

écureuil *m.* squirrel (7)

effacer to erase (**pré**)

effectivement *adv.* effectively, in actuality (5)

effectuer to carry out (C5)

effet *m.* effect; **effets spéciaux** special effects (6); **effet de serre** greenhouse effect (9)

efficacité *f.* efficiency (2)

effort *m.* effort, endeavor (5)

effrayant *adj.* terrifying (C7); **effrayer** to frighten (4)

égal *adj.* equal; **égal à** on equal footing (1); **également** *adv.* equally; as well (7)

égard *m.* regard (6)

église *f.* church

élastique *m.* rubber band (3)

élégamment *adv.* elegantly (2)

élève *n.* elementary or secondary school student (1)

élire to elect (9); **élu** *n.* elected official (2)

s'éloigner to distance, move away (3)

emballer to thrill, delight (1)

s'embarquer to embark upon; get on board (5)

embauche *f.* hiring (8); **embaucher** to hire (3)

embellir to embellish, make prettier (C2)

embêtant *adj.* annoying (1); **embêter** to annoy (8)

embouteillage *m.* traffic jam (4)

embrasser to embrace, kiss; **s'embrasser** to embrace (kiss) each other (8)

embrayage *m.* clutch (4); **embrayer** to put in the clutch (4)

émettre to send, put out (6); **émission** *f.* television (radio) program (6)

emmener to take someone, lead (someone) (4)

émouvoir to touch emotionally; affect (3)

empanaché *adj.* plumed (8)

empêcher to prevent

emplacement *m.* site, placement (C2)

emploi *m.* job (3)

empoisonné *adj.* poisoned (C7)

emporter to take, win over, conquer (4)

emprunter to borrow (2)

en *prep.* in; to; of

encastrer to embed, fit flush, recess (6)

enceinte *f.* interior, inside (1)

enchaînement *m.* series, sequence (C6); **enchaîner** to move on (5)

enchanter to enchant (7)

encore again; still; **pas encore** not yet (pré)

encombrant *n. & adj.* unwieldy, bulky (object) (9)

s'encombrer to burden oneself with (int. 1)

encre *f.* ink (4)

endommager to damage (4)

endormi *adj.* asleep (2); **s'endormir** to fall asleep (1)

endroit *m.* place (3)

énerver to irritate; **s'énerver** to get excited, get worked up (C-pré)

enfance *f.* childhood (2); **enfant** *m./f. n.* child; **enfant adopté** adopted child (8); **enfant de chœur** altar boy; naive person (4); **enfant unique** only child

enfer *m.* hell (8)

enfin *adv.* finally

s'enfler to swell (7)

engagement *m.* dedication (2); agreement, enlistment, commitment (9); **engager** to hire (3); **s'engager** to commit oneself to

engoncer to restrict, cramp (1)

engrais *m.* fertilizer (9)

(s') engueuler *fam.* to yell at (each other) (8)

enjoliveur *m.* hubcap (4)

enlaidir to make ugly (8)

enlever to take off (5)

ennemi *n. & adj.* enemy (9)

ennui *m.* boredom; anxiety (2); **ennuyer** to bore, annoy; **s'ennuyer** to be bored (1); **ennuyeux (-euse)** *adj.* boring

énormément *adv.* tremendously (2)

enquête *f.* survey, investigation (2)

enregistrement *m.* recording (pré); **enregistrer** to record (C2)

enseignant *n.* teacher (1); **enseignement** *m.* education (pré)

ensemble *adv.* together; **ensemble** *m.* set; development (housing); whole (1)

ensorceler to cast a spell, bewitch (7)

ensuite *adv.* next, then (3)

entamer to start, begin (5)

entendre to hear (1); **entendre par** to mean, intend; **s'entendre (avec)** to get along (with) (8); **entente** *f.* understanding, harmony (8)

enterrer to bury (9)

en-tête *m.* heading (6)

entourer to surround, care for (8)

entraide *f.* mutual help (8)

entrailles *f.* guts (int. 1)

entraîner to carry along, drag, train (4)

entre *prep.* between (1)

entreprendre to undertake (C3); **entreprise** *f.* business, company (pré)

entretenir to chat with, converse (C3); to maintain, keep up; **entretien** *m.* interview (3); maintenance, upkeep (4)

envahir to invade (9)

envers *prep.* toward

envie *f.* desire; **avoir envie (de)** to want; **envieux (-euse)** *adj.* envious (7)

environ *adv.* around, about (1)

envisager to envisage, imagine (C3)

envol *m.* flight, take off (8); **s'envoler** to take flight (4)

envoyer to send (3)

éolien(ne) *adj.* wind (9)

épais(se) *adj.* thick (2)

s'épanouir to develop, blossom (6)

éparpiller to scatter (6)

épaté *adj.* flat (2)

épave *f.* wreck (ship) (C5)

épine *f.* spine, thorn (C7)

éponger to wipe up, mop up (9)

époque *f.* age, time (3)

épouser to wed, marry (7)

épousseter to dust (1)

épouvantable *adj.* dreadful, horrible (9); **épouvante** *f.* terror (6); **film d'épouvante** horror movie (6)

épreuve *f.* test, examination (1); challenge (7); **éprouver** to experience (5)

équipe *f.* team; **équiper** to outfit (5)

équitable *adj.* fair (8)

équitation *f.* horseback riding (5)

érable *m.* maple **(pré)**

errer to wander (3)

escalader to climb, scale (5)

escale *f.* stop (for boat) (4)

escalier *m.* staircase, stairs (3)

escargot *m.* snail **(pré)**

esclavage *m.* slavery (3)

escroc *m.* crook, swindler **(int. 1)**

espace *m.* space

espérer to hope (2); **espoir** *m.* hope (5)

espionnage *m.* spying, espionage (6)

esprit *m.* spirit (C2); **état d'esprit** state of mind (6)

esquisser to sketch (2)

essayer to try

essence *f.* gasoline (4)

essuie-glace *m.* windshield wiper (4)

estimer to consider, esteem

estomper to blur, become less distinct (1)

estrade *f.* platform (1)

s'établir to establish oneself, settle, take hold (9); **établissement** *m.* establishment, institution (1)

étanche *adj.* impervious (6)

état *m.* state **(post); état civil** *m.* civil (marital) status (C5)

Etats-Unis *m. pl.* United States

été *m.* summer **(pré)**

éteindre to turn off (TV, lights) (2)

s'étendre to stretch oneself out, expand (7)

ethnie *f.* ethnic group (3)

s'étirer to stretch, stretch out (1)

étoile *f.* star (C3); **étoile filante** shooting star (1)

étonner to surprise, astonish (3)

étouffer to stifle, suffocate (8)

étourderie *f.* careless mistake (1)

étranger (-ère) *n. & adj.* foreigner; foreign (3)

étrangler to choke, squeeze (5)

étroit *adj.* narrow

étude *f.* study (1); **étudiant(e)** *n.* university student (1)

s'évader to escape (C4)

évaluer to evaluate (1)

éveil *m.* alertness (6); **éveiller** to awaken; **s'éveiller** to wake up (9); **éveillé** *adj.* awake, alert (2)

événement *m.* event (6)

éventuellement *adv.* possibly (1)

évident *adj.* obvious (7)

éviter to avoid (2)

évoluer to evolve, change (2)

examen *m.* exam; **examen blanc** practice test (1)

exécrable *adj.* horrendous (5)

exécuter to carry out (an order) (5)

exemplaire *m.* copy; specimen (4)

exercer to exert (5); to pursue, practice (a profession) (6)

exigeant *adj.* demanding (1); **exigence** *f.* demand, requirement (6); **exiger** to demand, require (8)

exorbité *adj.* popped out (1)

exotique *adj.* exotic, foreign (2)

expérience *f.* experiment (C6); experience

s'exprimer to express oneself (C2)

s'extasier sur to go into ecstasies **(pré)**

F

fabricant *n.* manufacturer (4)

fabuleux (-euse) *adj.* from a fable, imaginary (C7)

face à *prep.* facing, in light of (5)

fâcher to anger; **se fâcher (avec)** to get angry (at) (1)

facile *adj.* easy; **facile à vivre** easy to get along with (8)

facilité *f.* ease (1); **faciliter** to facilitate (1)

façon *f.* way, manner (1)

facture *f.* bill (C1)

fac(ulté) *f.* faculty, college, school within a university (1); **faculté de droit** law school (1); **faculté des lettres** college, school of humanities (1); **faculté de médecine** medical school (1)

faible *adj.* weak (C2)

faillir + *infinitif* to almost . . .

faillite *f.* bankruptcy; **faire faillite** to go bankrupt (3)

faim *f.* hunger; **avoir faim** to be hungry (3)

faire to do, make **(pré); faire (la) grève** to go on strike; **faire la cour (à)** to court, woo (7); **faire la grasse matinée** to sleep in, sleep late (5) **faire le plein** to fill up the gas tank (4); **faire peur (à)** to frighten (7); **faire semblant (de)** to pretend (7); **faire une demande** to apply (3);

fait *m.* fact; **en fait** in fact (1)

falloir to be necessary; **il faut** it is necessary

familial (familiaux, familiale, familiales) *adj.* family (life, ties, etc.) (2)

famille *f.* family; **famille monoparentale** single parent family (8); **famille recomposée** blended family (8)

(se) familiariser (avec) to become familiar (with) (1)

fan(atique) *n.* fan; fanatic (5)

fantastique *adj.* uncanny; *n.* fantasy; **film fantastique** science fiction movie (6)

fantôme *m.* ghost (7)

farine *f.* flour; **farines animales** bone meal (9)

fatal *adj.* fatal; fated (2)

fatiguer to tire (8)

se faufiler to dodge in and out of (C4)

faute *f.* mistake, error **(pré)**

fauteuil *m.* armchair (2); **fauteuil roulant** wheelchair (2)

fauve *adj.* fawn-colored, wild (8)

faux (fausse) *adj.* false, wrong (2)

favori (-ite) *adj.* favorite, preferred (2)

fécondité *f.* fertility **(int. 1)**

fée *f.* fairy; **bonne fée** fairy godmother (7); **conte de fées** fairy tale (7)

félicitations *f. pl.* congratulations (1)

femme d'affaires *f.* businesswoman

fenêtre *f.* window (5)

fermer to close, shut **(pré)**

fêtard *adj.* party animal (8)

fête *f.* party, holiday, festival, celebration (5); **fêter** to celebrate (C2)

feu *m.* traffic light (4); fire;

feuille *f.* sheet of paper (1); leaf; **feuille de pompe** *fam.* cheat sheet (1)

feuilleton *m.* TV series; soap opera (1)

fève *f.* bean (C7)

ficelle *f.* string (4)

fiche *f.* note card, file card; **fiche de lecture** notes on a reading (1)

fidèle *adj.* faithful (C7); **fidélité** *f.* faithfulness (2)

fier (fière) *adj.* proud (5); **fierté** *f.* pride (C2)

figer to set; to stiffen, congeal (6)

figurant *n.* extra, walk-on **(int. 1)**

fil *m.* thread (5); wire (6)

filiation *f.* descent (8)

filière *f.* area of concentration (1)

film *m.* **d'actualité** newsreel (6)

fin *adj.* fine, subtle (2)

fin *f.* end (C1); **mettre fin à** to end (C1)

final *adj.* final (2); **finalement** *adv.* finally (9)

financier (-ère) *adj.* financial (8); **financièrement** *adv.* financially (8)

finir to finish (1)

flacon *m.* bottle (4)

flanc *m.* side (6)

fléchir to weaken, give way (8)

fleur *f.* flower (C5)

flic *m. fam.* cop (4)

flux *m.* flood, flow (6)

foirer to lead nowhere (2)

fois *f.* time, instance; **il était une fois** once upon a time (7); **à la fois** at the same time (8)

follement *adv.* madly, wildly (2)

foncé *adj.* dark (color) (C5)

foncer to go for, charge (1)

fonctionnaire *m.* government employee (C9)

fond *m.* bottom; essence (1)

fonder to start, set up (business, family) (C2)

fondouc *m.* warehouse, market; inn (in Arab countries) (3)

fondre to fuse together, combine (9)

force *f.* strength; **force est de +** *infinitif* to have no choice (4)

forêt *f.* forest (3)

formation *f.* training, education (1)

formulaire *m.* form, application (3)

formule *f.* formula (C8)

fort *adj.* strong (1)

fou (fol, fous, folle, folles) *adj.* crazy, insane (2)

fouet *m.* whip (int 2)

foulard *m.* headscarf **(int. 1)**

foule *f.* crowd (5)

fournir to supply, furnish (C9)

fourrière *f.* car pound

fourrure *f.* fur (7)

foyer *m.* hearth; home; residence, hostel (3); household (5)

fragment *m.* fragment, chip (8)

frais (fraîche) *adj.* cool; fresh (2)

frais *m. pl.* expenses (1)

franc (franche) *adj.* honest, open (2); **franchement** *adv.* openly, honestly (4)

franchir to cross (4)

francophone *n. & adj.* native French, native French speaker (3)

frange *f.* fringe (2)

frapper to knock (8)

fredonner to hum (4)

frein *m.* brake (4); **freiner** to brake (4)

fréquenter to frequent, go around with, spend time with (1)

fret *m.* freight (4)

friperie *f.* second-hand clothing store

frisé *adj.* frizzy, curly (2); **friser** to curl (C2)

froid *m.* cold (3)

fromage *m.* cheese **(pré)**

frontière *f.* border (9)

frotter to rub (7); **frottoir** *m.* washboard **(post)**

fruit *m.* fruit; **fruits de mer** seafood (C5)

fuir to flee, run away from (1)

funèbre *adj.* funeral, funereal (6)

funérailles *f. pl.* funeral service (6)

fuser to burst forth (6)

G

gâcher to spoil (6)

gagner to earn; to win (1); **gagner sa vie** to earn a living (3)

gai *adj.* happy (5)

galerie *f.* automobile roof rack (4)

galette *f.* round flat cake (8)

gamin *n.* child (**int. 1**)

gant *m.* glove (C4)

garagiste *m.* garage mechanic (C2)

garantir to guarantee (1)

garder to keep, protect (3); **garder la ligne** to stay thin (5)

gare *f.* train station (5)

(se) garer to park (4)

garniture *f.* fittings, trimmings (C4)

gaspillage *m.* waste (4); **gaspiller** to waste (9); **gaspilleur (-euse)** *adj.* wasteful (4)

gâteau *m.* cake (1)

gauche *f.* left (5)

gazon *m.* lawn; **tondre le gazon** to mow the lawn (8)

géant *n. & adj.* giant (7)

geler to freeze (5)

gencive *f.* gum (mouth) (**pré**)

gendarme *m.* policeman (state patrol) (4); **gendarmerie** *f.* police station, police (in the country) (4)

gêne *f.* discomfort, embarrassment; **gêner** to bother, annoy (1)

génial *adj.* great, terrific (1); **génie** *m.* genius

genre *m.* style, manner (5)

gens *m. pl.* people (3)

gentil(le) *adj.* nice (2); **gentiment** *adv.* nicely, kindly (2)

gercer to chap, crack (3)

gérer to manage (1); **gestion** *f.* management (2)

gestation *f.* gestation; incubation (4)

geste *m.* gesture, motion (6)

gifle *f.* slap (in the face) (4)

(se) glisser to slide, glide (1), slip

gorgée *f.* swallow (**pré**)

gosse *n.* kid (2)

goût *m.* taste; **goûter** to taste (1)

grâce à thanks to (1)

grain *m.* seed, grain (7)

grandir to grow up (1); to get bigger

graphique *m.* graph, chart

gras(se) *adj.* fat (2); **faire la grasse matinée** to sleep in, sleep late (5)

gratter to scratch (1)

gratuitement *adv.* without pay, free of charge (3)

grave *adj.* serious; **gravement** *adv.* seriously (3)

grec (grecque) *adj.* Greek (2); **Grec (Grecque)** *n.* Greek (2)

grenouille *f.* frog (7)

grève *f.* strike (2); **faire (la) grève** to go on strike (3)

griffe *f.* claw (C7)

grincheux (-euse) *adj.* grumpy (2)

gronder =to scold (6)

gros(se) *adj.* big, fat (2)

groupe *m.* group; band (musical) (2)

gueuler to yell at, shout (2)

guère *adv.* not much, a little (7); **ne... guère** scarcely

guérir =to heal (7)

guerre *f.* war (9); **guerre civile** civil war; **guerre froide** Cold War (9); **guerrier (-ère)** *n.* soldier, warrior (3)

guichet *m.* ticket window (6)

guignol *m.* puppet show (**int. 1**)

H

habillement *m.* dress, clothing (C2)

habit *m.* outfit, clothes (2)

habitant *n.* resident; local person (5); inhabitant; **habiter** to live (8)

habitude *f.* habit, custom (C9); **s'habituer à** to get used to (1)

***haine** *f.* hate, hatred (**int. 1**)

***hanche** *f.* hip (3)

***hanter** to haunt (7)

***hasard** *m.* chance; **par hasard** by chance (C4); ***hasardeux (-euse)** *adj.* risky, dangerous (9)

***hausse** *f.* increase (C9)

***haut** *adj.* high, tall (5); ***hauteur** *f.* height (C5)

hebdomadaire *adj.* weekly (6)

***héros (héroïne)** *n.* hero (heroine) (7)

heure *f.* hour; **heures de permanence** office hours (1); **à l'heure** on time; **heure de pointe** rush hour (4)

heureux (-euse) *adj.* happy (2); **heureusement** *adv.* fortunately (2)

hier *adv.* yesterday (3)

hiver *m.* winter (3)

HLM *m.* (**habitation** *f.* **à loyer modéré**) low income housing (2)

homme *m.* man; **homme d'affaires** businessman; **homme de passage** drifter (3)

***honte** *f.* shame (4)

horaire *m.*   schedule (1)

hors *adv.*   except, beyond, outside of; **hors de soi**   beside oneself (with anger, emotion, etc.) (6)

hôtesse *f.*   hostess (C5)

*****houspiller**   to argue, fight (6)

huile *f.*   oil (C4)

humeur *f.*   temperament; mood; **de bonne (mauvaise) humeur**   in a good (bad) mood (8); **donner de l'humeur (à)**   put in a bad mood (8)

*****hurler**   to scream, shriek (4)

hymne *m.*   anthem (9)

I

ignorer   to not know (2)

île *f.*   island (5)

illettré *n.*   illiterate person (1)

illusoire *adj.*   illusory (C8)

illustre *adj.*   famous, illustrious (C4)

il n'y a pas de quoi   you're welcome (C4)

image *f.*   image, likeness, picture (3); **imaginer**   to imagine; **s'imaginer**   to imagine oneself (being, doing) (7)

immeuble *m.*   building (3)

immigré *n. & adj.*   immigrant (3)

impatient *adj.*   impatient; **être impatient de**   to be eager to (1)

imperméable *m.*   raincoat (2); *adj.*   waterproof

imperturbable *adj.*   unshakeable (6)

impliquer   to imply

impoli *adj.*   impolite (2)

importer   to matter; **n'importe qui**   anybody; **n'importe quel(le)**   any (C3)

impressionner   to impress (C5)

imprévu *adj.*   unexpected

inachevé *adj.*   incomplete, unfinished (6)

inattendu *adj.*   unexpected (7)

inconnu *adj.*   unknown (1)

inconvénient *m.*   disadvantage, drawback (4)

incrédule *adj.*   incredulous (1)

incroyable *adj.*   unbelievable (4)

indéfectible *adj.* indescructible (5)

indiquer   to indicate (1)

individu *m.*   individual (person) (8)

inégal *adj.*   unequal, unfair (C3)

inexplicable *adj.*   unexplainable, inexplicable (C7)

infarctus (du myocarde) *m.*   heart attack (4)

inférieur *adj.*   lower; inferior (3)

infirmier (-ère) *n.*   nurse (9)

informations *f. pl.*   news (6)

informatique *f.*   computer science (4)

ingénieur *m.*   engineer (**int. 2**)

inhospitalier (-ère) *adj.*   inhospitable (C5)

s'initier   to start to learn (5)

inondation *f.*   flood (6)

inquiet (-ète) *adj.*   worried (2); **s'inquiéter**   to worry (1)

s'inscrire   to register (1)

insensible *adj.*   insensitive (2)

insister   to insist (7)

inspirer   to inspire; **s'inspirer (de)**   to be inspired by (2)

s'installer   to move in, set up (9); to settle

instituteur (-trice) *n.*   elementary school teacher (1)

instruire   to educate (1)

intégration *f.*   integration (3); **intégrer**   to integrate (3); **s'intégrer**   to integrate oneself (C2)

intention *f.*   intention; **avoir l'intention de**   to intend to (1)

interdiction *f.*   ban (what is forbidden) (4); **interdire**   to forbid

intéresser   to interest; **s'intéresser à**   to be interested in (C-pré)

intérim *m.*   temporary work (3), **faire de l'intérim**   to temp (3)

intérieur *m. & adj.*   inside (2)

internat *m.*   hospital training as a doctor (9), boarding school; **interne** *n.*   (medical) residency (C9); **interner**   to put in a psychiatric hospital (4)

interro(gation) *f. (fam.)*   test, quiz (1); **interroger**   to question

interrompre   to interrupt (1)

intervenir   to participate (in class) (1)

intimité *f.*   intimacy, privacy (8)

intrigue *f.*   plot (6)

intrus *m.*   intruder (2)

inverse *m.*   opposite (9); **inversion** *f.*   reversal, inversion (2)

investir   to invest (C9); **investissement** *m.*   investment (C4)

irrespectueux *adj.*   disrespectful (1)

isolant *adj.*   isolating (C5)

issu *adj.*   stemming from (7)

J

jais noir *adj.*   jet-black (8)

jaloux (-ouse) *adj.*   jealous (C7)

jamais *adv.*   ever, never; **ne... jamais**   never (6)

japonais *adj.*   Japanese (**pré); Japonais** *n.*   Japanese (**pré**)

jardin *m.*   garden (C1)

jaune *adj.*   yellow (2); **jauni** *adj.*   yellowed (1)

jean *m.*   jeans; **jean délavé**   faded jeans (2)

jeannette *f.* Brownie (Girl Scout) (2)

jeter to throw (1); to throw out; **jeter un sort (à)** to cast a spell (on) (7)

jeu *m.* set (of keys) (C4); game; **jeu d'acteur** acting (C6); **jeu télévisé** game show (6); **jeu vidéo** computer game, video game (1)

jeune *adj.* young (2); **jeunesse** *f.* youth (3)

je vous en prie you're welcome (C4)

joli *adj.* pretty (2)

joue *f.* cheek (C2)

jouer to play (1); **jouet** *m.* toy (3)

jouir to enjoy (6, int 2)

joufflu *adj.* fat-cheeked (2), jowly

jumeau (jumelle) *n.* twin (C1); **jumelles** *f. pl.* binoculars (4)

journal *m.* newspaper, diary (pré); **journal télévisé** news on TV (6)

jupe *f.* skirt (2)

jusqu'à *prep.* up to, until (C1); **jusqu'à ce que** *conj.* until (7)

juste *adv.* only, just (3); fair (8)

K

khâgne *f.* post-high school preparatory course for the *Grandes Écoles*

kaki *adj. inv.* khaki (2)

klaxon *m.* horn (vehicle) (C4); **klaxonner** to honk (4)

L

là-bas over there (2)

laid *adj.* ugly (2)

laine *f.* wool (3)

laisser to leave; to let, allow

lait *m.* milk (pré)

lancer to launch, put out (pré); to throw

langue *f.* language; **langue maternelle** first language (pré)

laqué *adj.* lacquered (8)

large *adj.* wide

larme *f.* tear (3)

se lasser to become tired (3)

lave-linge *m.* washing machine (C8); **lave-vaiselle** *m.* dishwasher

lazzi *m.* jeer, gibe, taunt (6)

lèche-vitrine *m.* window-shopping; **faire du lèche-vitrine** to go window-shopping (2)

leçon *f.* lesson (1)

lecteur (-trice) *n.* reader; **lecteur DVD** DVD player (6); **lecture** *f.* reading (1)

léger (-ère) *adj.* light (4)

lendemain *m.* next day, following day (9)

lent *adj.* slow (2); **lentement** *adv.* slowly (2)

lessive *f.* laundry (8); laundry detergent (4); **faire la lessive** to do the laundry (8)

lettre *f.* letter (3) **lettre de candidature** application letter; **lettres** humanities (1)

se lever to get up

levier *m.* **de vitesse** gearshift (4)

lèvre *f.* lip (1)

libre *adj.* free (3); **union libre** cohabitation (8)

licencier to lay off, dismiss (3)

licorne *f.* unicorn (7)

lien *m.* tie, bond (pré); **lier** to bind, tie, fasten (3)

lieu *m.* place; **au lieu de** instead of (1)

lieue *f.* (= 4 kilomètres) league (C6)

limite *f.* edge, limit (1)

linge *m.* underwear (3), linen, washing (8)

lire to read

lisser to smooth (6)

lit *m.* bed (3)

livre *m.* book (C-pré)

livrer to deliver, send (7)

livret *m.* school report card (1)

location *f.* rental (5)

loger to live (in a house, hotel, etc.) (5), put up, house (9)

loi *f.* law (post)

loin (de) *prep.* far (from) (C1); **lointain** *adj.* far away (3)

long (longue) *adj.* long (2); **à la longue** in the long run (6); **longueur** *f.* length

longtemps *adv.* a long time (3)

lors de *adv.* at the time of (1)

lorsque *conj.* (at the moment) when (5)

lot *m.* share, lot (5); **gros lot** jackpot (lottery) (5)

louer to rent (8)

loukoum *m.* Turkish delight (candy) (int. 1)

louveteau *m.* cub scout (2)

loup *m.* wolf (7); **loup-garou** *m.* werewolf (7)

loupe *f.* magnifying glass (2)

lourd *adj.* heavy (1)

loyal *adj.* loyal, faithful (2)

loyer *m.* rent (8); **loyer modéré** low-income

lueur *f.* light (6)

luge *f.* sled, toboggan (5)

lumière *f.* light (3)

lune *f.* moon; **être dans la lune** to daydream (C7); **lune de miel** honeymoon (2); **pleine lune** full moon (C7)

lunettes *f. pl.* glasses, spectacles

lutin *m.* elf (7)

lutte *f.* fight, struggle (C3); **lutter** to fight (4)
lycée *m.* high school (1)

M

machine à écrire *f.* typewriter (C3); **machine à laver** *f.* washing machine (1)
maçon *m.* stone mason (C3)
maghrébin *n. & adj.* North African (3)
magie *f.* magic; **magie noire** black magic (7)
magnétoscope *m.* VCR (6)
magret *m.* **de canard** fillet of duck (**pré**)
maigre *adj.* skinny (2)
maillot de bain *m.* swimsuit (2)
maintenant *adv.* now
maintenir to maintain, keep (6); **les forces de maintien de la paix** peace-keeping forces (9)
maire *m.* mayor (2); **mairie** *f.* city hall (9)
mais *conj.* but (**pré**)
maison *f.* house (3); **maison de campagne** country house (5)
maître (maîtresse) *n.* elementary school teacher (1); virtuoso (6); master (7); mistress
maîtrise *f.* mastery; MA degree (1); **maîtrise de soi** self-control (2)
majeur *adj.* of legal age (2)
mal *adv.* badly (3); **mal** *m.* evil (7); **avoir le mal de mer** to be seasick (5); **avoir le mal du pays** to be homesick (3); **avoir mal** to hurt (C1)
malade *adj.* sick, ill; *n.* sick person (3); **maladie** *f.* sickness, illness (3)
maladroit *adj.* clumsy (2)
malédiction *f.* curse (7)
malgré *prep.* in spite of (4)
malheur *m.* misfortune (5); **malheureux (-euse)** *adj.* unhappy; unfortunate (C2)
malicieux (-euse) *adj.* mischievous (2)
malin (maligne) *adj.* smart, shrewd, clever (2)
maltraiter to mistreat (C3)
manche *f.* sleeve; **la Manche** the English Channel (5)
manger to eat (3)
maniable *adj.* easy to handle (4)
manif(estation) *f. (fam.)* demonstration, protest march (**pré**); **manifester** to protest (2); **se manifester** to make oneself noticed (1)
manque *m.* lack, shortage of (4)
manquer to miss (3)
manteau *m.* coat, cloak (6)
maquillage *m.* make-up (2); **se maquiller** to put on make-up (2)
marâtre *f.* wicked stepmother (7)

marchand *n.* storekeeper, merchant (6); **marchandise** *f.* merchandise (4)
marche *f.* walking (4); **marcher** to walk; to function, work (4); **marcheur** *n.* person who walks (4)
marché *m.* market (3); **bon marché** inexpensive (1); **marché aux puces** flea market (2)
marge *f.* margin, border (6)
mari *m.* husband (3)
marier to marry; **se marier (avec)** to get married (to) (1)
marquant *adj.* striking, outstanding (6)
marque *f.* brand name (**pré**); **marquer** to record, mark (8)
marre *adv.:* **en avoir marre** to be fed up with (**int. 2**)
marron *m.* chestnut; *adj. inv.* brown (2)
martèlement *m.* hammering (1)
maso(chiste) *adj.* masochistic (2)
maternel(le) *adj.* maternal; **langue maternelle** first language (**pré**)
matière *f.* subject matter (1); (school) course (1); material
maudire to curse (**pré**)
mauvais *adj.* bad, poor
mec *m. fam.* guy (2)
méchanceté *f.* wickedness, hardness (3); **méchant** *adj.* spiteful, wicked
méconnaître to underrate, ignore, not recognize, (1)
mécontent *adj.* dissatisfied (C8); **mécontentement** *m.* displeasure (2)
médecin *m.* doctor (5); **médicament** *m.* medication, medicine (C5); **faculté de médecine** medical school (1)
se méfier de to be suspicious, distrust (9)
meilleur *adj.* better (1)
mêler to mix (2); **se mêler à** to mix with, mingle (1)
mélo(drame) *m.* soap opera (6)
même *adj.* same (1); even (2)
ménage *m.* household (**int. 2**); **faire le ménage** to do housework (8)
mendier to beg (3)
mener to lead, take (C3)
mensonge *m.* lie, untruth (C6)
mensuel *m.* monthly publication (1)
menteur (-euse) *adj.* lying (2); *n.* liar; **mentir** to lie (9)
menu *adj.* small, minor (8)
mépriser to scorn, look down on (C4)
mer *f.* sea, ocean (3)
merguez *f.* *a North African sausage* (**int. 1**)
méridional *adj.* southern, from the Midi (5)
merveilleux (-euse) *adj.* wonderful; *m.* supernatural (7)

messagerie *f.* voice mail (2)

métier *m.* trade, job (3)

mettre to put (on); **mettre le contact** to switch on the ignition (4); **mettre fin à** to end (C1); **mettre au point mort** to put in neutral (4); **mettre en relief** to call attention to (C8); **se mettre d'accord** to come to an agreement (1)

meuble *m.* (piece of) furniture (C4)

Midi *m.* South of France (C3)

mieux *adv.* better (1)

milieu *m.* surroundings (1), middle; **au milieu (de)** in the center of (4)

militant(e) *n.* activist (9); **militer** to argue for, militate for (**int. 2**)

mimique *f.* gesticulations (6)

mince *adj.* slender (2)

mine *f.* appearance; **faire mine** to pretend

minet *m.* pretty boy (2)

minoritaire *adj.* of a minority (5)

missel *m.* missal, book for Mass (8)

mitaine *f.* mitten, glove (6)

mixte *adj.* co-ed (for schools) (1)

mobylette *f.* motor scooter (4)

mode *f.* fashion; **à la mode** in fashion (**pré**)

moindre *adj.* least (2)

moine *m.* monk (2)

moins *adv.* less (2); **à moins de** *prép.*, **à moins que** *conj.* unless (7)

moitié *f.* half (1)

moment *m.* moment, a while; **au moment où** at the moment when (7)

monde *m.* world (3); **tout le monde** everybody (2)

moniteur (-trice) *n.* instructor (sports); counselor; supervisor (5)

monnaie *f.* currency, change (C9)

monoparental *adj.* single-parent (8)

monospace *m.* minivan (4)

montagne *f.* mountain (C1)

montant *m.* sum, amount (4)

monter to go up (C9)

montrer to show (3)

se moquer (de) to make fun (of); **moqueur (-euse)** *adj.* mocking, making fun of (2)

morale *f.* moral

morceau *m.* piece, part (6)

morne *adj.* glum (int 2)

mortel *adj.* extraordinary *fam.* (2); fatal

mot *m.* word; **mot apparenté** cognate (2)

motard *m.* motorcyclist, motorcycle policeman (4)

moteur *m.* engine, motor (4)

motoneige *f.* snowmobile (5)

mou (mol, mous, molle, molles) *adj.* soft, limp (2)

mouche *f.* fly (7)

mouchoir *m.* handkerchief (1)

moudre to grind (8)

moule *f.* mussel (C5)

mourir to die (3)

mousseux (-euse) *adj.* sparkling (8)

moustache *f.* mustache (2)

moustique *m.* mosquito (6)

mouton *m.* sheep (6)

moyen(ne) *adj.* average (2); **moyenne** *f.* average (1); **moyens** *m. pl.* financial means

Moyen-Orient *m.* Middle East (C9)

muet(te) *adj.* silent, mute (6)

multinationale *f.* multinational corporation (C9)

munir to equip, furnish (9)

mur *m.* wall (1)

museau *m.* snout, muzzle (**pré**)

N

nager to swim (5)

naïf (naïve) *adj.* naive (6)

nain *n. & adj.* dwarf (7); **nain de jardin** garden gnome (6)

naissance *f.* birth (8)

naître to be born (2)

narrateur (-rice) *n.* narrator (3)

natal *adj.* native (2)

natalité: taux (m.) de natalité birth rate (8)

natation *f.* swimming; **faire de la natation** to go swimming (5)

natte *f.* braid (2); **nattes africaines** cornrows (2)

naval *adj.* naval, nautical (2)

néanmoins *adv.* nevertheless (1)

neige *f.* snow (7)

net(te) *adj.* clean (2)

nettoyer to clean (4)

neuf (neuve) *adj.* brand-new (4)

nez *m.* nose (2)

ni... ni... neither . . . nor (6)

nier to deny (4)

n'importe quel(le) any which, any . . . whatever (C3); **n'importe qui** anybody

niveau *m.* level (1); **niveau de vie** standard of living

nœud *m.* crux (of the plot) (6); knot

noir *adj.* black (5)

nombreux (-euse) *adj.* numerous; **famille nombreuse** large family (8)

nombril *m.* navel, belly-button (2)

nonagénaire *n.* ninety-year-old (2)

norme *f.* norm, standard (2)

note *f.* grade; note (1)

noter to give a grade (1)

nourrir to feed; **se nourrir** to eat (1)

nourrisson *m.* infant (8)

nourriture *f.* nourishment; food (C2)

nouveau (nouvel, nouveaux, nouvelle, nouvelles) *adj.* new (2); **de nouveau** again, anew (7); **nouveau-né** *m.* newborn (baby) (C9)

nouvelle *f.* news (3)

nuancer to shade, qualify (an opinion)

nuisible *adj.* harmful, detrimental (4)

nuit *f.* night (3)

nul(le) *n. & adj.* useless, hopeless; hopeless student (1); **nullement** *adv.* not at all, not in the least (6)

numéro *m.* number (4)

nuque *f.* nape of the neck (2)

O

obéir to obey (7); **obéissant** *adj.* obedient (C2)

objectif *m.* goal, objective (8)

obliger to oblige, compel; **être obligé de** to have to, be obliged, compelled, forced to (1)

observer to look at (3); to watch

obtenir to get, obtain (1)

occasion *f.* occasion; bargain; **d'occasion** used (4)

occupé *adj.* busy (1); **s'occuper (de)** to take care (of) (1)

œil *m.* (*pl.* **yeux**) eye (5)

œuf *m.* egg (5)

office *m.* duties, office; **faire office de** to act as, serve as (1)

officieux (-euse) *adj.* unofficial (1)

offrir to offer, give (as a gift) (1)

olivâtre *adj.* olive-colored (skin) (2)

ombre *f.* shadow (3)

oncle *m.* uncle (2)

ondulé *adj.* wavy (2)

ONG (organisation non gouvernementale) *f.* NGO (non-governmental organization)

ongle *m.* fingernail (2)

ONU (Organisation des Nations Unies) *f.* U.N. (9)

orage *m.* storm

ordinateur *m.* computer (2)

ordonnance *f.* prescription (5)

ordonner to organize; to order (7)

ordre *m.* order, command (C3)

ordure *f.* rubbish, garbage (8)

oreille *f.* ear (pré); **boucle d'oreille** *f.* earring (2)

organisme *m.* organization (3)

original *n. & adj.* original (2)

orner to decorate (8)

ornière *f.* rut in the road (4)

os *m.* bone (6)

oser to dare

OTAN (Organisation du traité de l'Atlantique Nord) *f.* NATO (9)

où *adv.* where

oublier to forget

ours *m.* bear (C7)

outil *m.* tool (4)

outre *prep.* as well as; **en outre** besides, furthermore (1) **outre-mer** *m.* overseas (3)

ouvert *adj.* open (C2); **ouvertement** *adv.* openly (2); **ouverture** *f.* opening (5)

ouvrier (-ère) *n.* worker (3); **ouvrier saisonnier** migrant worker (C9)

ouvrir to open (1)

P

pachyderme *m.* elephant (4)

page *m.* page boy (7)

paisible *adj.* peaceful, calm, quiet (9); **paisiblement** *adv.* calmly (5) **paix** *f.* peace (9)

palabres *f.pl.* endless discussions (5)

pâle *adj.* pale (2); **pâlir** to turn pale (C2)

palmier *m.* palm tree

paludisme *m.* malaria (9)

pan *m.* piece; side; **pan d'une robe** side, fold, top of a dress (3)

panier *m.* basket (8)

panne *f.* breakdown; **tomber en panne** to break down (4)

panneau *m.* panel **panneau solaire** solar panel (4)

pantalon *m.* pants, trousers (2)

pantoufle *f.* slipper (7)

papier *m.* paper (1); **papiers** *m. pl.* identity papers (3)

papille *f.* **gustative** taste bud (pré)

paquet *m.* package, bundle (5)

par *prep.* by (3)

paraître to seem (1)

parapente *m.* hang-gliding (5)

parc *m.* park; **parc d'attractions** amusement park (int. 2)

parce que *conj.* because (3)

parcelle *f.* parcel, piece (3)

parcourir to skim (1); to travel through, go through

parcours *m.* route, journey (9)

par-dessus *prep.* above, beyond (1); **par-dessus** *adv.* over, in addition (C3)

pare-brise *m.* windshield (4); **pare-chocs** *m.* bumper (4)

pareil(le) *adj.* same, similar (2)

parent *m.* parent; relative (1)

paresseux (-euse) *adj.* lazy (2)

parfaitement perfectly

parfois *adv.* sometimes (1)

parier to bet

parking *m.* parking lot (4)

parmi *prep.* among

parole *f.* word; speech (1)

partager to share (1)

partie *f.* part, portion (**pré**)

partiel *m.* mid-course exam (1)

partir to leave

partout *adv.* everywhere (3)

pas encore not yet (**pré**)

passable *adj.* passable, passing (grade) (1)

passage *m.* passage; crossing; **homme de passage** drifter (3); **passager (-ère)** *n.* passenger (5)

passer to pass, show (a film) (6); **passer un examen** to take a test (1); **passer une commande** to place an order (4); **se passer** to take place (1); **se passer de** to do without (4)

passe-temps *m.* pastime (2)

passible *adj.* liable to a fine (9)

patin à roulettes *m.* roller skate (2); **patinage** *m.* skating; **faire du patinage** to go ice skating (5); **patiner** to skate (5)

patois *m.* dialect (**pré**)

patrie *f.* native land, homeland (9)

patron(ne) *n.* boss, owner (3)

patte *f.* paw, foot (animal) (**pré**); sideburn (2)

paupière *f.* eyelid (**pré**)

pauvre *adj.* poor (2); **pauvreté** *f.* poverty

pavé *m.* paving stone (**pré**)

payer to pay (for); **se payer** to treat oneself, afford (8)

pays *m.* country; **pays d'origine** homeland, native country (C3)

paysan(ne) *n. & adj.* peasant (6)

peau *f.* skin (2)

pêche *f.* fishing; **aller à la pêche** to go fishing (5); **pêcher** to fish (5)

pécore *f.* country bumpkin (7)

peindre to paint (4); **peintre** *n.* painter (C1)

peine *f.* pain; punishment; **à peine** scarcely, hardly (1)

pelouse *f.* lawn (C1)

(se) pencher to bend, lean (over) (1)

pendant *prep.* during, while

pendre to hang (C6)

pendule *f.* clock (C6); **pendulette** *f.* travel clock (C3)

pénible *adj.* tiresome, difficult (C7)

péniche *f.* barge (4)

pension *f.* small hotel; meals; **pension alimentaire** alimony (8)

perdre to lose (C3); **perdre la tête** to lose one's head (2)

période *f.* period of time (C8)

péripétie *f.* event, episode (6)

périr to perish; to die (7)

permis de conduire *m.* driver's license (4)

perquisition *f.* search (8)

personnage *m.* character, person (in literature) (1)

personne *f.* person, someone (3); **ne... personne** no one (6); **personnellement** *adv.* personally (1)

perte *f.* loss (9)

perturbateur *n. & adj.* troublemaker; disruptive (4)

peser to weigh (2); to burden (8)

petit *adj.* small, little (**pré**); **petit à petit** little by little (C3)

pétrole *m.* crude oil (C4); **pétrolier (-ère)** *adj.* oil-producing (C5)

peu *adv.* little (1); **à peu près** about, approximately (**post**)

peur *f.* fear, dread (7); **avoir peur (de)** to be afraid (of) (7); **faire peur** to frighten (7)

peut-être *adv.* maybe, perhaps (**pré**)

phare *m.* headlight (4)

phrase *f.* sentence (**pré**)

piastre *f.* (*canadien, cajun*) piastre; dollar (**post**)

pièce *f.* room; coin (9); play

pied *m.* foot (C3); **pieds nus** *adj.* barefoot (C3)

piéger to trap, catch by surprise (4)

piercing *m.* body piercing (2)

piéton(ne) *n.* pedestrian (4); **rue piétonne** *f.* pedestrian street (4)

pinceau *m.* brush (C1)

pincée *f.* pinch (5); **pincer** to pinch (C2)

pique-nique *m.* picnic; **faire un pique-nique** to have a picnic (5)

pire *adj.* worse, worst (1)

pis *adv.* worst (2)

piste *f.* track; circus ring (4); ski slope (5); **piste cyclable** bike path (4)

placard *m.* closet (1)

plage *f.* beach (C2)

se plaindre to complain (**pré**)

plaire to please (7); **plaisir** *m.* pleasure (6)

planche *f.* board; **planche à roulettes** skateboard (2); **planche à voile** wind surfer (5)

plancher *m.* floor (**pré**)

planifier to plan out (1)

planquer to hide, stash away (**int. 1**)

planter to plant; to put, put up (9)

plaque d'immatriculation *f.* license plate (4)

plat *m.* dish (3)

plein *adj.* full (3); **faire le plein** to fill the gas tank (4); **en plein air** outdoors (C5)

pleurer to cry (3)

pli *m.* fold (3)

plissé *adj.* pleated (8)

plomber to depress (8)

plomberie *f.* plumbing (2)

plongée *f.* diving; **faire de la plongée** to dive (scuba) (5); **plongeon** *m.* dive (5); **plonger** to dive (5)

pluie *f.* rain (C4)

plume *f.* fountain pen (1); feather (8)

plupart *f.* most (1)

plus *adv.* more (**pré.**); **plus que** more than (3); **ne... plus** no longer, not anymore (6)

plusieurs *adj. & pron.* several (1)

plus-que-parfait *m.* pluperfect tense (3)

plutôt *adv.* (**que**) rather (than)

pneu *m.* tire (C-pré.); **pneu crevé** flat tire (4); **pneu de secours** spare tire (4)

poche *f.* pocket (8)

poids *m.* weight (2); **poids lourd** big truck (4)

point point; **heure de pointe** rush hour (4); **mettre au point mort** to put in neutral (4); **point de vue** *m.* point of view (**pré**)

pointer to appear (1)

pointu *adj.* pointed (2)

poisson *m.* fish; **poisson rouge** goldfish (C4)

poitrine *f.* chest (3)

polar *m.* detective (crime) story, film (4)

polard *adj.* bookish, overly studious (8)

poli *adj.* polite (C2); **poliment** *adv.* politely (2)

polluer to pollute (4)

pomme *f.* apple (C7); **pommier** *m.* apple tree (4)

pompe *f.* pump; cheat sheet *fam.* (1); **pomper** to copy, cheat *fam.* (1)

ponctuer to punctuate, interrupt (1)

pont *m.* bridge, deck (3); **ponton** *m.* pontoon, floating bridge (6)

portable *m.* cell phone (**2**)

portail *m.* gate (4)

portefeuille *m.* wallet (3)

porter to wear (2); to carry (3); **porter sur** to rest on, have to do with (8)

portière *f.* car door (4)

portugais *adj.* Portuguese; *n.* Portuguese person (3)

poser to place, put; **poser une question** to ask a question (3)

poste *f.* post office (9)

poste *m.* position, job (3); police station (4)

postuler to apply (for a position) (9)

potable *adj.* drinkable (9)

potasser *fam.* to study hard, cram (1)

pote *m. fam.* buddy, pal (2)

poubelle *f.* trash can; **sortir la poubelle** to take out the trash (8)

poudre *f.* powder, dust (5)

poulet *m.* chicken (3)

poupée *f.* doll (3)

poupon *m.* little baby (8)

pour *prep.* for, in order to (pré.); **pour que** *conj.* in order to (7)

pourcentage *m.* percentage (3)

pourquoi *adv. & conj.* why (**pré**)

poursuivre to pursue (1)

pourtant *adv.* yet, nevertheless (3)

pourtour *m.* region (5)

pourvu que *conj.* provided that, so long as (7)

pousser to push

poussière *f.* dust (3)

pouvoir to be able to (**pré**); **il se peut que** it's possible that (7); *m.* power (9)

préalablement *adv.* first, beforehand, prior to (8)

précisément *adv.* precisely, exactly (2); **préciser** to specify; to go into detail (C6)

précoce *adj.* early (**pré**)

prédire to predict (5)

prédominer to predominate; prevail (3)

préfecture *f.* central government office of a French **département** (C9)

préférer to prefer, like better (6)

préjugé *m.* prejudice (3)

prélèvement *m.* bank draft (2)

premièrement *adv.* first (of all)

prendre to take (**pré**); **prendre en charge** to take care of (1); **prendre en compte** to take into account (2); **prendre sa retraite** to retire; **prendre un verre** to have a drink (2)

préoccupé *adj.* preoccupied (C2)

président *m.* president; **président directeur-général (PDG)** CEO (3)

presque *adv.* almost (5)

prêt *adj.* ready (7)

prétendre to claim, maintain, say (5)

prêter to loan (5); **prêter main-forte** to lend a hand (C9)

prévenir to warn, alert to (C3)

prévoir to plan for, anticipate (8)

prier to pray, beg, invite; **je vous en prie** you're welcome (C4)

principal *adj.* principal, primary (3)

printemps *m.* spring(time) (3)

priorité *f.* right-of-way (4)

prise *f.* sample, small amount; plug, outlet (4); **prise de sang** blood test (4)

priser to value, prize (5)

priver to deprive; **se priver (de)** to do without (1)

privilégier to favor (4)

prix *m.* price; prize (1)

probable *adj.* probable (7); **probablement** *adv.* probably (2)

procès-verbal (pv) *m.* traffic ticket (4)

prochain *adj.* next; following (2); *n.* fellow man, neighbor (9)

proche *m.* close relation (1); *adj.* near (5)

(se) procurer to obtain, procure (4)

produire to produce, make (C7); **produit** *m.* product (3)

profiter (de) to profit (from) (1); take advantage of (6)

profond *adj.* deep (2); **profondément** *adv.* profoundly, deeply (2); **profondeur** *f.* depth (2)

programmation *f.* programming (TV) (6); **programme** *m.* program; **programme du jour** day's programming (TV) (6)

progrès *m.* progress (9)

projeter (de) to project (6); to plan

promenade *f.* walk; **promenade à cheval** horseback ride (5); **promenade à vélo** bike ride (5); **promenade en voiture** car ride (5); **faire une promenade (à pied)** to take a walk; **se promener** to take (go for) a walk (5)

promouvoir to promote (9)

propos *m. pl.* remarks; **à propos de** about (1)

proposer to suggest, offer (7); **se proposer (de)** to plan (to) (9)

proposition *f.* clause (in a sentence) (1); proposal, proposition (C3)

propre *adj.* clean (2); non-polluting (4); own (C3); **propreté** *f.* cleanliness (9)

provincial *n.* someone who does not live in a big city (C2)

provoquer to provoke, instigate (1)

prudemment *adv.* cautiously (2)

publicité *f.* advertising (1)

pudeur *f.* modesty, sense of propriety (6)

puer to stink (**pré**)

puis *adv.* then (C3)

puisque *conj.* since, because (3)

puissance *f.* power (4); **puissant** *adj.* powerful (3)

pull *m.* pullover sweater (C3)

pulsion *f.* urge (8)

pupitre *m.* school desk

putain *(exclamation) vulgar* damned (**pré**)

Q

quadrille *m.* style of dance (6)

quai *m.* wharf (3)

quand *adv.* when (**pré**); **quand même** even though, nevertheless (C3)

quant à *prep.* as for, regarding (7)

quart *m.* one-quarter (1)

quartier *m.* neighborhood (C3)

quatrième fourth; **en quatrième** in eighth grade in French schools (**pré**)

que *rel. & interrog. pron.* that, which, whom; **ne... que** only (6); **qu'est-ce que** *int. pron.* what (**pré**)

quel(le) *adj.* what, which (**pré**)

quelconque *adj.* some sort; any (6)

quelque *adj.* some; several (**pré**); **quelqu'un** *pron.* someone (**pré**)

quelquefois *adv.* sometimes (1)

se quereller to quarrel (8)

quête *f.* search (2)

queue *f.* line (1); tail (4); **faire la queue** to stand in line (1)

qui *rel. & interrog. pron.* who, what, that (6)

quitter to leave (1)

quoi *pron.* what (**pré**); **il n'y a pas de quoi** you're welcome (C4)

quoique *conj.* although (7)

quotidien(ne) *adj.* daily (1)

R

rabais *m.* discount (9)

rabattre to pull down, pull back (3)

raccompagner to take back, accompany someone home (3)

racine *f.* root (**pré**)

raconter to tell (**pré**); **se raconter** to tell each other (7)

raffinage *m.* refining (oil) C4

rafting *m.* white-water rafting (5)

ragoût *m.* stew (**pré**)

raide *adj.* stiff, straight (2)

railleur (-euse) *adj.* tease (2)

raison *f.* reason; **avoir raison** to be right

rajouter to add again (1)

rajuster to readjust (6)
ralentir to slow down (4)
ralliement *m.* gathering (1)
ramasser to gather, collect (C7)
ramener to bring back (3)
ramoneur *m.* chimney sweep (**int. 2**)
randonnée *f.* hike; hiking; **faire de la randonnée** to go hiking (5); **randonneur** *m.* hiker (C5)
rang *m.* row (1)
rangée *f.* row, tier (6)
ranger to put away, straighten up; **rangé** *adj.* well-behaved, serious (8)
ranimer to revive, restore (4)
rappeler to remind; **se rappeler** to remember, recall (5)
rapport *m.* relationship (1); report (4)
raquette *f.* snow shoe (5)
rasé *adj.* shaved (2)
rassembler to gather, assemble (9)
rater to fail (1); to miss (5)
rattraper to make up (1); to catch (9)
ravir to ravish, delight (6)
réagir to react (2)
réalisateur (-rice) *n.* director (6)
réaliser to realize, achieve (9)
récapitulation *f.* summing up (3)
récemment *adj.* recently (2); **récent** *adj.* recent (C2)
recensement *m.* census (3)
recette *f.* receipt (6); recipe
recevoir to receive (**pré**)
recharger to charge again, load (battery) (4)
réchaud *m.* camping stove (5)
recherche *f.* research; search (3); **rechercher** to research (5)
réclamer to claim, demand (C3)
récolte *f.* harvest (C3)
recommander to recommend
récompense *f.* reward (C5)
recomposé *adj.* blended, as in "blended family" (8)
reconnaissable *adj.* recognizable (2); **reconnaître** to recognize (1)
recours *m.* resort, recourse (2)
recouvrer to recover (9)
recouvrir to cover (again) (C3)
récrire to rewrite
recrutement *m.* recruiting (9)
rectifier to straighten, correct (C2)
recueil *m.* collection (5)
récupérer to retrieve, get (4)
rédaction *f.* composition (1)
rédiger to write, compose (4)

redoubler to repeat; **redoubler une classe** to repeat a grade (1)
redouter to fear (1)
se référer (à) to refer (to something) (6)
réfléchir to think, reflect (**pré**)
reflet *m.* reflection (C7)
refrain *m.* refrain (song, poem) (**pré**)
refroidir to cool off, discourage (8)
se réfugier to take refuge (C9)
regard *m.* look, glance, gaze (3); **regarder** to look (at) (**pré**)
règle *f.* ruler (1), rule; **régler** to regulate, determine (2)
regretter to regret, be sorry (7)
régulier (-ère) *adj.* regular, steady (2)
reine *f.* queen (7)
rejeter to reject (6)
rejeton *m.* kid (**int. 1**)
rejoindre to rejoin (C3)
relâcher to let go, free (4)
relatif (-ive) *adj.* relative (C2)
relevé *m.* statement, summary; **relevé de notes** report card (1)
relever to lift, point out (1)
relier to bind (book) (8)
relief: mettre en relief to call attention to (C8)
remarquer to observe, notice
rembobiner to rewind (tape) (6)
remettre to put again; **se remettre** to start again (**pré**), recover (from) (6)
remontrance *f.* reproof, reprimand (6)
remorquer to tow (4)
remplir to fill (3)
remporter to win (**pré**)
se remuer to move, move about, get a move on (1)
rencontre *f.* meeting, encounter (C2)
rendre to give back; + *adj.* to make (2); **rendre visite (à)** to visit (people); **se rendre (à)** to go (to)
renforcer to reinforce (1)
renfort *m.* back-up (9)
renommée *f.* fame, renown (6)
renseignement *m.* piece of information (5)
(se) renseigner to inquire, to get information (1)
rentrée *f.* return to school in the fall (1)
rentrer to return (1); **rentrer dans** to run into (car) (4)
renvoyer to dismiss, fire (3)
répandre to spread (**pré**); **répandu** *adj.* widespread
réparer to fix, repair (4)
repartir to leave again
répartir to spread out (**pré**); to distribute (**pré**)

repas *m.* meal (7)

repasser to iron (8)

se répéter to repeat oneself

répliquer to reply (2)

répondre to answer, respond

report *m.* delay, postponement (8)

reportage *m.* report

reporter to postpone (1)

reposer to ask again (1); to lay, lie (7);
   se reposer to rest (5)

repousser to push back, hold up (8)

reprendre to take back (up) (1)

reproche *m.* reproach (1)

réseau *m.* network (4)

réservoir *m.* gas tank (4)

résidence *f.* dorm (1); **résidence secondaire**
   second home, vacation home (5);
   résidentiel(le) *adj.* residential (C8)

résoudre to solve (C9)

respectueux (-ueuse) *adj.* respectful (C2)

respirer to breathe (3);
   respiration *f.* breathing (3)

ressentir to feel, experience (1)

ressortir to stand out (6)

ressortissant *n.* inhabitant, national, resident (of a
   country) (9)

reste *m.* remainder; **en reste** indebted to (4)

rester to stay, remain

restituer to restore; present (6)

résultat *m.* result (1)

résumé *m.* summary (3)

retard *m.* delay; **en retard** late

retarder to slow down, hold up

retenir to hold back; remember (4)

retenue *f.* restraint (8)

retirer to withdraw (7)

retour *m.* return (3); turn, reversal (C3)

retournement *m.* reversal (6)

retourner to return (3); **se retourner** to turn
   around, go back (8)

retracer to retrace, recall

retraite *f.* retirement

rétrécir to shrink (C6)

retrouvailles *f. pl.* rediscovery (5); **retrouver** to
   find again (3); **se retrouver** to meet (by
   arrangement) (7)

rétroviseur *m.* rearview mirror (4)

réussir to succeed (5); **réussir (à) un examen** to
   pass a test (1)

revanche *f.* revenge; **en revanche** on the other
   hand (4)

rêvasser to daydream (7)

rêve *m.* dream (7); **rêver** to dream (7); **rêveur
   (rêveuse)** *n & adj.* dreamer (2)

révéler to reveal (4)

revenant *n.* ghost (7); **revenir** to come back

revendication *f.* demand (4)

revenir to come back; **revenir de** to get over
   (a surprise) (4)

revêtu *adj.* clad, covered (4)

réviser to review (1)

revoir to see again (1)

rien *pron.* nothing (3); **ne... rien** nothing (6); **de
   rien** it's nothing (C4)

rire to laugh (1)

risquer to risk, venture (7)

rite *m.* rite

rivière *f.* river (C3)

robe *f.* dress (3)

robuste *adj.* robust, sturdy (C2)

rocher *m.* rock (5)

roi *m.* king (7)

rôle *m.* role

rollers *m. pl.* roller blades (4)

roman *m.* novel (6)

rompre to break (6)

rond *adj.* round (2); cent (**int. 1**);
   rondeur *f.* roundness (4)

roue *f.* wheel (4)

rouge *m. & adj.* red; blush (3); **rouge à lèvres**
   lipstick (2)

roulement *m.* rotation (8)

rouler to roll; to go (car) (4)

roulotte *f.* house on wheels, trailer (4)

rouspéter to grumble (2); **rouspéteur (-euse)** *n. &
   adj.* grouchy; grouchy person (2)

route *f.* road; **faire la route** to commute

routier (-ère) *n. & adj.* of the road (4); truck driver;
   vieux routier *m.* experienced person (C9)

rouvre *m.* type of small oak tree (3)

roux (rousse) *n. & adj.* redheaded (person) (2)

royaume *m.* kingdom (7)

rubrique *f.* column, heading, category (4)

russe *adj.* Russian (**pré); Russe** *n.* Russian
   person (**pré)**

S

sable *m.* sand (C4)

sac *m.* bag (3); **sac de couchage** sleeping bag (5);
   sac à dos backpack (C5)

sage *adj.* well-behaved (2)

saisir to grasp, seize (2)

saison *f.* season (C-**pré)**

salaire *m.* salary (2); **salarié** *n.* wage earner (3)

sale *adj.* dirty (2); **salir** to make dirty

salon *m.* living room (C3)

sang *m.* blood; **prise de sang** *f.* blood test (4)

sans *prep.* without **(pré); sans que** *conj.* without (7);
  sans-abri *m. n.* homeless person (3);
  sans-papiers *m. n.* illegal immigrant (3)

santé *f.* health (C4)

(se) saouler to get drunk **(pré)**

sauf *prep.* except (8)

sauter to jump (C5)

sauvage *adj.* wild (3)

sauvegarde *f.* protection (4); **sauvegarder** protect,
  keep (3)

sauver to save (C4)

scandaleux (scandaleuse) *adj.* scandalous (C2)

scène *f.* stage (6), scene; **scénariste** *n.* scriptwriter (6)

sciences politiques *f. pl.* political science (1)

scolaire *adj.* academic (1);
  scolarité *f.* schooling (1)

scooter des mers *m.* jet ski (5)

scrupule *m.* scruple (C8)

SDF *n.* **(sans domicile fixe)** homeless person (3)

séance *m.* session, meeting (6)

sec (sèche) *adj.* dry (2); **sécher** to skip
  (a class) (1); to dry (5)

secours *m.* help; **Au secours!** Help! (4)

séduire to seduce (6); **séduisant** *adj.* seductive (2)

seigneur *m.* lord, nobleman (7)

sein *m.* breast (3)

séjour *m.* stay **(pré); salle de séjour** *f.* living room

séjourner to stay, remain (C3)

sélectionner to select, choose (1)

selon *prep.* according to **(pré)**

semblable *adj.* similar, like (3)

semblant: faire semblant (de) to pretend (7)

sens *m.* meaning; direction (4); **double
  sens** double meaning (6)

sensible *adj.* sensitive (2);
  sensiblement *adv.* noticeably (8);
  sensibiliser to sensitize (9)

sentier *m.* path, way (4)

sentir to feel; **se sentir à l'aise (mal à l'aise)** feel
  comfortable (uncomfortable, ill at ease)

série *f.* serial (6)

serpenter to wind, meander (6)

serre: effet de serre greenhouse effect (9)

serrer to hold tight, grip (3)

serviette *f.* towel, napkin; briefcase (2)

servile *adj.* servile, cringing (2)

servir to serve; **servir à (rien)** to be good for
  (nothing) (1); to be used for (7); **se servir de** to use

seuil *m.* threshold, doorstep (3)

seul *adj.* only; alone (1)

sévère *adj.* strict (8)

sévir to act ruthlessly (4)

SIDA *m.* AIDS

siècle *m.* century (9)

siège *m.* seat (4)

sien(ne) *pron.* his/hers; **le (la) sien(ne)** his/hers (4)

sieste *f.* siesta, nap (1)

siffler to whistle (1); **sifflet** *m.* whistle (4)

signification *f.* significance, meaning

situer to locate (6)

sixième *adj.* sixth; **en sixième** in sixth grade in
  French schools **(pré)**

sketch *m.* skit, short play (4)

ski *m.* ski; **faire du ski (alpin) (de fond)** to
  go (downhill) (cross country) skiing (5); **ski
  nautique** water-skiing (5); **skier** to ski (5)

slip *m.* briefs (8)

société *f.* society (3); company **(pré)**

soi *pron.* oneself, himself, herself (4)

soigner to look after, treat (medicine) (9); **soin** *m.*
  care, attention; **prendre soin de** to take care
  of (C4)

soir *m.* evening (1); **soirée** *f.* evening (6)

soit... soit *conj.* either . . . or, whether . . . or (6)

sol *m.* floor (3)

soldat *m.* soldier (9)

solde *m.* sale; **en solde** on sale, reduced price (C2)

solidarité *f.* solidarity, interdependence (9)

sommeil *m.* sleep (6)

sondage *m.* opinion poll (2)

songer to muse, reflect (7)

sonner to ring (2)

sorcier (-ère) *n.* wizard (witch) (7)

sordide *adj.* squalid, filthy (C2)

sort *m.* spell (7)

sortie *f.* excursion; exit (6); **sortir** to go out; **sortir
  avec** to go out with, date (2); **s'en sortir** to
  pull through, get to the end of (1)

sortilège *m.* magic spell (7)

sou *m.* money; small coin

souche *f.* stock, origin **(int. 1)**

souci *m.* worry, care; **se faire du souci** to
  worry (8); **soucieux (soucieuse)** *adj.* worried,
  anxious (6)

souffrir to suffer (1)

souhait *m.* wish (2); **souhaiter** to wish (4)

soulager to relieve (1)

souligner to underline, emphasize (9)

soupe *f.* **populaire** soup kitchen (C3)

source *f.* spring (water) (9); source

sourd *adj.* deaf (6)

sourire to smile (C4)

sous *prep.* under (C3); **sous-titré** *adj.* subtitled (6)

soutenir to support; **soutien** *m.* support (8); **soutien scolaire** tutoring (2)

souvenir *m.* memory, recollection; **se souvenir (de)** to remember

souvent *adv.* often (pré)

se spécialiser (en) to major in (1)

spectre *m.* ghost (7)

sportif (-ive) *adj.* athletic (2)

stage *m.* internship, training period (1); **faire un stage** to have an internship (3)

star *f.* celebrity, movie star (2)

station *f.* station (post); **station balnéaire (de sports d'hiver)** seaside (winter sports) resort (5); **station-service** service station (4); **stationner** to park (4)

stop *m.* stop sign; hitchhiking; **faire du stop** to hitchhike (5)

strophe *f.* stanza (poem or song) (pré)

stupeur *f.* dazed state, stupor (4)

subir to subject to (8)

subjuguer to charm; to dominate (3)

subordonné *adj.* subordinate, dependent (1)

subvention *f.* subsidy (6)

succéder to follow (C8)

sucer to suck, suckle (3)

sucre *m.* sugar; **sucrerie** *f.* candy, sweet (C4)

sud *m.* south (7); **sud-est** *m.* southeast (7)

suffire to suffice, be enough (9)

suggérer to suggest

suite *f.* continuation (5)

suivant *adj.* next, following (pré); **suivre** to follow (pré); **suivre un cours** to take a course (1)

supérieur *adj.* higher

supplémentaire *adj.* additional (C4)

supporter to put up with, endure (8)

sûr *adj.* sure, certain (3)

surcharge *f.* overwhelming amount (1)

surmonter to overcome, conquer (2)

surprendre to surprise (5); **surprenant** *adj.* surprising

surtout *adv.* especially (1)

surveiller to look after (C5); to watch over, supervise

syllabe *f.* syllable (2)

sympathique *adj.* nice (1)

T

tableau *m.* board; picture (6)

tache *f.* spot (5); **taches de rousseur** freckles (2)

tâche *f.* task (5); **tâches ménagères** household chores

taille *f.* size (1) waist

tailleur *m.* woman's suit (2)

se taire to be quiet (6)

talus *m.* embankment (4)

tandis que *conj.* whereas, while (C2)

tant *adv.* so much, so many (3); **tant que** as long as (5)

tante *f.* aunt (3)

tapage *m.* noise (8)

tard *adv.* late (1)

tas *m. fam.* (a) lot (5); pile

tatouage *m.* tattoo (2)

taux *m.* rate (1); **taux de chômage** unemployment rate (3); **taux de natalité** birth rate (8)

teindre to dye (2); **teint** *m.* coloring (2); complexion, skin color (C5)

tel(le) *adj.* such (1)

télécommande *f.* remote control (6)

téléfilm *m.* movie made for TV (6)

téléspectateur (-rice) *n.* television viewer (6)

téléviser to televise (6)

tellement *adv.* so many; so much (6)

témoigner to testify, witness (4); **témoin** *m.* witness

tempe *f. anatomy* temple (2)

tempête *f.* storm

temps *m.* time (2); **de temps en temps** from time to time (6)

tendance *f.* tendency (1)

tendre *adj.* soft, tender (6); **(se) tendre** to tense up (1)

tendu *adj.* tense (C2)

tenir to control (3), hold; **tenir tête (à)** to stand up to (8)

tennis *m. pl.* tennis shoes (2)

tente *f.* tente (5)

tenue *f.* manner of dress (2); **tenue de route** holding of the road (car) (4)

terminale *f.* last year of French high school (C2); **terminer** to finish (3)

terrain *m.* field; piece of land; **terrain de camping** campground (5); **sur le terrain** in the field (9)

terre *f.* earth; **par terre** on the ground (floor) (3)

tête *f.* head (3); very smart student *fam.* (1); **tenir tête (à)** to stand up to (8); **tête d'œuf** egghead, brain (1)

têtu *adj.* stubborn (8)

thème *m.* subject, theme

thèse *f.* thesis (1)

thunes *f. pl.* money *fam.* (9)

tic *m.* twitch, tic, nervous mannerism (2)

tiers *m.* one-third (6); **deux tiers** two-thirds (6); **tiers-monde** third world (9)

timide *adj.* shy (3)

tirelire *f.* piggy-bank (8)

tirer to pull (C5); **tirer à sa fin** to come to an end (pré); **se tirer (de)** to get out of (2) extricate, escape; take from (9)

titre *m.* title (2); **à titre de** by virtue of, by right of (C8)

toile *f.* canvas; screen (6)

toit *m.* roof; **toit ouvrant** sunroof (4)

tollé *m.* outcry (int. 1)

tombeau *m.* tomb (C7)

tomber to fall (3); **tomber en panne** to break down (4)

tondre to mow, trim (8)

tonneau *m.* barrel (4)

tort *m.* wrong; **avoir tort** to be wrong

tôt *adv.* early (1)

totalement *adv.* completely (C2)

toujours *adv.* always; still (3)

tour *m.* walk; turn

tournage *m.* filming, production (film) (C6); **tourner** to make (a film) (6)

tournée *f.* round, circuit (4)

tournure *f.* turn of phrase (pré)

tout (tous, toute, toutes) *n., adj., & adv.* all (2); **tout le monde** everyone (3)

traction *f.* drive (car); **traction avant** front wheel drive (4)

train *m.* train; **en train de** in the process of; **train-train** *m.* routine (1)

traîneau *m.* sleigh (pré)

traîner to hang around, loiter; **laisser traîner** to leave lying around (8)

trait *m.* stroke, line (1); feature, trait (7)

traité *m.* treaty, compact (9)

traiter to deal with (C8)

tranche *f.* slice; **tranche d'âge** age cohort (2); **film à tranches** serialized film of which episodes are shown each week (6); **trancher** to cut, slice (6)

transmettre to transmit, pass on (1)

transport *m.* transportation; **transports en commun** public transportation (4)

traquer to track, track down (4)

travail *m.* work (3); **travaux dirigés** discussion section, lab (1); **travaux domestiques** housework (3); **petits travaux** odd jobs (3)

travailleur (-euse) *adj.* hardworking (C2)

travée *f.* row (1)

travers *prep.* across; **à travers** across, through (3); **traverser** to cross (5)

trek *m.* hiking (5)

tremblement *m.* trembling; **tremblement de terre** earthquake (9)

tremper to make wet (pré)

trentaine *f.* around thirty (4)

trésor *m.* treasure (7)

tresse *f.* cornrows (2), braid (3)

tri *m.* sorting (9); **trier** to sort (9)

tribu *f.* tribe (2)

tricher to cheat (1); to cheat on (2); **tricheur (-euse)** *n.* cheat, trickster (2)

triste *adj.* sad (3)

tromper to deceive, trick; **se tromper** to be wrong; **trompeur (euse)** *adj.* deceptive (2)

tronçon *m.* section, stretch (5)

tronçonneuse *f.* chainsaw (9)

trop *adv.* too much, too many

trotinette *f.* push scooter (4)

trottoir *m.* sidewalk

trou *m.* hole (pré)

troubler to bother (3)

trousse *f.* case, kit; **trousse de pharmacie** first aid kit (5)

trouver to find; **se trouver** to be located (5)

truc *m.* thing (1)

tumultueux (-euse) *adj.* tumultuous (6)

tuque *f.* wool cap (pré)

U

UE (Union européenne) *f.* EU, European Union (9)

une *f.: la une* front page of a newspaper

uni *adj.* unified (1)

union *f.* union; **union libre** cohabitation (8)

unique *adj.* only, as in; **enfant unique** only child (8); **uniquement** *adv.* only, solely (2)

unité *f.* unit; **unité de valeur** course credit (1)

universitaire *adj. (of a)* university; **bibliothèque universitaire** university library (1)

urgence *f.* emergency (9); *f. pl.* emergency room (int. 2)

usage *m.* use (4); **usager** *m.* user (4); **user** to wear out (1)

usine *f.* factory (3)

utile *adj.* useful (pré); **utiliser** to use (3)

V

vacances *f. pl* vacation (5); **vacancier (-ère)** *n.* vacationer (5)

vacarme *m.* racket, noise (6)

vache *f.* cow (C7); **maladie de la vache folle** *f.* mad cow disease (9)

vain *adj.* vain, useless (C2)

vaincre to conquer, defeat (5); **vainqueur** *m.* conqueror (9)

vair *m.* type of squirrel with gray-white fur (7)

vaisselle *f.* dishes; **faire la vaisselle** to do the dishes (8)

valable *adj.* valid (5)

valeur *f.* value (9); **valoir** to be worth (3); **il vaut mieux** it is better (7)

valise *f.* suitcase (5)

se vanter to boast (1)

veau *m.* veal (pré); calf (9)

vedette *f.* movie star (6)

veille *f.* day before, night before (1)

veillée *f.* evening spent with friends or family (7); **veiller** to look after, see to (4)

veine *f.* luck; **coup de veine** stroke of luck (1)

vélo *m.* bicycle (4)

vendange *f.* harvest (pré)

vendre to sell (3)

venir to come; **venir de** to have just; **venir à bout de** to overcome (7)

vent *m.* wind (C6)

ventre *m.* belly (3)

verbaliser to give a traffic ticket to (4)

verdure *f.* greenery (8)

vérifier to check (C4)

vérité *f.* truth (3)

vernis *m.* polish; **vernis à ongles** nail polish (2)

verre *m.* glass (4); **prendre un verre** to have a drink (2);

vers *m.* verse, line of poetry

verser to pour (5); to pay; **verser une pension alimentaire** to pay alimony (8)

vertige *m.* fear of heights (C5)

veste *f.* suit jacket (2)

vêtement *m.* garment, article of clothing

veuf (veuve) *adj. & n.* widower, widow (7)

vexer to annoy (8)

viager *m.* property mortgaged for a life annuity (6)

vide *adj.* empty; **vider** to empty

vie *f.* life; **vie privée** private life (8)

vieillir to grow old (2); **vieux (vieil, vieux, vieille, vieilles)** *adj.* old (2)

vignette *f.* illustration, single frame of cartoon

vilain *adj.* nasty, mean (C7)

ville *f.* city, town (C-pré)

violemment *adv.* violently (2)

violet(te) *adj.* violet (C2)

virage *m.* curve, sharp turn (4)

virer to kick out, expel (2)

vis-à-vis de *loc. prep.* opposite; with regards to

visage *m.* face (2)

viser to aim (to) (4)

vite *adv.* fast; **vitesse** *f.* speed (4); **à toute vitesse** at full speed (C4)

vitre *f.* car window (4); pane (of glass) (4)

vivant *adj.* alive; **langue vivante** modern language (pré)

vivre to live; **facile à vivre** easy to get along with (8)

vociférer to shout (6)

voici *prep. & adv.* here is (are)

voie *f.* way; **voie cyclable** bike lane (4); **pays en voie de développement** developing country (9)

voile *f.* sail; **faire de la voile** to go sailing (5)

voir to see; **voyons** let's see; **se voir** to see each other (C-pré)

voisin *n.* neighbor

voiture *f.* car

voix *f.* voice (C3)

volant *m.* steering wheel (4)

volet *m.* window shutter (C3)

volontaire *n.* volunteer (9)

volonté *f.* will, willingness (9)

vouloir to want; **vouloir dire** to mean (1); **en vouloir à** to be mad at (8)

voyage *m.* trip, travel (3); **voyager** to travel

vrai *adj.* true; **vraiment** *adv.* really

VTT (vélo tout-terrain) mountain bike (5)

vue *f.* sight; **en vue de** in order to (6)

Y

yaourt *m.* yogurt (pré)

yeux *m. pl.* eyes (3)

Z

zapper to zap, change channels (with remote control) (6); **zappeur (-euse)** *n.* person who zaps (TV) (6); **zapping** *m.* zapping (TV) (6)

zéro *m.* extremely poor student (1)

zigzaguer to swerve, zigzag (4)

Indices

past participle, 165, 170
past tenses, 41, 165–171, 194–195, 207, 222, 224
  imperfect, 41, 166–169, 222
  passé composé, 41, 165–166
  passé composé vs. imperfect, 167–169
  passé simple, 194–195, 224
  past subjunctive, 207
  pluperfect, 170–171
payer, 144
plaire à, 217
pluperfect (**plus-que-parfait**), 170–171, 224
préférer, 196
prendre, 184
prepositions, 73, 185–186, Appendix A, 226–227
  with places, 185–186
  with verbs, 226–227
present indicative, 11, 145–147
  formation, 145–147
    -er verbs, 145
    -ir verbs, 146–147
    -re verbs, 147
    stem-changing verbs, 146
  usage, 145, 223
present participles, Appendix B, 228–229
projeter, 196–197
pronominal verbs, 14, 146–147

pronouns
  demonstrative, 216–217
  direct object, 61, 177
  disjunctive, 182–183
  en, 179–180
  indirect object, 177–178
  interrogative, 162
  order of, 177–178, 181
  reflexive, 14, 147
  relative, 200–202, 221
  tout, 159–160
  y, 178

Q
que, 200–201
quel, 162, 161–162
qu'est-ce que, qu'est-ce qui, 29, 162
qui, 162, 200–201, 221
quitter, 172
quoi, 162

R
-re verbs, 147
relative clauses, 200–202, 221
relative pronouns, 200–202, 221
rendre, 172
  with adjective, 43

S
si vs. **oui,** 200
sortir, 172

subjunctive, 134, 204–211
  formation, 204–207
    irregular verbs, 206
    past, 207
    present, 205–206
    regular verbs, 205
      verbs with double stems, 205–206
  usage, 105, 207–210, 222
    summary chart, 211
    vs. indicative, 210
    vs. infinitive, 210
    with conjunctions 208–209
    with verbs and verbal expressions, 207–208
superlative, 158–159

T
tout, 29, 159–160

V
venir, 212
  with infinitive for immediate past, 145
vivre, 212

Y
y, 177

INDEX: Thèmes

A
automobile, 6

B
bicycles, 57–60
birthrates, 51n, 53, 114

C
Cajuns, 140–143
Cameroun, 40
cinema, 84–95
citizenship, French, 43, 53n
clothing, 22–35

D
deux chevaux, 64–66
départements d'outre mer (DOM), 26
Doctors Without Borders, 136–138

E
education, 8–21
environmental problems, 136
euro, 133
European Union, 57–60, 133

F
fables, 103–104
fairy (folk) tales, 101n, 102, 106, 107, 108–110

family, 112–124
fashion, 22–35
Fédération française des Usagers de la Bicyclette, 59
français québécois, 4–6
France, overseas territories, 26
  Martinique, 2, francophonie, 3, 26
French citizenship, French, 43, 49
French culture
  stereotypes of, 4–6, 49–50,
  traditions in, 100–111

G
grading system, 10n